《逸周書》研究文獻輯刊

第七册

NLCPH
國家圖書館出版社

第七册目録

（清）唐大沛　撰

逸周書分編句釋三編

清道光十六年（1836）著者手定底稿本

清道光十六年著者手定底稿本

逸周書分編句釋

12卷

4冊

清 唐大沛 撰

逸周書分編句釋

凡例

一是書原本有真古書完具者有稍殘缺者有殘缺已甚者有集斷簡而成者有取古兵家言指為文武之書者有僞叙首尾强屬之某王時者有本篇已亡讕取他書以當之者真贋相淆純雜不一誠不可不分別觀之也故訂為上編中編下編

一原本以時代序次究之時代亦不盡可據且有前後失次者故不用此例每編以訓告書為先紀事書次之政制書次之武備書次之其時代可信者悉順其

真序而篇題解第之數仍依古本旁注今次某編某書第幾

一上編訓告書依原本首度訓命訓常訓以著千古帝王相傳之道法次列商誓度邑皇門嘗麥祭公芮良夫與今文尚書二十八篇悉同軌轍次列史記周祝王佩各成體製超絕古今皆先聖不朽之書也凡十二篇

一上編紀錄第書酆謀寤儆克殷世俘武王時所紀錄也作雒明堂成王時所紀錄也王會一篇究非實錄姑附載于末凡七篇

一上編政制書大臣羅臣紀文王之仁政大聚出周公之手著豐鎬之遺規武順為周家世傳之軍政周月時訓職方以經天緯地官人以進賢謚法以正名皆帝王經世之要也凡九篇

一中編訓告書首程典寶典本典著文王武王成王周公之遺訓也與上編首三訓相配皆古書中精且醇者文傳蓋雜集先聖格言以成柔武自維周禁五戒以下亦古聖遺書大開武想見武王創業艱難其中有雜入他書者小開武文箄與前篇不類其中有本之洪範者五權略似集成之者成開大戒有錯簡訛

脱處亦皆格言凡十篇

一中編武備書大明武小明武允文武寤皆韻語古雅武穆武稱大武武紀皆兵家要言而武紀尤醇正凡八篇

一下編訓告書酆謀首尾皆僞作中間則雜取兵家之言大開多殘缺小開亦殘缺訛脱似集取斷簡而成者文儆殘缺義亦難曉和寤後段雜入他書大匡亦似集成之者中間文古義晦文政首尾皆錯簡中間多訛脱難曉武儆殘缺訛脱太甚凡八篇

一下編紀事書殷祝太子晉文箋皆佳凡二篇

一下編政制書文酌多譌脱義晦詮法器服皆殘缺附周書序一篇凡四篇

一是書點句頗難前人評選此書者句讀多誤即孔注於正文亦間有誤讀疑于所離句恐亦不能無誤姑就管見識之且義取淺顯謹倣宋儒朱申氏左傳句解之例而不敢積解第隨文釋義云爾

一是書善本莫若盧紹弓先生抱經堂校定本先生據元劉廷幹本及明章檗程榮吴琯卜世昌何允中胡文煥鍾惺諸家本參互校定今正文及晉孔晁注悉依盧本抄録而間有定正一二處其録盧説稱盧云至

盧所引惠半農士奇惠定宇棟趙敬夫曦明張芑田坦嚴東有長明段若膺玉裁梁耀北玉繩梁處素履繩陳省衷雷沈朗仲景熊諸家之說悉依盧本稱惠云沈云謝云趙云之例此外有引宋儒王伯厚補注則稱王補注有引王懷祖先生讀書雜志則稱王雜志有引陳穆堂補注則稱陳補注有雜引諸家說則稱某氏某名惟有疑處及攄管見定正處總論處則别以沛案二字其隨文訓釋者不具

一每篇皆另紙鈔録使可分可合可遂可删又每篇分節次處另行提寫以清眉目

一是書前人摒諸雜史類中讀者甚少今予不揣檮昧為分編以別之集衆說以釋之雖未必盡允亦似覺稍闢蓁叢矣倘英儒聽聞之士具卓識以删定是書取其最精當者二十餘篇闡發而表章之以與今文尚書二十八篇並傳庶使古聖人之大義微言不至湮沒于後世豈非懿事哉是有俟于後之君子

道光十六年歲次丙申中秋九月上元唐大沛識

逸周書分編句釋卷一

上元唐大沛醴泉纂

今次上編訓告書一

度訓解第一

沛案此篇大旨以立中為法度之準以分微敎微為王道之原以敎民次分為治平之要以好惡同民為絜矩之用而貫以慎終如始之心蓋內聖外王之至道典謨訓誥之精義大端具備於此矣讀者詳之

又案此說文解判也王僧虔啟古曰章今曰解古今樂錄傖歌以一句為一解中國以一章為一解據此則是書稱解第者猶言篇第也殷祝篇孔注云此事不然矣或者欲解之是孔誤作解說之解矣管子形勢版法諸解義取解說與此不同家語中稱解第者十篇蓋仍古書之舊目也與此同例

天生民而制其度孔注聖人為制法度。天生烝民有物有則法度所由制也度小

大以正度入聲○法度有以大度以當然之正理權輕重以極謂重也治用有輕重權以

物理至當之明本末以立中孔注制法度所以立正○本末猶言兩端中立中以

補損補損猶言損益補損以知足孔注損益以中為制故知足也○損益得中斯至善矣知

足者止而不過之意猶大學言止於至善

[列]爵以明等爵字上舊本作空圍沛案文義擬補以便於讀後倣此○孔注合下文極字為句沛

案當以明等為句極字屬下文讀○等者尊卑貴賤之等也極[等]以正民極舊本作極沛案下

文有極等以斷好惡句擬改極等○極至也明等級所至不得僭踰所以正民也○孔注極中也貴賤之等尊

卑之中也正中外以成命孔注內外正則大命成也○中外以地言由宮府以及邦國命令也

內外正則故曰成命令出惟行正上下以順政孔注順其政教○上下以人言自公

卿至庶民有以正之政教斯順

政以內[諧]舊本內字下空圍沛擬補諧字○政是治于宮竟以訢自適舊本自字上兩

空圍沛補化行二字。承上言王化之行自近始。彌興自遠遠軼屆[illegible]

遠邇備極極至也言王化兼備周至終始慎微始舊本作也蓋因草書始字形似也字而

訛沛擬改始字。微字上空圍沛擬補慎字即下文慎敬微意。慎微猶言慎獨。謂君心居敬終始如一

政在微舊作補在二字下缺二字沛案文篇周禮序有慎政在微句義與此合因據以補改。言政之

美惡始于君心一念之微。當慎也

分微在明分判意念善惡之微在君心之明察猶大學言誠意

必先致知。此上皆言聖王治天下之法度該本末統尊卑上下兼內外遠邇貫乎終始而歸本於君心大學

所謂格致誠正脩齊治平之道舉在是矣請者詳玩之。自政以內下六句舊本字多殘缺無可句讀閱者開

卷便覺鬱悶。沛擬管見案文義擬補缺字雖於古書原文未必盡合然大義似不甚差謬姑取便於誦讀耳以

俟有識者案孔注多訛悅意蓋謂知再為考訂。精微之理以有明故也

明王是以敬微而順分分去聲。分以分位言與上分微之分不同。敬微者聖學之

要順分者王道之要所謂脩己以敬脩己以安百姓也

人人各[illegible]其分天下平矣。此句[illegible]

（稱帝王相傳之道法）分次以知和（次猶舍也各安其所居之分則上不替下不僭而情誼相通故知）知和以知樂（樂者情之逸也和則性情暢達故知樂）知樂以知哀（哀與樂相反皆生情也知樂之情斯知哀之情矣）知哀以知慧（孔注引慧者其明所以知人○沛案慧當作悳以形近而訛孔注以智慧言與下知人則合與上知哀義不相承陳氏衡補注（據孔注）曲為牽鑿說不可通據管見當作悳字然不敢遽為改正姑作悳字釋之○知哀之發於自然猶樂之生於不容已皆性情之悳也故曰知悳○又案慧與悳通悳順也哀樂皆情之順說亦可通）知慧以知人（知性情之悳斯知天下人之性情皆若是矣故下文言民之好惡○作順情解義亦相近（可通）（好惡並去聲○））

凡民生而有好有惡（情所共有）小得其所好則喜（喜悅也）（盧云喜舊本作善今從沈改○）大得其所好則樂（快樂）小遭其所惡則憂（憂愁也）大遭其所惡則哀（[illegible]哀也○[illegible]此注言[illegible]文自然）

凡民之所好惡（[illegible]言）生物是好（生好物也）

凡物皆是養生之死物是惡死惡物也凡致死之物皆是

民至有好而不讓讓推讓也有好不讓欲生也不從其所好拂民好生之性

而民之悖亂興爲必犯法無以事上干犯法紀無以事君上民至有惡而

不讓有惡不讓惡死也不去其所惡拂民惡死之性必犯法無以事上

言必至作亂。偏行於此孔注不讓則爭爭則必犯法矣謂好惡俱從民欲。尚有頑民孔注偏謂兼行好惡也猶有梗化之民而況可

以不去其所惡而從其所好舊本作而況曰以可去其所惡而得其所好盧抱經

堂本據況本改而況不去其所惡沛棻曰字當作可

字可字當作不字與國語所云而況可以淫縱其身乎

文法相類況改似非陳氏補注從舊本作曰字亦非。

棻不字貫下好惡孔注及補注皆偏重所惡一邊似非

。言不能去所惡而從所好也此而字民能居乎居謂安其

猶與也此注及也說見王伯申經傳釋辭

分次能居乎若不爭力舊本不字下作空圍沛棻文義

子不敢居也。[redacted]擬補。爭力猶言力爭言好惡

不遜必爭以力何以求之若非爭以力以求得所好何力爭則力政政與征通或當
作攻皆誅責之意力政則無讓不肯相下無讓則無禮禮不侵侮不讓何有為
無禮既無禮矣雖得所好夫至無禮以求所好未必得也雖或得之非理之正民樂乎

孔注爭則

○揆諸正理究非民情所樂特迫求所好以力相爭不能自忍具性故耳若不樂乃所惡也

若既不樂究係本心之所惡

凡民不忍好惡忍堅忍也民惟不能堅忍具性以致好惡任情以相爭不能分次

五以次 以舍作 以賓作

次舍也孔注訓次為次第亦通言必不能安其本分所居即民誰居乎意不次則奪推言不次之害
奪謂爭奪則戰爭奪必相攻戰戰則何以養老幼相攻戰必不遑仰事俯育也
何以救痛疾死喪雖有痛疾死喪亦不遑救何以胥役也孔注胥相也○胥役如出入
相友守望相助疾病相扶持之類凡力役相為俠助皆是民互爭鬬犯法尚能胥役乎

明王是以極等以斷好惡明王有鑒於好惡不平民不安分禍亂日興是以推極尊卑貴賤之等斷以當好當惡之則以順其情而不偏

教民次分教諭下民各安本分此二句最為抚安

力竟任壯舊⊙本教民次分下孔注有揚舉二字下空圖二臺本從卜本正文作揚舉力竟無關字陳補注刪此四字則下文言力竟無根且上下文義不相承讀淨業揚舉二字當是孔注悮衍若空圖二卜本作力竟必有所據可從今據盧本刪去揚舉二字以力竟任壯為句○竟與競古字通說見王孫氏祖念讀書雜志競盛也強也民既教以次分各安其業自當強力以任壯者之事

養老長幼有報民知有等各安其分各盡其力則有老者養之幼者長之使相報此謂力竟也○有報者骨肉之親以恩相報也

民是以胥役也以胥役矣此與前一段文義一反一正

大力竟非眾不剋剋克通眾也壯者所任非人人皆知盡力則不能勝任

眾非和孔注和之以儀眾○眾非群居和集恩誼相不眾適則雖眾不得謂之眾

和非中不立和以中為本非中則和而

滿故不立中非禮不慎中以禮為度非禮則或過中失正是不知慎禮非樂不履
禮者秩序之自然光懽忻鼓舞而後可行故非樂不履明王是以無樂非人與民同好
無哀非人與民同惡所謂樂以天下憂以天下也（○孔注言明王所樂所哀無非人也人是以眾哀樂同民民皆歸之故人
眾
人眾既眾矣當有治眾之道賞多罰少御眾以寬政之美也固屬美政罰多
賞少御眾以嚴政之惡也非為美政罰多則困（民力困盧云困舊作固今從沈改○賞多則乏國用
乏○王雜志云賞多當作賞少乏指民言沛案民之乏不乏豈盡困君之多賞況賞有節制多賞亦非中道
乏困無醜醜類也賞罰得中寬嚴相濟是謂從其類若過寬過嚴彈至乏困則失其類矣陳補注訓
醜為恥非是教乃不至教民之道未為至善也
是故民主明醜以長子孫（為）民主者恩威並用賞善罰惡皆得其中是明醜也醜明盧云民主趙疑當作明王○

則民知去惡從善是以父教其習服祖父之
子祖勉其孫而民皆遵其生矣于孫習服孔注歸其仁德○訓如士食舊
德農服先疇之類各世其業鳥獸仁德聖王建極德洋
各安其分天下熙皞之象也恩溥民遂其性孔注土之所宜天時所生皆行其性○
物若其生鳥獸土宜天時○土地所宜百物行治高者宜
之族亦歸仁德天時所生柔下者
宜稻春無愆陽夏無伏陰是以百穀用成羣生治之初
咸若天地位焉萬物育焉聖王建中和之極也
哉舊本作治之初歷初哉盧本謂歷字無考趙本疑下
文厤字之訛沛棨初歷二字疑衍姑據管見刪此二
字以使於讀○初哉治化則順從欲以治四方無是故
始也言為治之始也拂治化則已順矣孔注明醜以使之所以成順者也
無順非厲治化雖行然聖王猶兢兢業業業長幼成而生
夕惕若厲之心未嘗稍懈也○
曰順極至於德澤所流涵濡既久壯者老而幼者長百
年之內飲和食德生斯世者皆成其尊君親上孔注訓人人成就其事生之義順之至也
之心此大順之極也○業王雜志據孔注有生其義句
謂正文當作生義脫義字甚有理可從

命訓解第二

今次上編訓告書二

淬業此篇與前篇度訓脉絡相連明王立法奉若天道故特提天命發論堯言欽若昊天舜言勅天之命禹言略受上帝湯言于畏上帝古帝王同出一原此訓賫本於此夫天人之道相通曰命曰福曰福天之所以正人也王者奉行之故度至於極曰育醜曰樂生曰惡死人情也王者曲體人情以立政故度至於極極者中也至善之道也即度訓立中知民之旨致總言之曰道道適天以正人則天人相合之理已昭然矣中間復以天道人道並舉以申明其義王者以人之醜當天之命猶言天秩天敘也以紼統當天之福以斧鉞當天之福猶言天命有德天討有罪也人道無非天道故總言之曰六方三述具極一也言天人一理同此至善之道復總括之曰不知則不存猶言苟不罔聰明睿知達天德者其氣能知之蓋知之不極其精則行之亟夫其道故復中言六者窮極之用其害甚大言當去其失中者而允執其中也結以明王敬萬

故民民用不失則六者皆協于大中至正之道
可知矣末復即敉民之道詳舉其目反復推言
以防過中失正之弊而歸之於權而得中與中
庸之言時中言執兩用中之旨相合即上文所
謂度至于極是也復結以知權知微知始知終與
首篇度訓終始順微分微在明及上文不知則
不存首尾相應蓋必明道而後能行道道以中
為至善知中之所在斯行之無所不用其極明
王以人道之中合於天道惟是奉行天命而已
豈有他哉千聖百王同此軌轍此訓愷切發明
其文博大精深曲盡蘊奧後聖訓告之文下迄
孔孟之書皆發源於此大義微言皇皇聖訓洵
足上繼典謨矣

天生民而成大命承上篇賞罰言命天命也言生殺之大命皆成於天即下文禍福是也。孔注習惡之性命也

命司德孔注司主也。主於德命正之以禍福禍有德福無德所以正之。立明王以孔注以德德正以禍以禍殺。本衍字無

順之天立明王奉天以順天命。孔注順天作政曰大命有常明王言福善禍淫天之常道舉大綱故曰大命

小命日成（日成者日更變而成也禍福無端即天難諶命靡常之意詳細言故曰小命）日成則敬（福與禍相倚惟人自召敢不敬乎）有常則廣（自古迄今命有常道何其廣遠乎）廣以敬命（王者知天命之廣曰明曰旦日監在茲小心昭事無時不敬）則度至于極（奉天出治修己安人其於法度則能底於至善）

孔注日成日進也如有常則其人法度至中正也

夫司德司義而賜之福祿（主乎德義賜以福祿）福祿在人（雖曰天賜資人自召）能無勸乎（舊本作能無懲乎與下節同沛案懲當作勸涉下文而誤姑擬改勸字於文義較適不須紆曲之解。因得福而相為勸勉）若勸而為善（舊本作若懲而悔過與下節同盧本引謝說未免費解且與下節義同似非沛案文義姑擬改勸而為善。相勸勉以善孳孳為之）則度至于極（民日遷善則治法大行故度至于極）

孔注懲止也以德居身深術思其義。盧云謝云悔過即所以召福懲其不德不義即福祿存

夫或司不義而降之禍（主不義以降禍）禍在人（人自召禍）能無懲乎

因得福而忍懼以懲戒若懲而悔過相懲戒而悔過自新改行從善則轉禍為福天下之善人多矣則度至于極。善人多則咸與維新治法所由生善也又案能無勸能無懲皆當指君上言與下文一例

夫民生而醜不明醜類也指善惡言不明言善惡易淆真知者鮮故不明蓋善惡各有其類知君子小人不同類也大學言格物鄭康成注以善物惡物言蒼頡篇曰格辨也分辨善惡即所謂明醜也醜明而後真知善惡之所在然民鮮能之矣無以明之民愚識暗能自明也不能無醜乎君上能無彰善癉惡以明其醜乎若有醜而競行不醜舉直錯枉使枉者直民雖有善有惡而爭自琢磨同歸于善是競行不醜矣。此節承前篇度訓明醜言則度至于極是則治法盡善。孔注不謂醜者若道上為君。沛案注有脫誤

夫民生而樂生承度訓篇生物是好言樂生者民之性也無以穀之孔注穀善也謂忠民愚不

知養生之善道能無勸乎君上能無制田里教樹畜以勸其相生相養者乎若勸之以
忠言相勸以樂生之道而盡心以為之也忠者盡己之謂則度至于極言長民之法盡善
夫民生而惡死承度訓篇死物是惡言樂生故惡死無以畏之民不自知畏懼而戒
陷于罪能無恐乎君上能無以法恐懼之使知畏罪乎若恐而承教恐犯法而承上孔注以死使參上古
之教則度至于極言去害全生教民遷善其法盡善○此二節承上篇從所好去所惡而言○以
上言度至于極者六皆中明上篇制度立中之義
六極既通總上文言六極之道既通貫而無不至六間具塞則六者之間隙無不塞矣○孔注六通也
通道通天以正人道此六者至中之道以道乎天道則能脩道以正人正人莫如
有極天人之道本合然正人與道天一則異禮樂法度所以正人必當有轄齊盡一之則道天莫
如無極孔注道謂言說之也遠本引趙說不及孔注明白○若言天道則神明變化不可端倪不可思議無

有窮盡豈得道謂之有極乎

天有極則不威論天道而以常情度之謂為有極則不足見天之威聖不威則不昭不見威靈之赫赫則天道不昭正人無極則不信若非法度盡一歸於至善則人不信從不信則不行人不信從則政教有所不行。明王昭孔注政教不明

天信人以度功上則昭明天道下則取信於人分職任事以審度其功地以利之上自公卿下逮庶人皆受土地以資祿養是利之也使信人畏天使天下之人敬信王道畏天明威則度至于極盡信人則不敢違法畏天則不敢違理治法如此則至于極矣孔注言相方以立教の淺なり

夫天道三承上文舉其目人道三人道合于天道亦有三つ天有命有禍福此上文言命言禍言福天有此三道人有醜有紼絻有斧鉞紼絻與黻冕同。有醜即上文明醜之醜陳補注訓恥非是醜以別善惡懸紼絻以禁有德斧鉞以誅無道人有此三道以人之醜當天之命王者奉天出治人道合於天道以彰善癉惡之醜當福善禍淫之命以紼

綂當天之福以綍綂榮人當天之賜福於人以斧鉞當天之禍以斧鉞誅人當天之降禍於人
六方三述述與術同。曰命曰福曰日熊綍綂曰斧鉞有此六方即道也術者道之用也天人相合道之用也惟三術耳
則其極一也禍福綂乎命綍綂斧鉞因乎醜而明醜即是順
命論其極三術貫皆一理耳殊途同歸天人之道合一
不知則不存不知謂不明道也存即日
極道存之存不明道則不能實見道之所在何由行道乎故前篇反訓言分微在明大學首言格物致知即此
旨也。三句總束上不注一者書之謂也不行蓋亦如故也
文知字最關緊要
極命則民墮極竟也窮也此極字與上文極字不同猶洪範言建極歸極又言極備極無極字義各不同。敬天命不可廢人事若極命則萬事悉聽天命而人事無所持權故急于人為善。此下數節皆言過中之害
民憧則曠命曠空也急于人事懸空想望俟命于天
曠命加此以誠其上既曠命矣且謂天命有在胥盱徙勞以此誥誡其上
則殆于亂殆近也勢必廢人事而無所備難免

不亂。（孔注此下六極謂行之極其道也恐近）

極福則民祿福祿以勸善若富及淫人是謂極民祿福則民惟知有祿將懷竊祿之心

則干善干求也民既心繫于祿必將違道以干譽是干善也。陳補注云干通作訐偽也說亦通

干善則不行干善者飾其善非真能行善也。（孔注不行善也）

極禍則民鬼禍以懲惡若降禍過多則民思免禍媚於鬼神

求民鬼則淫祭巫祝祈禱之事盛行是謂淫祭

淫祭則罷家罷平聲。弊其財以冀無禍其家必至罷憊。

極醜則民叛（孔注罷窶其財窶無福也）醜類也彰善癉惡區別太嚴無以自容無所逃罪民不堪命必生叛義之心

民叛則傷人民心叛義則不仁之人必設計以害君子（孔注民不堪行則叛義也）是傷

傷人則不義傷害善人雖明知不義而亦不顧矣。

極賞則民賈其上（極人謙也）賞賄無算。（孔注）則民賈責以功求其賞也

賈其上則民無讓利所在誰肯讓者

無讓則

不順無讓則爭爭則奪為能順分

則極罰則民多詐用罰過當則民習為詐術以避罰

多詐則不忠詐則不盡心以事上故不忠

不忠則無報不忠則無以報上。

凡此（孔注上過其禮

此六者政之始也六者皆過乎中道故其害如此以此為政危殆之道也結上文

明王是故昭命以命之曰明王知天命協于大中故昭明天天命以命下民大命世舊本作大命世罰小命罰身盧本據大戴禮本命篇注作大命世小命身今從盧本刪兩罰字。言天禍福之命無有失中者大命有常故世有賚令德則世其福世有凶德則世其禍小命身小命日成為善不終則轉福為禍去惡從善則轉禍為福只及其身未害極命也故下文不復申言極命之害

福莫大於干善舊本正文作福莫大于行義傷人句下作賞莫大于信義讓莫大于貫上盧本行義當依上文作干善又莫大于信義讓六字當為衍文今從盧本刪改。中言極福之害莫大于干善以邀福而不實行善也

禍莫大於淫祭極禍之害莫大於淫祭以嚴其家

醜莫大於傷人極醜則小人背義以傷善類莫大之害

賞莫大於貫上極賞則民有市心交於上以爭賞害莫大焉

罰莫大於貪詐極罰則民巧于避罰貪吝欺詐害莫大焉。此上皆中言極之害大以示

反覆丁寧之意古之明王奉此六者命福禍醜賞罰者天人之道合六以牧萬
民操此六方三術之用而不流於過中失正以治天下之民民用不失民服其教守其法忍好惡
安本分而無民憤民祿民怨民叛民貴民詐之虞則上不失其道民亦不失其道天下大治矣撫
撫之以惠此下皆言牧民之政惠愛利之也撫柔萬民莫先于仁政也和之以均和輯
民情必以均平之道使民循分斂之以哀王道在體民情疾痛死喪之類民情所哀必節其情以斂
之哀主抑鬱於內故曰斂娛之以樂樂音洛下同。冠婚喜慶之類民情所樂必順其情以娛之樂
主發散于外故曰娛愼之以禮禮有節文度數不可違失使民愼之教之以藝藝技
藝也教之使習震之以政政以正民震恐之使不玩法動之以事事以興功振動之使
無懈惰勸之以賞有功則賞所以勸勉之使自奮畏之以罰有罪則罰所以畏懼之使
遠罪臨之以忠沛業忠中古字通下文忠不忠並當作中觀末段從中及不必中句可知。上文十

事皆臨民之道而立法必以中為準行之以權用中之道非一也必權而得中乃可行之此二句總束上文

權不法惟權而得中斯惠均哀樂禮藝政事賞罰乃能無弊故逆從權說歷歷申言治法之精審以防過中失正之弊蓋權其事理所宜非可拘于常法法有定而權無定也

忠不忠中無定在權之斯得執中無權猶為執一故中不可泥於一定之中○陳補注謂忠於內者必忭於外失之謬矣

罰不服罰必當其罪不強服之

賞不從勞勞而有功則賞若賞從力役之勞則濫矣故不從勞

事不震震者矜張之意執事當敬不可矜張

政不成政以積久而報績不期速成

藝不淫不尚淫巧

禮有時禮時為大如冠婚喪祭行之有時

樂不滿樂不可極

哀不至哀有節

均不壹均有等差各視其分次不均而貴均也故不壹

惠忍人舊本作惠不忍人沛業寶洪篇言明刑曰惠而能忍尊天大經知正文不字是衍文今祿管見刪不字觀下篇惠而不忍人句與此一正

一反可見陳補注乃謂下文不字衍而訓惠而忍人為
假仁義以濟其凶及訓寶典惠而能忍則云非婦人之
仁何前後之說相戾也王雜志亦疑下文不字衍但失
其旨、惠者愛利之意唯仁人能愛人斯能惡人惡不
掩義也放流迸逐鋤惡所以安良故仁慈當
濟以刑斷此與去予言不忍人之政義迥別凡此物攘
之屬也
物攘二字不可解淬案文義物當作勿攘當作
壞攘與壞同音怪毀也書古文大禹謨勸之以
九歌淬勿壞傳云使政勿壞疏云使此美政勿有敗壞
之時竊疑正文當作勿壞勿誤作物蓋晉時本已然故
孔晁訓物為事攘與壞相似筆畫稍異便誤且疑此句
或有闕文今姑就管見釋之蓋謂凡此之類常得其平
勿使敗壞斯牧民之良法也
屬類也或屬當作術以音訛
惠而不忍人
煦煦為婦人之仁
有罪不忍加誅
人不勝害
勝平聲。惡
人不誅則善
人受害如盜賊之類人
不堪其害是不勝害也
害不如死
此民憤激之情也一
意姑容者當知此大
辟。案羅匡篇歷言惠民之政而繼之曰於民
大疾惑殺一人無赦此惠而能忍之明證也
均一則

不和均一則無辯如妥于諧和同謂琴瑟之事壹誰能聽之故不和若哀至則匱匱竭也哀

過情則匱竭而不能繼陳補注謂費財非是樂滿則荒樂過情則無厭而流於荒亂禮無

時則不貴當其可之謂時如祭不欲疏亦不欲數用失其宜非禮所貴藝淫則害于

才人之才力當務正事作為淫巧則聰明悞用故害于才或曰才財古字通淫巧之物害于財政成

則不長期于速成則章程苟且故不可長久事震則寡功矜張其事則有初鮮終故寡功

以賞從勞以賞從力役之勞勞而不至至盡也謂盡力也賞從勞民或以誹冐賞不能

盡力雖勞無功無功而賞濫矣故不從勞。案此下當言罰正文闕姑擬補二句於下以罰使服

服而不悅沛案文義補二句不敢與正文一例姑細書以便於讀。以罰使之服民雖服非心悅誠

服也以法從中舊本正文從中下有則賞二字沛案文義當為衍文蓋此二句中言上文中不中之

義不應又以賞言正文則賞二字訛誤無疑今删法有定中無定言以一定之法而從時中之用中不

必中

舊本作實不必中實字誤今據文義改正○中不必中即上文中不中之義

以權從法則行

上文言執法從中未必得中故中與權相因權而得中則以時中之用從有定之法法無不中斯至善之法也故行上文云行之以權者此也權字巳見度訓此更發明之即度訓明本末以立中之旨

行以知權

舊本行字下有不必二字文義不可通陳補注强解之非是今刪正文不必二字與趙氏曦明本改正合○言法得中而行愈以知權之妙用矣

權以知微

知精微之理也蓋惟得權之妙用於精於擇善之後斯至微之理無不洞見矣度訓言分微在明即知微之謂也○

微以知始

知聖學王道所由始

始以知終

由始以知所以成終○言知始知終即寓終始慎微之旨陳補注此節說太支離

常訓解第三 今次上編訓告書三

沛素此篇首言常性即性善之旨惟習染不同遂區善惡故明王立政使民變其不善之習而習於善習之有常斯以常習而復乎常性矣習養重矣哉然明王明聽以正民非强之也因民好惡以順其情也順民情而立政自古帝王皆然明王亦循行古之道耳故曰政雖今法雖古夫政之失中也始于明不至而疑生故必參伍錯綜以明之期乎允當又必慎于疑義微而貴乎禁始否則君德不明六極八政九德豈能順其執轍哉是以明王立政以化民使夫六極不嬴八政和平九德純粹而無姦僞之衷無私毀之害者良由君德清明能奉古昔先王化民為善之法使民習以為常者也而其原則本於慎政在徵興教民次分政總結之曰欲徵而順分此與前篇脈絡相連義理通貫疑本是一篇後人分為三篇耳聖王垂世千古不刊之書也沛嘗疑尚書顧命所謂周之大訓陳于母西序者即周此書也因無左證不敢臆斷然亦安見非即周

之大調義

天有常性性者天之正理賦於人者也自生民以來人所同得故曰常性仁義禮智信性中之德謂

之、五常人有常習舊本作常順沛業順當作習據孔注以學習言可知晋時本原作習後乃詠為

順蓋草書以形悞耳觀下文屢言習論語亦以性習對舉知正文當作常習無疑今改正。習言習染也習由

漸而入非一朝一夕之故故曰常習。陳補注謂常順即率性之謂道夫天不變則道不變又何順在可變之

有其說不可通習在可變舊本習作順今改正。言美惡皆可互相變易孔注云學成故可變是斷

習字義性在不改性雖生質不齊然好善惡惡人性所同千古不易不改可因性既

有常可因而似導之因在好惡惟好善故可勸以善惟惡惡故可懲其惡所謂因也下文因人以順

人即此因字好惡生因民好惡故生變易之道變習生常去其惡習變而之善則復

性而生常常則生醜醜類也既習以為常則善惡之類分是生醜也醜明生德舊本作醜

命沛棐下文云醜明乃樂義指民言也正文醜命當作
醜明以聲憤耳孔注言明醜所以命之棐下文明王於
是立政以正之不應損言明醜之命使下句為贅說滌
補注又謂醜即人之醜命即天之命更牽扯不上今補
文義改正。善惡之類明則知去惡從善而德生矣德
即五常之德知民知愛親敬長則孝弟之心自油然而
生

明王於是立政以正之舊本作生政陳補注改立政今從之。明王知德所由生在于明醜故立政以正民使習於善以復其性然則習之所關者大矣民生而有習有常蓋因民生有習斯有常以習為常以習為庸常之行以常為慎以庸常之行而慎持之民若生于中此由習使然也而若生于天性之中非由外至者所謂少成若天既性也習常為常習以為常所謂習慣成自然也此節言明王立政之教可知習學最關德性夫習民乃常中言習常義言民復常性惟習學乃如此為自血氣始其為之也不可

不畢論執也性奪斷有爲如小
習之若自其血氣始生之日然
明王自血氣耳目之習
以明之醜
血氣在身體耳目司視聽身體有勤惰視聽
有邪正善惡之類習使然也民生而醜不明
啟明王醜明乃樂義
醜明則善惡能辨而好
惡得其正故樂於嚮義
樂義乃至
明之
上
至當作志古字通。樂於嚮
義則恥居人下而志在嚮上
上賢而不窮
上尚同。
既嚮上則
能尊賢尊賢則不惑
而行不至困窮矣
民知其至
夫如是民知至善所在
知至至之所謂曾其有
極歸其
有極也
而至于子孫
習俗既久孝弟成風世
德相承以至於子孫
民乃有古
皆有經遠之規度謂之有古久道以成
民乃有之此與子孫服習義同
古者因民以順民
教民習于善其數如此非強
致也因民情以順導之耳
夫民羣居而無選
選有行列貌民居雜
處醜類易清故無選
爲政以始之者王
爲政教以明
醜振之於始
始之以古
政之始必遵
先王之道
終之以古
政之終
猶是先

王之道行古志今行古之道法志今之所尚政之埀也言至善也命訓所謂度至于極

者是政維今政則因時致宜法維古法則監于成憲

禎貪以疑禎則不知義理貪則利令智昏不明於道也明不至則疑生疑意以兩凡疑

者皆存兩可之見而不能決平兩以參參三同○於兩可者平心度之孰為過中孰為不及中孰

為得中則兩加以中而為三參伍以權參伍同三五○參之矣復從而伍之孰為過中孰為不及

中孰為雖過中而不失為中孰雖不及中而亦不失為中中無定體參之伍之必權而得中非孰一定之中也

權數以多權必錯綜其數且有不止于三五者所謂一致而百慮也故其數多多難以允

難去聲○允信也多為辯難以求允當而適中即度訓言分微在明命訓言權以知微之義物格而后知至與

審問慎思明辨其旨皆原於此允德以慎至于允信為中德是真知至善所在而意已誠然或

已誠而不知慎獨之功審幾即過矣故當慎慎微以始而敬終盧本以敬字截句又引左

傳慎始而敬終今據左傳增終字。與微念慮之始而貫以慎終如始之心慎於終以不困能如此則知之明守之固而行之不困矣

困在岀岀蒲問切。岀塵涌貌民行困塞由於泯泯棼棼困知義理若塵涌者然誘在王上有啓德以導下民誘民乃苟謂苟且不循義理苟乃不明民失其天性倫常之道不明

是以任情好惡而哀樂不當其可哀樂不時四徵不顯以故四徵之由於天性者不能彰顯六極不服服行也不以人道奉行天道八政不順以故倫紀之八政不能博敘所謂彝倫攸斁也

九德有姦九德日見下文姦偽也九德有作偽者九姦不遷遷謂逰遂也容姦則政亂國危萬物不至天時與人事相因危亂之世則諸福之物可致之祥皆不至矣民是乏生此句之上舊本有夫禮非剋不承非樂不竟十字與上文全不相涉陳補注以為錯簡無疑今據以删此十字。民苦百穀不成又困于虐政是以養生之道皆匱之

好惡有四徵舊本好惡上有空圍一或是夫字陳補注以好惡有三字居上文義不可通沛棠當
連四徵為句。言好惡之情有四徵為目見下喜樂憂哀即庋訓云小得其所好則喜大得其所好
則樂小違其所惡則憂大違其所惡則慼哀動之以則情之動以天則順其自然也發之以
文有品節之謂文喜樂憂哀發見於外皆以自然之節成之以民復其性順其情以成其德於民
發之行之以化蓋由政之行也使民各得其性情之正明王能以中道化之也
六極命醜福賞禍罰已詳命訓篇六極不嬴嬴異嬴同廣雅嬴過也言六極
不過其度八政和平是以彝倫攸敘八政和順安平八政夫妻父子兄弟君
臣八者綱常倫紀所係故曰政八政不逆大和妻柔父慈子孝兄愛弟敬君義臣忠皆順德也
不逆則人無不順也道九德純恪是以九德純全而謹恪九德忠信敬剛柔
和固貞順忠無私也信慤也敬肅也剛強斷也柔安也不剛不柔曰和固堅也貞正也順順理也

遂偽曰姦姦其似而微于偽是曰姦**姦物在目**物之姦者在辨以目視**姦聲在耳**聲之姦者在審以耳聽**耳目有疑**若視不明聽不聰則疑真為偽疑偽為真焉能辨姦猶上文言頗貪以疑疑意以兩**疑言有樞**樞者轉動之物既疑于心則言有轉動謂實為姦謂姦為實者有之**樞動有私**舊本作有和下文作和意陳補注云和當作私今從之改○因疑而轉動則必昧於是非之公而私意起矣**私意無等**私意既起則好惡顛倒賢姦莫辨善惡之醜不明賞罰之用失正政亂而無差等矣**萬民無法**君德昏昧小人在位不遵先王之法不行先王之政則萬民無所法守

政慎在微舊本作在敝上空圍二沛案敝字於上下文義無可通疑當是微字之訛以形近耳空圍二無可據以補正姑取後序中慎政在微句以補其缺於義可通且便于讀○蓋因私意一起其要至于無等無法是無政矣故政之當慎也始于一念之微若差之毫釐謬以千里矣首篇特言終始慎微可知慎微最關

緊要大學所以特重誠意而功則始于致知三篇内已
屢言知矣此處必須補此四字者使首尾相應不然則
篇末結句轉似
不相承接矣
[法]復在古舊本復字上空圍一陳補注疑當作治沖業當作法今擬
補法字法以正萬民欲法復
於大中至善在監于先王成憲古者明王奉法以明幽
奉先王之法以立政政有脉于義理不合古法者於以明辨之幽王奉幽以廢法奉行具皆
德以嚴王之法先奉則一人也一人謂王者奉明奉幽皆出於王者王雜志謂人字是衍文非
是而績功不同績功言致也一一亂真致不同治明王是以敬微而順
分敬微即慎微立政之本也順分者正民之要也順具分則萬民守法矣適結上文並三篇要旨

逸周書分編句釋　卷二

商誓解第四十三

今次上編訓告書四

此篇孔晁無注

沛案此篇作於克殷後歸鎬京之日誓告殷士臣民勸其順天安分毋反側興亂自罹誅戮也蓋天下甫定商之臣民不忘故國此亦人情所必至者備舉義旗圖興復未嘗非商之忠臣義士然而天命在周鼎遷社屋非人力所可挽回者徒自取禍亂耳篇中大旨言周自后稷以來德澤及民千有餘載天之默相有周實受天命非偶然也故諄諄以敬順天命曉之其代商也曰奉天之命其殛紂也曰承天命其曉臣民也曰宜在天命人曰克承天休皆此旨也而詞意往復纏綿懇懇不已無非勸其受命于周各安其分自此甲兵永息無煩再舉矣不然者爾家邦君及爾商庶百姓將有劉滅之禍矣于惟篤祜爾是以反覆諄諄切告之也汝其敬聽之哉篇中大旨如此操筆者委曲詳盡聖王愛民之心千古如見不數年間殷臣民復助武庚叛周

周公東征三年亂始底定殷遺民於洛邑後來多士多方之作拳拳告戒亦同此篇之大旨耳

又案此篇真古書也正如夏鼎商彝古色斑駁下視晚出古文尚書之泰誓不啻零星瓦礫矣五代時古文尚書未盛行自唐孔穎達奉勅作疏迄今千有餘年讀泰誓者遍天下古今矣譬之恒河沙數不知幾百千萬億人熟于口矣而讀逸周書商誓者千人中不可得一嗚呼黃鍾毀棄瓦釜雷鳴豈虛語哉書之優劣具相懸固屬霄壤何為書之顯晦亦相懸如霄壤哉是可廢書而嘆也

王若曰告爾伊舊何父此下正文闕四字各本同幾耽肅執各本此下正文有乃殷之舊官人序文八字沛疑是注非正文不然下文太史小史皆殷之舊官何獨別之於上或是原注所有今姑刪此八字又序文下正文闕四字各本同及太史比小史昔比昔皆名及百官里居獻民謂卿大夫致仕居鄉里者獻賢也來伊師之各本來上闕三

（字凡闕字舊本皆作空圍今記字數首盡空圍。此句義未詳）敬諸戒（戒疑哉字之訛諸之也見士昏禮記注敕諸哉猶言敬之哉篇末亦有敬之哉句）疾聽朕言（疾速也）用胥生蠲尹（胥相也用是胥匡以生蠲潔也尹正也）

王曰嗟爾衆予言若敢顧天命（若猶其也見王伯申釋詞顧視也即覬覦之意言我所言者其敢覬覦天命）予來致上帝之威命明罰（紂為無道天降威命加之明罰昔予來伐紂為上帝致之耳）今惟新誥命爾（今既克殷予惟從新曉喻爾等）敬諸戒其敬聽朕誥言（誥說文云合會善言也）自一言至于十誥言（舉凡我所言者）其惟明命爾（皆惟明白曉喻爾）

王曰在昔后稷（述周之祖德以喻之）惟上帝之言（猶云帝命率育）克播百穀（播種殖也書曰女后稷播時百穀）登禹之績（登升也績功也禹之功于是乎成書曰暨稷奏

庶艱凡在天下之庶民　罔不維后稷之元穀用蒸享
食罔無也元善也民得粒食養具艱祭其祖無不惟元穀是賴　在商先誓王虛本惠云誓讀
曰誓下竝同。陳注讀誓與逝同非補　明祀上帝昭明祀事格于上帝　亦維我后稷相生相養
之元穀此句上正文闕四字各本同　用告和和謂時和也　用胥飲食
也　肆商先誓王維厥故肆故也維厥故元穀利賴之故以　斯用顯我西
土商先王用是錫命光顯我西土之國　令在商紂昏憂天下昏亂也憂病也以昏德病
天下　弗顯上帝不能光昭帝命　昏虐百姓昏亂害虐百姓　奉天之命奉天咸命
上帝弗顯帝顯佑之　乃命朕文考曰天于冥冥中特命文考如詩曰帝謂文王　殪
商之多罪紂殪殺也　肆予小子發弗敢忘發武王名繼文王之志不敢忘
帝命　天命朕考命猶謂也　胥翕稷政翕合也稷后稷也帝謂文考之德政上符后稷　肆

上帝曰必伐之故命文考必伐紂于惟甲子尅致天之大罰尅克通。甲子陳師牧野奉文王木主克紂于商郊以數天大罰[上]帝之來舊本帝字上空圍疑是上字今姑擬補言上帝親來如詩曰帝降庭止革紂之命之字下空圍疑是命字今姑擬補易曰湯武革命于亦無敢違大命于來伐紂亦惟順天之大命敬諸謂敬天命昔在我西土我其有言在鎬未興師之日已有明言胥告商之百[姓]無罪沛案後文有百姓無罪句知此句百下脫姓字因獲以補。胥告天下言商之罪不在百姓其惟一夫一夫紂也孟子所謂獨夫紂于既殛紂殛誅也承天命膺受天命予亦來休休蓋罷兵息民之意言予來歸西土偃武休兵也若違下命字讀謂致休美之命則與上句意叱非復命爾百姓里居君子其周即命百姓蓋謂百官見堯典九傳里居君子則卿大夫致仕者也言爾等其來鎬京就聽周命令。此下各本皆有空圍闕二十九字今無可

擀補而上下文義尚可承　爾家邦君　無敢其有不告
插因記字數省盡空圍
見于我有周　無發聲助也見漢書注無敢敢也詩無念爾祖傳曰無念念也無競維人傳曰無競
競也是無為發聲也王伯申釋詞徵引數十條最詳。
言爾邦君敢有不于我周告見者是違命之人也
其比家邦君　我無攸愛　比合也爾既之違命於逖不爾愛我言無伐之無亦語詞見上
上帝曰必伐之　即惟上帝則來曰必伐之　今予惟明告爾　故惟先以此意明白告諭爾
予其往追若紂　遂趍集之于上帝　玩二句文義似言與伐紂之事同集
煞以告上帝。追字下舊本空圍一疑是若字言若伐紂之事姑擬補若字。趍同臻玉篇臻聚也衆也蓋衆集之義
天其有命　舊本作天王屬本王疑衍陳補注直謂王字衍今從之刪　爾百姓獻
民其有綴芳　盧云綴芳謂若𣏾之絕而復續草之刈而更生也。意蓋謂爾違命之邦其能有天
命乎其能底爾人民不蔚其類乎言必不能也
夫自敬其有斯天命　夫爾邦君

（眉批）八字無見　八字無同故

若果能自敎以保其人民其亦有斯天命不令爾百姓無告不令爾百姓困苦無
告西土疾勤亦可休西土之人不令其疾勤也疾憂也其斯有何重言如此何
用再征伐也重再也天惟用重勤興起我罪勤意蓋謂天所以再用勤勞興起
兵戎者因我所問罪之邦而勤勞西土之人也此二句疑有脫悞字今姑就文義釋之我無克乃
一心無發聲助也已見上注無克克也我無猶昭二十六年左傳我無所監夏后及商社注曰言追監夏
商之亡王伯中曰無為發聲○言我軍士皆能一心爾多子多子猶言多士也蓋謂殷之多士以其輔
助邦君故並諭之其人自敬言人人自敬其身家助天永休于我西土助天
命永逸休逖我西土不再興師爾百姓其亦有安處在彼即爾所居之百姓亦能相
安於無事而宅爾宅田爾田可無兵戎之禍矣宜在天命在察也此事爾宜明察天命「乃」反
側與亂天命下舊本空圍一沛擬補乃字反舊本作及篆當作反今據文義改正反側不安貌

予保奭其介有斯勿用天命介助也保太保也奭召公名言予保奭其肯助此不用天命之人言必誅之若朕言命在周曰商百姓無罪若朕昔日在周所言原謂商百姓無罪朕命在周其乃先作我肆罪疾今若反側興亂朕則發命在周其乃先肆伐我所罪疾之人疾惡也予惟以先王之道御復正爾予之所以再用征伐者惟用先王戡亂之道統御復正治爾等百姓越則非朕此由爾百姓越乎法則負亂負說文恃也非朕有所恃而興亂也惟爾在我在察也惟爾多子及百姓察我之用心

王曰百姓百姓蓋謂百官已見上前言多子謂殷同姓之官此言百姓謂殷異姓之官我聞古商先誓王成湯古猶昔也克辟上帝克辟猶克配意保生商民保全生聚商民克用三德克用三德之賢人三德剛柔正直疑商民弗懷疑慮商民有不懷者德用辟厥辟辟君也君厥君盡君道也今紂棄成湯之典遺棄湯之典型

肆上帝命我小國曰革商國革去商紂之國肆予明命汝百姓今既誅紂革商矣敢予明白曉諭汝其斯弗用朕命爾百姓有違朕命者其斯爾家邦君商庶百姓若如斯將並爾家邦君及商之庶百姓皆予所罪疾之人予則[咸]劉滅之咸字舊作空圍今據上文有咸劉字擬補○言予則誅殺滅絕之是汝君性自取禍也

王曰靃予天命靃義未詳說文靃飛聲也與本文義不相涉盧本引徐鍇曰其聲霍忽疾也然則此亦當為命不于常之意陳補注謂是其興也勃焉之意似皆屬附會闕疑可也維既咸汝咸當與諴通諴也陳補注咸滅也考字書咸無訓滅者汝指商紂亦非蓋謂予既以誠心待汝克承天休于我有周承天休命斯小國于有命不易小國武王自謂有命不易言無更易也昔我盟津盟津即孟津言昔大會盟津之日帝休辨商其有何國此下似有訛脫字句今姑就文義釋之○帝降休命辨別商其誰有何國言衆心皆離也命予小子因命

予小子承天休祇肆我殷戎亦辨百度之休美設叙履嘗之戎兵亦非事

事辨其休美。陳補注謂百度下空圍◎疑是之休二字今姑從其說補之休二字後再酌定

用左右予小子左右輔助也肆劉殷之命肆逸也劉絕殷命。盧本作左右予

予肆劉殷之命陳本作予小子令予惟篤祜爾盧本作篤祜陳本作篤祜篤厚也祜福也

予史太史違盧云予史本或作于史然于字亦似訛我寔視爾盧云寔各本多作史

今從鍾本。意蓋謂予之史臣或有以篤祜為不必者而我則寔心視爾靖疑爾之疑可靖也胥敬

諸諸舊本作請陳本改正其斯一話敢逸僭予之告爾敢有一言逸僭者乎予則

上帝之明命予末予字疑衍與曰承帝命予予者言之爾邦君及百姓舊本作拜

拜□百姓誤沛案上拜字是邦字之誤下拜字當是君字百姓上空圍疑當作及今案文義姑改補似於義可

通陳補注謂諸臣拜百姓於義非是又越爾庶義庶刑庶義庶刑尚有戒法爾等如有踰越

不用命老

予維及西土維唯唯通王伯申釋詞惟亦與雖同說文雖字以唯為聲故雖可通作唯唯亦可通作雖徵引數十條詳見釋詞雖字唯字部。據此則正文維字當讀作雖字言予今日雖在西土

我乃其來即刑我乃興師而來正以典刑

乃敬之哉乃猶汝也當敬凜之

庶聽

朕言庶能聽朕誥言

罔胥告罔猶得無也見王伯申釋詞引楚辭君罔謂女何之洪氏補注得無謂汝遠去欲何所適為証。胥相也言聽朕誥言得無相為告戒而懲懼乎陳補注云無謂我不相召也失其義

度邑解第四十四

今次上編訓告書五

此篇孔晁無註

沛棗此篇武王以未定天保依天室是以憂勞不寢且此事度不能及身為之故天欲傳位於周公循殷人傳及之法周公泣涕齧王拳拳曉諭之二百餘字中情摯語真纏綿往復有含爾其誰之意公惟泣涕不敢允命王遂托公以建都東洛之事以副定天保依天室之願此武王自知壽期不遠嗣子幼弱恐不克堪惟公是賴亦同於垂涕泣而道之者也史記錄其文前後大略而中間缺欲傳位周公一段文字遂使千古下幾不知有此一事且不知古聖人之用心如此乎其憂深慮遠也西周真古書安可終使之晦不聞明而表章之以與周書之諸誥並傳哉

維王尅殷國君諸侯乃厥獻民徵主獻民賢民也徵主義未詳張氏惠言曰徵進也大夫曰主徵主采地之君九牧之師盧云九牧九州之牧也鄭康成注尚書云州立十二人為諸侯師以佐牧見王于殷郊蓋于牧野既事之後以邑禮見武王

王乃升汾之阜以望商邑盧云司馬彪續漢郡國志襄城有汾邱案左氏襄十八年傳楚子庚治兵於汾即此地也去朝歌不遠故可望商邑本有作蟲字者悞。陳補注引施氏考士曰襄城之汾在朝歌西南五百里安得為近且武王來自朝歌而反渡河而南從五百里外望朝歌何哉汾阜當在今山西蒲州府東北百二十里榮河縣商祖乙所都之耿在今絳州西百里河津縣僅隔一水故升阜以望之。沛案據施說則商邑指耿言非指朝歌也括地志絳州龍門縣東南十二里故耿國

永歎曰嗚呼不淑兌天對不淑蓋王自謂兌天對義未詳盧云李善注王元長曲水詩序引此作兌天之對陳補注據以改正文云兌當也又引施氏考士曰對即作邪作對之對武王升汾阜以望商耿知不可以作邑故永歎曰不淑兌天對言此地不善不可以立邦無配上帝也。沛案施說似可通然與下句意不相貫竊以望商邑仍指朝歌言蓋謂昔日商邑翼翼巍然天子之都今日鼎遷社屋敗亡如此天之成命吁足畏矣因不禁長歎曰朕以不淑之躬兌天之對得不監于商之所以亡而凜凜于天之成命乎哉如此說似於上下文義相

貴通遂命一日維顯畏弗忘蓋謂遂生于世無一日敢忘天之威命。陳補注言上帝既付于有家我惟此明威之命弗敢忘耳

王至于周　自鹿至于丘中鹿虛云舊空圍亦以李注補善又云丘武為宛天。陳補注引施氏彥士曰於是從茅津濟河自宜陽鹿蹄山以至檜之丘中以度東周形勢具明不寢具義未詳蓋明猶不安寢至王小子御凌氏曙曰王小子即成王。御侍也告叔旦旦周公名叔旦亟奔即王亟奔速走也即就也曰文憂勞言自伐以斜來久憂勞于外問害不寢虛云害與曷同何也舊作周以形近致訛。問不寢之故曰安安猶居也予告汝告以其故

王曰嗚呼　旦　維天不享于殷言天不歆享殷家久矣發之未生發武王名至于今六十年史記正義據周本紀從帝乙十年至伐紂年陳補注據紀年供

帝乙初年起算未知孰是。沛棠
據此則武王伐紂時年未六十也。
夷羊在牧
陳補注夷
羊怪物廣
羊積羊之類博物志隨巢子俱作夷羊與周
書同史記周本紀作麋鹿不知何據
飛鴻滿野
盧云舊作遊野或遊野之說今依史記博物志改作滿
野。陳補注飛鴻蟯蟯也淮南作飛蛩注蝗也隨巢子
作飛拾見史記索隱所
引博物志作飛蝗
天不享于殷
盧云天下舊有自
幽二字係衍文今
從史記去之。陳補注改作自幽謂自公劉
遷幽之日天已眷顧與上文義不相承非是
乃今有成
言天迭見災異其不享于殷也
可知我周今乃方代有成也
維天建殷
初建
邦時
厥徵天
民名三百六十夫
徵登進也天民名天民中名賢也三
百六十蓋亦殷官制或三百是二百
之誤與禮記殷二百周三百合夫男丁
通稱禮郊特牲夫也者以知帥人者也
弗顯
顧盧本作
顧史記作
弗顯今姑依史記改弗顯。索隱曰未能興化致理凡
敵論理故殷家不大光顯。索隱又引隨巢子作天鬼不
顧亦不賓。○陳補注刪上句名字改夫為天合天鬼不
顧義存參。○沛棠此數句疑有脫誤不甚可解姑隨文

釋之耳亦不賓威盧云舊本作賓成史記作賓滅隨巢子亦作滅今依惠定作威○威滅同賓儐同言亦不至損滅也用戾于今戾至也用能近至于今也嗚呼予憂茲難蓋謂今難有成功然天命難保我身已老嗣子沖幼是以憂之近飽于卹近謂近日卹亦憂也憂填于中故曰飽即上文維顯畏不忘之意辰是不室義未詳今姑以意揣殆謂憂卹之患時乃不敢安于室辰時也陳補注言商家不能保其室蓋非我來所定天保沛案來當為求字之誤隸書來求相似故書傳中來字多悞作求求亦悞作來辨見王雜志今未敢遽改正文姑作求字釋之言我求所以定王室為天所保佑日夜憂思恐天命之難諶懼後緒之弗光憂其深矣○盧本據史記刪改作我未定天保沛案此篇的是真古文惜多脫誤處史記刪節太多又於義難解者輒用己意改竄何可盡據以改古文也當分別取之○陳補注言我所以來為定天保故耳天保即大雅天保定爾之義存參何寢能欲何安寢之

能欲

王曰旦予克致天之明命

予既代商有國致天之明命矣

夫定天保依天室

若定天所保克依天室是予所願也案此夫懸擬之詞若解作已定天保依天室則與上文義不相承。天之所居曰天室依安也

志我共惡俾從殷王紂

凡志我之志共惡違命者從而伐之俾罪同殷紂。盧本志我共惡史記作悉求夫惡沈云此書是專本作俾史記作賊惠云俾當作專古賊字。陳補注仍依舊本作俾義亦可適姑從之人案下文朕卑皇祖句卑亦當作俾與此俾字一例

四方亦肯來

舊本作四方赤宜未。陳補注云盧本從史記改作日夜勞來李兆洛曰史記勞來徐廣曰一云肯來此亦宜未當是亦肯來之訛今依改。沛案陳從李說改尚存字形訛誤之迹若從史記改則全失面目故姑從陳本。言四方諸侯當亦悉肯從周。

定我于西土

用是安定我國家于西土。沛案此節義晦難曉姑釋之

我維顯服

服事顯明也言此光明之事業指上文定天保依天室盡除紂之餘黨以安定我周邦而言此最為光顯之大事業也

及德之方明

然我以憂勞多疾必

不久于位國度不能及身為之矣嗣子幼弱不堪此任我欲就殷家傳及之法傳位于德之方明者庶幾能成此光顯之大事業乎此二句武王欲傳位於周公之意蓋殷家傳位之法一生一及故武王欲傳位于弟謂之及德之方明而未有艾者即暗指周公○史記此下刪去正文二百餘字殆以此二百餘字不可解者甚多故悉刪之歟抑史公所見古書缺此傳位於公一段古文歟○史記正義曰服事也武王答周公云定知天之安保我位得依天之宮室退除殷紂之惡日夜勞來人民安定我之西土我維明了乎及我之德教施四方明行之乃可至于寢寐也）沛案正義所說與周書此篇下文不相承接蓋由不知欲傳位於公之事也○陳補注以章服解服字誤

叔旦泣涕于常悲不能對盧本復校謂常裳古字通陳補注猶云泣下沾衣裳也○悲不能對猶下文泣涕共手意

王命☐☐傳于後陳補注謂王下兩空圍當是其叔二字蓋即周公答語言傳及不可當以與子○沛案公既悲不能對是無答語也下文泣涕共手亦周公始終泣涕無一答語也其不敢允命可知竊疑缺字是命旦二字蓋前雖云傳及未嘗明指成公茲特命公

雖乜之位于微若無此時命公之言則下文矧其有乃
室及今維天使予二語無根矣故補管見擬補命旦二
字

王曰旦汝維朕達弟達通達也予有使汝言平日任使汝汝播食不
遑暇食播食即吐哺意言公任事之勤矧其有乃室況有王室之任其對施于四方可知
矣今維天使予天意使予予無可辭維二神授朕靈期陳補注二神王季文
王也二后在天之靈故曰神授朕靈期謂告以畢數之
期也靈期亡日也言朕身不該不假久于在位也
予未致于休猶言未致太平予逌懷于朕室朕室我家也逌而惓念我家之人
汝維幼子大有知雖與雖通說見商誓篇○武王同母弟八人管蔡皆周公兄玆曰幼
子大有知言多材多藝也昔皇祖底于今勖厥遺得陳補注皇祖后稷也勖與
冒通懋也得與德通猷厥遺得言自
后稷以至文王皆由懋勉以遺厥德顯義告期陳補注顯明也

義謂甲伐之義告期即所謂披朕壐期也。沛素顯義疑即指僭及之義似覺切近付于朕身付於于我躬其責甚重若農服田穡以望穫亦望成功之切也予有不顯

朕卑皇祖不得高位于上帝毋當作俾。陳補注言我或有爽德不能纘前人之緒以光顯之則必不能追崇先祖矣是朕卑皇祖不得高位于上帝言不能尊祖以配天也汝幼子

庚厥心庚更也庶乃來班朕大環陳補注庚厥心言不必況傳世之常庶乃來庶民來從也班布也位也環宮衛之官左傳有環列之尹周禮夏官有環人此大環猶書所謂大麓蓋寵異之名隱以攝政於公矣。補注又引張忠言曰庚通也庶庶幾班分也班朕猶助朕環衛也。沛素庶非指庶民張訓庶幾為是茲予有虞意陳補注虞憂也又引張忠言曰虞樂也言汝適達其心庶幾助我大衛茲民使有樂生之意能安其妻子也。沛素張以乃懷厥妻子屬此句讀非是若訓虞為樂卻是乃懷

厥妻子德不可追于上民亦不可荅于下朕不

賓在高祖舊本作朕下張謂朕下二字當倒朕字屬下句今從之乚正。陳補注乃懷厥妻子設言之詞言我所憂甚大乃懷厥妻子不為宗社大計則總不可追于上民亦不可荅于朕下矣朕下謂自朕以下言上無以對先祖下無以荅群臣百姓也如是則宜惟皇祖不得高位之上帝將不賓在高祖矣。沖業陳解解朕下意由張云我則不能賓享高祖以朕為下是維天不嘉于降來省汝

其可濟于茲陳補注省通眚言天不于佑而降茲災故不豫當此昊天不弔之際惟望付托于汝則災眚庶可袖去耳。沛業此三句承上文言朕德不孚于上下將見天不嘉于降以災眚使我國家不寧宗社不固當此之時汝雖多材而無僅亡可療于茲乎言未可也療愈也猶病愈然此皆設言之詞即上文予憂茲難之意非責謂周公能療災眚也

乃令我兄弟相後先兄弟後殷人傳及之法也後即上文傳于後之後我龜筮其何所即即就也言何用就問于龜筮今用建叔建虛本叔建或作素達。陳補注叔建當作叔達達即所謂達弟也言傳位不必泥于嫡長當取支子之達者而

之手則悲不能對可知

延叔旦恐，泣涕共手。盧本引惠半農云王欲兄弟相後傅位於旦故旦恐。泣涕共

王曰：旦，我圖夷茲殷，圖謀也夷平也殷邦甫定尚未寧平寧欲圖久安長治之道當建都於中州以統馭之

其惟依天，沛棐天字下疑脫室字今擬補其有憲命，其惟依倚天室其有憲命乎天室居中以統四方憲法也陳補注謂憲命天所出也。天室史記正義曰天之宮室也沛棐天有二垣中垣紫微宮天帝宮室之位也史記天官書中宮天發星其一明者太一常居也正義曰太一天帝之別名也據此則天室謂中垣紫微宮天帝所居之室故武王欲建都中州河洛之間以象之

求茲無遠，茲蓋指憲命求茲者蓋即祈天永命之意無遠者蓋謂不可遠于天室也

憲天有求繹，盧云無遠下章本有憲字沛棐章下有憲字是也今據以補。憲字屬此句讀蓋謂憲天而有祈求於天也。

相我不難。繹理也又大也相助也言天若大相我周家不難也

自洛汭延于伊汭，陳補注洛伊二

水名水北曰汭延爰也汭延及也

居陽無固

陳補注水北又曰陽蓋謂其地居洛水伊水之北也無固謂不險要史記作居易無固索隱曰言自洛汭及伊汭其地平易無險固衡案史本是易字易昜即陽後人訛為易也

其有夏之居

陳補注夏大也有夏之居即有那其居之義

我南望過于三塗

陳補注三塗山在今河南府嵩縣西南

今我北望過于有嶽

陳補注嶽即太岳在今山西霍州東南

丕願瞻過于河宛

陳補注盧本據史記改作我北望過于有嶽鄙顧瞻過于河宛○河大河也宛在今衛[illegible][illegible]釋府滑縣西水經注宛水自石門東注宛城西又逕其城

瞻于伊洛

無遠天室

史記作粵瞻雒伊毋遠天室

其曰茲曰

度邑

度入聲○曰與粵適于也○王雜志謂上曰字義不可通引玉海作其名茲非是[illegible]陳補注經刪兩曰字亦非衍案下曰字尚可刪上曰字必不可刪其曰茲其于茲也○陳補注言我南望過于三塗北望過于有嶽此居陽無固實決決乎有夏之居也我其瞻眺于河宛伊洛之間以建王國此我之丕願也爾其無遠天

室于茲度邑以慰我願耳蓋俱以後事屬公之語。
王雜志云盧本依史記改丕為鄗改願為顧念孫案史記作北望嶽鄗顧詹有河則此亦當作我北望過于嶽鄗顧瞻過于有河徐廣史記音義引此亦云北瞻望于有河今本有字誤入上文嶽字上則與史記及徐廣所引皆不合

皇門解第四十九 今次上編訓告書六

沛業：此篇周公誥大家世臣而作也。自古哲王皆賴良臣獻言于王，助王勤勞王家，故能使天下大治，永承休命。後世不無弗恤王家、讒賊媢嫉、蓋善夫、奉狂夫，以致禍亂，是以天用弗保，國亦不寧。此古今治亂之龜鑑也。故惟願一畫臣明爾德，以資告于元耳。篇中分兩大段讀，一正一反，惟切指陳，詞源倒峽，滔滔若江漢。古聖人文字，其手筆之大如此。

維正月庚午，傳漢書律麻志：成王元年正月己巳朔，則庚午為正月二日。周公格左閎門，孔注：格，至也。路寢左門曰皇門。閎音皇也。王雜志據玉海作格于左閎門，今本脫于字。會羣門，盧云：文紹業：羣門，族姓也。篇中曰宗子、曰私子，皆為大家世族而言。此誥在成王元年，見竹書。王雜志據後序周公會羣臣于閎門，證羣門當作羣臣，又引玉海九十二、六十九並作會羣臣。沛業：正文義自明，王據玉海增于字，改羣門為羣臣，似不必。曰：嗚呼！下邑小國克有耇老

孔注耇老賢人也○謂年高德邵者

𢡟屏位

爾雅屏謂之樹禮緯天子外屏諸侯內屏屏在路門之內外位則所立之位蓋指君言非謂耇老之𢡟屏位也○或曰𢡟當作拒屏蔽也謂蔽賢路之人則拒之案此說與建沈人意相應存參

建沈人

謂賢人沈伏于下者建立也

罔不用明刑

刑決也刑型通

維其開告于予嘉德之說

王雜志開告于予當作聞于予故孔注曰聞告我般庚曰予告女于難彼以告予女于連文猶此以告予于連文也下文資告予元亦以告予連文節錄○開告即啟告嘉善也謂以善德之言啟告于我

命我辟王

命猶告也辟君也

小至于大

孔注謂小大邦君陳補注謂小大之言沛案小大以事言無小無大皆宜入告

我聞在昔有國

誓王之不綏于卹

之當作罔○孔注卹憂言思治也○誓與哲同○王雜志引之曰哲王之不綏于卹文義不明之疑當作亡亡與罔同綏安也卹憂也始于卹憂勤者終于佚樂哲王之憂乃其所以得安也故曰罔不綏于卹下文言罔不者多矣罔與亡古同聲而通用節錄

乃維其有大門宗子

勢臣孔注大門宗子適長勢臣顯仕罔不茂揚肅德孔注茂勉肅敬訖亦有孚
孔注迄既也孚信也以助厥辟勤王國王家輔助其君勤勞政治乃方求論
擇元聖武夫羞于王所孔注方旁羞進。沛案方訪古字通當如王訪于箕子之
訪春參。論擇慎選也元善也元聖知詩言聖善武夫可為干城腹心其善臣以至于有
分私子孔注私子庶孽也。玉藻公子曰臣孽有分謂分來地者苟克有常苟誠也罔
不允通允信通達咸獻言在于王所孔注常謂常德言皆信通于義以益王也人
斯是助王恭明祀襄祀事敷明刑布明法。孔注言善人君子皆順是助法王也
。沛疑注當作皆順是助王也刑法王用有監明憲憲法言也朕命用克和有
成朕命我之命令也指國家言謂能和衷以相與有成也用能承天嘏命嘏大也承受天
之大命百姓兆民天子日兆民用罔不茂在王庭孔注勉在王厥獻言于王

餚也

克用有勸克當作克○王雜志引之曰克字於義無取疑克字之誤也克用有勸者克用有勸于羣臣也多方曰明德慎罰亦克用勸云云文義並與此同節錄永有格于上下陳補注疑有下空圍是格字今姑據以補○孔注上謂天下謂地人斯是助厥勤勞王家厥下疑脫辟字上云助厥辟勤王國王家此亦當然○孔注助君也謂大門宗子也先人神祇先人祖考也天曰神地曰祇報職用休職主也休美也伻嗣在厥家孔注先人及天地報之王用美紹家○注美紹舊訛爲善𧼪詔一本詔又作其盧改正沛案舊本其上脫紹字當作紹其家○盧云因學紀聞引作伻嗣在王家盡嗣先人勤勞于王家也趙云嗣厥家謂世有令聞保其宗廟亦通○沛案趙說優王國用寧平治小人用格感格用能稼穡格字下空圍陳補注疑是用字今姑據以補咸祀天神勤于稼穡年穀順成用以報賽戎兵克慎謹守備軍用克多軍賓足王用奄有四鄰四方臣鄰之國遠土丕承舊本作遠士盧云遠

士卜本何本作遠土。王雜志念孫業作遠土者是也
上言奄有故下言遠土。魯頌閟宮篇奄有下土是也王
海百六十九引此正作遠土。陳補注及王雜志以奄
有四鄰遠土為句鍾本及潘氏古逸但以遠土丕承斷
句。沛棠卒神慎鄰承韻協且與下句光字協句法整
飭若丕承萬子孫為句則不成句法故從鍾氏潘氏斷
句萬子孫用末被光王之靈光孔注亟同丕大末終。言後世萬子孫終滌仰
祓光王之
神靈光寵
至于厥後嗣夏商季世弗見先王之明刑去先王世遠故弗見維時「乃」
胥學于非彝孔注時是胥相為是相學于非常也。注時是虛本作時有今改正。虛本乃作及
趙疑是反字王雜志引之曰及當為乃今從之定正以
注為是相學疑當作惟是。夷與彝通謂民彝也
家相厥室弗恤王國王家維德是用孔注言勢人以大夫私家不憂
王家之用德以昏求臣作威不詳不屑恵聽無辜之亂

辭是羞于王孔注詳善也不察無罪以悉民言不顧進辭于王。盧云詳本或作祥義並同不屑疑不肯之訊亂辭辭有理者也言不肯順察無罪有理之辭以進于王也趙疑注言順不進辭于王或是言進不順辭于王文怨案進不順之言在下文始見此非也注中悉字烏路反惡民言順謂惡民之理直故不肯上聞耳今審文義改併節錄陳補注以虛說為非亦未見其是辯見補注今不錄王阜良乃惟不順之言于是人斯乃非惟直以應維作誣以對俾無依無助孔注阜大良善也王求善而是人作誣以對故王無依助也

王雜志念孫案此文顛倒錯誤今改訂如左

以昏臣昏臣二字連讀下文譬若匹夫之有昏妻注曰喻昏臣也是其證以昏臣二字有脫文作威不詳不屑惠聽無辜之辭乃惟不順之辭是羞于王乃惟不順之五字本在辭是羞于王上故注曰言進不順辭于王王阜

求良言皋求良言謂大求善言也故注曰皋大良善也王求善而是人作誣以對据此則皋良二字之閒原有求字明矣于是人斯乃非維直以應維作誣以對俾無依無助今本求字誤入上文昏臣二字之閒兩辭字皆誤作亂乃惟不順之五字又誤入下文良言二字之閒則義不可通虛改併上下文又改下亂字為辭而以亂辭二字連讀則愈不可通。沛案王所改訂者雖未必即是古文真面目然于正文外不增一字從文義上下通貫又與孔注合可謂細心善悟者矣今不敢據以改正文孔注二絡全錄之以備參考

譬若畋犬驕用逐禽其猶不克有獲孔注驕謂不習也言用人之無得猶驕犬逐禽不能獲。注言下空圍陳疑是是字沛疑是用字今姑補用字据上文維德是用蓋用人必有德者猶用犬必馴獲者也德得古字通是人斯乃言用此無德之人猶驕犬之不能獲禽也

讒賊媢嫉以不利于厥家國孔注言賊仁賢忌媢嫉媢以不利其國。案注

書賊當作讒賊譬若匹夫之有婚妻王雜志念孫案婚妻本作昏妻此後人不曉文義而改之也據孔注云喻昏臣也則本作昏妻明矣曰于獨服在寢孔注寢室也●李氏兆洛曰獨服在寢言專妬也以自露厥家孔注言自露于家言謂美好前昏臣也◦王雜志方言曰露敗也言讒賊媢嫉之人專權以敗國亦若昏妻之專寵以敗家也孔云言自露于家謂美好蓋未聞露字之義媚夫有邇無遠王雜志引之曰媚當為媢字之誤也鄭注大學曰媢妬也此媢夫二字正承上文讒賊媢嫉言之非謂其佞媚也不當作媚明矣◦孔注媚大見近利而無遠慮乃食蓋善夫俾莫通在于王所王雜志食蓋二字義不相屬食當為弇爾雅弇蓋也字通作掩孔注云掩蓋善夫是其明證矣盧云食猶日月食之食夫之節錄◦孔注為掩蔽善夫使莫通◦王雜志大學引秦誓曰媢嫉以惡之又曰而違之俾不通正此謂也乃維有奉狂夫尊奉狂妄之人廣韻心不能害得夫之地則謂之狂是陽是繩陽揚通繩譽也是以為上 是授司事于

正長（孔注言陽擧狂夫以為止上人以為官長正主其事也。注空圍擬補以字）命用迷亂

獄用無成（孔注命者教也。陳補注政出多門故迷亂獄以賄行故無成）小民率

穡（孔注率皆痛慹困也。陳補注穡斂也斂以秋有隕慘之毒故孔以痛慹同訓穡也）保用無用

（保安也用用之於民也故孔注曰安民之用無所宜施）壽亡以嗣（亡謂夭亡也嗣續也壽之夭亡

者相續故孔注曰民失其性言不能遂其生也）天用弗保（天于是人亦弗安之而降之禍故孔注曰

天所不安用非其人故也）媢夫先受殄罰（據王伯申說媢夫亦當同前作媢夫。孔注殄絕其

世罰及其人也）國亦不寧（國亦必有天災人禍不能安寧）嗚乎敬哉（敬愼也）監于

茲（監視也視此殘賊媢嫉之人為害于家國若此）朕維其及（朕周公自謂言我國家若用此等人

害將及我也）朕蓋臣夫（臣夫猶言臣人。陳補注故夫為大居下句殆非）明爾德（監于）

（昏臣而明其德）自以助于一人憂（輔助戒以憂勤王周。孔注盡違也言戒違用之臣夫明）

爾之德以助我憂天下者注借作明明之德藎疑作明
肩今據改。沛案爾雅釋詁藎進也詩大雅王之藎臣
疏藎惠愛之篤進進無已也
本文藎臣亦當如詩疏所訓無維乃身之暴皆邱爾
假予德羕資告予元孔注假借資用也借我德法用
告我大德之所行也。盧云皆
邱疑當作是邱。沛案作是邱文義可通此三句文義
甚晦或有訛脫陳補注謂仍望家相歟窒攷經更張又
云我于家國之外亦憂及汝身具說似紆曲與上下文
不甚承接竊以此三句承上藎臣說來不應又有望于
昏臣之改絃更張也此就文義揣之似謂我不藎臣當助我
憂勤王國毋為身家計維乃身之暴害是邱也爾字屬
下句讀假興嘉通言爾若嘉乃身之德法用告我以善道
即篇首所謂開告于予嘉德之說者是如此則我資受
具益。暴有暴害意見王制暴天物疏易譬若眾敢
曰元者善之長也故元訓始訓大亦訓善
孔注如眾令敢猶相扶持也
常扶予險乃而予于濟濟遂也。盧云而古與能通
沛案乃汝也扶持險難是汝能汝無作盧本趙云似有
有濟于予也即上文助我意缺文。陳補注

作運也謂無道流言以傾國非夫。沛業作興起也盖

請法能無興起而助我乎

嘗麥解第五十六

今次上編訓告書七
此篇孔晁無注

讀業此篇於正刑書事最詳其告大正〔宗〕文出于太祝掌王命誥之手典雅肅皇想見周初文字之古其藏大正文嚴簡有體即刑一期無刑之旨真古書文字非後人所能希其萬一當時太史編錄於孟夏月先紀祈禱一事又紀嘗麥一事而獨詳紀正刑書一事後類紀羣祭以皆是月之事故併為一篇錄之其實各為一事不必相牽合也後之解釋者多失其旨

又案作雒篇武王既克殷〔商〕歸乃歲十二月崩鎬成王嗣位元年六月葬武王于畢二年又作師旅征殷殷瀆乃降辟三叔此在成王二年事三年春成王迎周公歸是年三月成王免喪武庚之亂已平成王當於三年孟夏初祈禱于廟初嘗麥也而是篇繫之四年何耶若據今所傳竹書紀年為證不知紀年多取之周書不足據彼以證此也讀疑周書原作三年後人據竹書紀年改之耳

維四年孟夏　王初祈禱于宗廟　乃嘗麥于太祖太祖
后稷廟禮記月令孟夏農乃登麥天子乃以彘嘗麥先薦寢廟。盧云御覽八百三十八引曰王初祈禱于武
宗乃嘗麥于廟汲郡古文謂成王四年正月初朝于廟夏四月初嘗麥。沛棠竹書與周書不合成王於三年
三月免喪則夏四月朝于廟禮也何得遷至四年之正月乎竹書之悞可知
是月王命大正正刑書惠氏禮說曰大正者大司寇凡秋官皆曰正。刑書律書也
奠明　僕告既駕僕御車之僕　少祝導王少祝即春官小祝導引也　亞祝
迎王亞祝次小祝者　于降階此階蓋路寢之堂階降階乃登車也　即假于太宗少
宗少祝于社太宗少宗少祝義未詳疑有缺文。盧本惠半農云太宗少宗即太宗伯小宗伯也少祝疑即小史梁曜北云大宗顧命有之。陳補注張惠言曰太宗太祖廟少宗小祖廟少祝閟宮姜嫄廟也此與篇中太宗少宗為宗伯者不同。沛棠張說未知何據然于文義可通姑從其說釋之假與格同至也易

曰王假有廟成王蓋以正刑書事告于廟又于社也祈禱
是一事嘗參又一事正刑書告廟及社則又一事也必
非同日古者戮人于社為正刑書故並谷牲羊一牲豕
祀社
三羊豕少牢也
史導王于北階單言史非太史小史等官蓋府史之史小臣也鈦司引導之事凡廟制有門有
堂有寢前有作階西階後有北階時王祀社畢復至太祖廟降東史導王至北階王陟階陟升也
在東序東序序中近東墻處乃命太史尚大正〔書〕舊本無書字脫文也今案前後
文義擬補□尚上閒□沛案上文云王命大正正刑書
後文云眾臣咸興受大正書大正書者大正承王命所
正之刑書也自當敘陳于王官府之法其書皆藏于太
史故使太史上之書上則大正亦從之升堂可知或語
予曰予何以知大正下脫書字也答曰予從尚字悟入
且証以下文受大正書知此處當有書字也若非上此
書則下文受大正書從何處來也其從尚字悟入者何
兩上也君于臣則召之不當言上也今于大正着尚字

知其為上書無疑
據嘗見擬補書字
故即居于戶西南向
書既上矣王乃
衡闕之即就
也居坐也戶西者堂戶少偏西處古以右為尊君子居
恒當戶戶西為堂之少右庭故王坐于此南向者西向
南也廟堂之上惟君南面群臣侍側坐者西面或北面
衡無有南面者蓋王陟階先在東序命太史上大正書
而于是即居于戶西南向數句以王字貫下讀語自明
白只為脫一書字遂誤解大正居于戶西南向矣細案
之必無此禮陳補注謂戶西南向是奧尊者所居夫室
西南隔為奧未聞戶西南向為奧也說不可通況南向
興下西向正是一側王正坐眾
臣側坐禮也陳補注亦不民辯
九宗州伯
州字下蓋作
空閏陳補注
据楊本補之字つ洊案九州之伯當作九宗州伯下文
有用戒九宗正州伯教告于哉則當作九宗州伯可知
正文缺字當在九字下誤移于州字下也今據下文段
正。州伯蓋即雍州之伯若九州之伯要得同時咸進
咸進在中西向
咸進者九宗正興州伯皆進升堂在中
者在中堂也少偏東側坐西西向也何
以知進為升堂何以知在中西向為側坐下文云眾臣
咸興受大正書乃降非升何以言降非坐何以言興也

位。陳補注謂九州侯伯于中階之前悮甚

宰以承王中升自客階

沛案：中者盛策之器也與上文在中中字不同下文從中奠中奉書及中皆指盛策之器言謂之王中者則王盛策書之器也尊王故峯奉承東之自客階升客階西階也禮投壺篇主人奉矢司射奉中注士鹿中大夫兕中刻木為兕鹿而伏背上立圓圈以盛算也據此則蘭策自當有器盛之畫弃名為中後人謂之書函即此物也觀下文執策從中宰坐奠中大正坐舉甲書及中中若非盛策器何以可執可奠可舉也此處中字易于悮解前人俱未當故特分別著明之。陳補注謂奉王升自中堂自客階三字屬下作筴讀誤甚凡升與降對王升已降階在東序既而即居于户西南向矣何升之有況自客階作筴非其地于義何取陳說謬矣

作筴

作起也振也振起策書而執之也王之策書蓋預使掌王詞命之太祝作成書寫於策以中盛之即下文命詞箴詞是也不然宰非掌詞命之官忍無使遺作筴書之事況下文命詞箴詞亦必非在堂上執策率爾為之者故知作筴是振起筴書也下同

執筴從中

從隨也隨遣策之器而奉執之

宰坐奠中于大

正之前奠舊作尊張氏惠言曰尊當爲奠是也今據以改正。宰奉此策書隨逆策器坐而奠于大正側坐之前凡奠物必坐奠安置也。宰疑是小宰天官小宰掌建邦之宮刑正歲徇㊥屬㊐以木鐸曰不用命者國有常刑又令于百官府曰具有不共則國有大刑爲正刑書事啟命小宰承王中而奠置啟陳補注謂是宰夫不知何據

太祝以王命作筴作亦振起也筴告大宗[正]舊本無正字今據玉海增。玉海引作筴告宗正沛棠玉海所引是也當作告大宗。正即大正也。脫正字或下文王字即正字之誤故據以增。周禮春官太祝作六辭二曰命三曰誥則作命誥者原是太祝之職今此誥詞箴詞亦是出於太祝之手故于宰奠王中之後仍命太祝振作此策以告大宗正也。作筴二字解作造作之作者悞甚

王命□□祝作筴沛棠祝當作祝舊本缺文二疑只缺一字當作少祝又作筴疑當爲執筴涉上文作筴而悞少祝即小祝凡事佐大祝者也故命小祝

許諾沛棠許諾當作請誥謂請此誥詞也誥詞即下文㊐王若曰云云也蓋君命臣未有許諾不許諾者且上文命作筴並無許諾之言何于此獨加許

諾二字其為訛誤無疑蓋書讀誥與許誥相似故訛

章乃北向縣書于內極之門

繇當作縣內極之門盧從趙改兩極之間婦謂舊本不誤今仍從舊本蓋內極之門太廟中堂入寢室之門也堂後即是寢室凡廟制皆然繇當為縣字之訛陳訓繇為致張訓繇為用考繇字無此二訓不知何據說文繇隨從也又同徭同由皆于向義難適故疑繇當作縣如月令吉縣書之縣繇與縣形近致誤也北向縣書者讀誥畢身北向縣此誥辭于內極之門使眾臣共覲也若兩極之間無可縣書處所縣之書即下文王若曰云云也○自史導王以下陳補注語多支離舛謬引張氏說亦多未合今不暇條辯亦不附錄

王若曰宗揜大正

揜義未詳或曰揜通作掩同也謂九宗與大正也

昔天之初造

缺文疑是造字易曰天造草昧今姑擬補造字以便于讀

作二后

作興起也孟子引書曰作之君是也二后未知何指殆謂伏羲神農歟

乃設建典

設陳也建立也典常也謂陳立常法

命赤帝分正二卿

赤帝炎帝神農氏也二卿未知何指殆謂少昊主西方黃帝氏之先主東方歟

命

蚩尤于宇少昊陳補注于往也宇謂肆其下以佐之此蚩尤與神農同時非榆罔時作亂之蚩尤。盧云路史云命蚩尤宇于小顥以臨西方盧本作四方陳補注作西方今從之司明明

上天未成之慶司字下盧本空圍二楊升庵本作明明今從之。司主也慶善也呂刑一人有慶正義云天子有善事也欲成善事故命蚩尤主之

蚩尤乃逆帝爭于涿鹿

之河河讀作阿九隅無遺陳補注神農氏衰帝榆罔之世諸侯相侵伐而蚩尤最為暴炎逆帝而居于涿鹿帝謂榆罔九隅九方也無遺言受其荼毒靡有孑遺也。盧云河或當作阿梁處素云據史記五帝紀注涿鹿山名阪泉（涿水名）地名一名黃帝泉至涿鹿與涿水合蓋所謂涿鹿之河河字似不悞。王雜志念孫案盧說是也涿鹿山名涿水名阪泉至涿鹿與涿水合不得即謂之涿鹿之河也五帝紀日黃帝邑于涿鹿之阿正義日涿鹿故城在涿鹿山下即黃帝所都之邑水經濕水注曰涿水東北流逕涿鹿縣故城南黃帝與蚩尤戰于涿鹿之野還其民於涿鹿之阿即于是處也則河字明是阿字之誤且諸書皆言戰于涿鹿之野不言戰

于河也赤帝大懾赤帝榆罔也懾懼也乃說于黃帝說告也黃帝軒轅氏執蚩尤殺之于中冀陳補注史記蚩尤作亂不用帝命于是黃帝乃徵師諸侯與蚩尤戰于涿鹿之野遂禽殺蚩尤中冀即冀州之野山海經郭注冀州中土也故曰中冀以甲兵釋怒大刑用甲兵釋消也用大正用以也天下于以大正順天思序順天道之常思彝倫之序紀于大帝。盧云舊校疑是太常大帝蓋謂上帝用名之曰絕轡之野地名一曰凸黎之卯乃命少昊清司馬鳥師盧云清少昊名也見張衡集路史引此亦作清舊本作請說。陳補注前主西方之少昊當受帝神農時此少昊乃其後裔當榆罔之世清其名也爰以封于西故得以兵抗蚩尤之西路使不能逞及黃帝滅蚩尤遂命為司馬掌兵亦刑官也以有鳳鳥之瑞故又為鳥師而鳥名以正五帝之官陳補注五帝之官水火木金土也左昭二十九年傳蔡墨曰少昊有四叔曰重曰脩曰該實能金木及水世不失職据此則金木水三官少昊氏一家掌之而火則祝融氏掌之上則句龍氏掌之正謂順其序則五行治也故名曰質張氏惠言曰質摯古通左氏少昊摯之立也為鳥師而鳥名蓋少昊本名清以能正五帝之官故改名質質正也

天用大成天工于以大成至于今不亂五行有常至今不紊其在啟之五子陳補注啟舊作殷盧云殷當作夏衍業殷乃啟之訟今改正。盧云汲郡古文帝啟十一年放王季子于西河十五年武觀以西河叛彭伯壽帥師征西河武觀來歸沈約曰武觀即五觀國語曰啟有五觀韋昭曰啟子太康昆弟也

忘伯禹之命命蓋謂傳子之命以啟賢能承繼禹之道假國無正假設辭武觀假設其辭誣啟治國無善政正政適如墨子非樂篇引武觀曰啟乃淫溢康樂云云也用胥興作亂以西河叛是相起作亂也遂

凶厥國為凶禍于國洪範曰凶于爾國皇天哀禹哀念禹功賜以彭壽帥師征西河彭伯壽之功也謂天賜是人使之定五觀之亂思正夏略思蓋發語辭否則爰字之誤。正夏略謂撥亂反正也略道也。陳補注業成王時三叔忘文考之命而叛周亦猶五子忘伯禹之命而作亂

故借往事以寓之皇天哀尚賜以壽則叔旦之懞亂後先如一轍爲彰今于小國子開有
古遺訓指上文所云于亦述朕文考之言不易述祖訓以徵家不易難也
或曰不變易也于用皇威皇大也威古與畏通見莊子漁父篇言于用是大畏懼○陳補注咸武也
不忘祇天之明典令祇敬也明典令蓋謂天討有罪罔有常刑也令底我大
治陳補注底字盧本作空闓今從楊本○底至也今我本國至于大治用我九宗正州伯
教告于我○用以也以大臣教告于我故能定亂而大治○陳補注九宗九族也正長也漢百官表有
宗正應劭曰彤伯入為宗正○州伯諸侯之長也相在大國有殷之[多]辟陳補注多
字盧本作空闓今從楊本○相視也○沛案多字可疑或當作沛辟言不君也若言政事多辟則與下文作虐
重復矣自其作[虐]于古陳補注虐字盧本作空闓今從楊本○虐謂紂作虐政古昔也○沛
竊疑楊升菴本于缺字處或多以意補如上文九州之伯之字亦然故盧本不據以定正此處多辟及作虐字

皆可疑此句或是作學于古古天也自其二字亦疑倒存参**是咸厥邑**咸嚴也蓋謂紂之嚴刑非行咸虐也**無類于冀州**冀州中土也蓋指紂都類善也言無一善政。案陳補注謂即于用皇咸之咸無類猶云無遺類也說亦可追但與下句不相承接**嘉我小國**小國猶云小邦周對上大國有殷言之天嘉我小國能行善政**小國其命于克長王國**此句上小國二字陳補注謂衍文刪去沛疑小國二字當在命于下言命我小國也故仍存之不敢刪又王國二字舊作國王盧本引趙云國王疑倒陳補注據以乙正今從之**嗚呼敬之哉　如木既顛厥棐**棐字義不可通疑是寀字或棐字之訛**其猶有枝葉作休**休庇蔭之意言木顛先撥其尚有枝葉能庇蔭予陳補注以作休另為句非是**爾弗敬恤爾執　以屏助予一人集天之顯**十六字作一句讀陳補注句讀悞。恤憂也爾執諸臣執守之職事也屏如屏翰之屏集成也顯明也謂天之明命言爾曹所當盡職輔予集成天之顯命若不如此是自拔其根本矣**亦爾**

子孫其能常憂恤乃事事藏事也言爾不能敬恤以輔助王室況爾子孫乎其能
常憂恤乃事言不能也為長久之計當知儆惕為勿畏多寵多寵者勢盛切畏之也言執法者法
有必伸無愛乃囂囂者言無賁而長于口才毋愛之而居于法亦無或刑于鰥
寡非罪鰥寡窮民所當矜恤無辜之人尤當開釋毋或誤刑之也惠乃其常執法雖不可易
而以惠愛行之乃為常道。李氏兆洛曰惠順也順汝所常供之職無別于民遠邇皆民無所
分別皆當惠愛之。李又曰別絕也毋自絕于民。案李說蓋非。自王若曰至此述所以正刑書之旨以統
告大宗正及諸臣於廟堂者也下文箴詞乃專造正者眾臣咸興與起立也自讀誥至縣書其時
眾臣皆起立敬聽而敬觀之受大正書聽誥詞畢又受大正所上之書共閱之乃降閱畢
乃降階下此時惟王及大隋[illegible]正大史尚在堂上太史筴刑書九篇以升授大
正刑書九篇即大正所上之書眾臣受閱既降太史復執筴舉之仍授大正以大正為刑官有專責也故授

之升，舉也，非升階之升。或升字是衍文。或曰此九篇非大正書，蓋周之舊典藏于太史者，故升授大正。然大正正刑書，必因舊典正之，不待此時太史始授之也。況左傳載叔向之言曰：周有亂政而作九刑，謂周以三叔之亂而作九刑也，正指此新定之刑書。九刑篇不然，此九篇既非舊典，又必非太史所作，其為大正所上之書何疑。

乃左還自兩柱之閒。兩柱即兩楹，謂堂之中也。是時大正侍立於中堂東楹之東，太史授刑書于大正畢，乃由堂之左邊還，轉而自南楹之閒取筴書藏辭，將以宣布也。盧本引沈云左疑右補，謂太史授書在堂左，自當左還，安得右還，沈所疑蓋非。

布藏大正。陳補注：布字盧本作空闕，今從楊本。此箴詞亦王命太祝所預作，即宰承王中奠于大正之前者，而太史以王命宣布之，以戒太正也。

曰：曰，王言也，不云王若曰，省文也。

欽之哉諸正敬功。諸正，大正之屬。敬功，謂敬其事功。

爾頌審三節。陳補注以爾字屬上句讀，非。頌、訟通。三節未詳，陳補注謂即三刺、三宥、三赦，亦通。

無思民因。無思，思也。訟必有因，獄無思之乎？

順爾臨獄。順疑當讀作慎，古字通。或

曰恆理以斷獄
無頗正刑無亦發聲語詞頗偏也正刑謂當刑。陳補注以無頗屬上句讀非
有擬夫循陳補注以正刑有擬為句非又大循作大循乃德為句亦非。擬疑當作擬形近而訛擬之也
止也夫循疑當作撫循撫循慰安也前漢蕭何傳拊循勉百姓撫通作拊拊循亦作拊楯正字通凡以因相恤
以以相恤皆曰循正文撫作大以昔注而慢言汝無或斷正刑擬撫循乎
乃德式監不遠乃德上疑脫二字。乃爾也。式監下逮謂監于夏殷之事以有此人能惟獄撫循百姓民心悅服故
有人保寧爾國保全安寧王國克戒爾服能戒飭爾之職事服事也世世是其
不殆世世相傳安而不危維公咸若維公正無私事皆順治若順也。以上皆藏大正及諸正
之辭太史以王命宣布之者也箴辭有韻此以功用刑備人為一韻國服殆若為一韻也若如陳補注句讀則既失其義又失其韻矣
太史乃降降階也大正坐舉書及中降張氏惠言
曰舊本及作乃案乃當作及。沛棠張說是也人臣無由中階降者今從之改正。中為盛筭之器故舉書及

中西階再拜稽首大正特膺王命于王命大正升拜于
階也　階下再拜稽首
陳補注大下舊衍史字張惠言曰史字疑衍今刪。
上沛業張以文字為衍文是也宜刪今從之。大正拜。
階下王辭之若禮未成然故命之升王則退大正拜畢
拜階上以成之蓋不敢當拜下之禮王則退出
廟堂遂
王宮矣

是月士師士師二字衍應刪說見下乃命太大宗序于天時祠大暑此下

皆言祀事以事在孟夏之月因上文祈禱嘗麥而類記
之與上文王刑書事全不相涉是月下士師二字蓋妄
人所加下文士師當作肆師肆師禮官之屬在大宗伯
小宗伯之下周禮肆官肆師下大夫四人佐宗伯者也
以下官命上官古無此禮于義亦不可通士師刑官之
屬與宗伯不相涉況其秩亦下大夫更無因命大宗伯
卿少宗伯中大夫也故謂士師二字妄人所加當刪去
也蓋因上正刑書事遂妄加士師二字並下文肆師亦
改為士師此不解文義者所為致使後人牽扯附會于
義終不可通不得不明辨之然則乃命者誰命之乎曰

王命之也是月二字案求王則延其為王命之無疑大
宗伯以言禮事鬼神蓺云序天時祀大暑蓋四時之祭
此其一耳乃命少宗祠風雨百享少宗小宗伯巳風師雨師及百神之享肆師
用受其戢肆師舊作士師沛案文義改正說見上。又案戢字可疑陳補注謂戢是祭肉沛謂戢乃
職字之訛觀下文宰用受其職戢戢字上何用加職字
蓋原本是宰用受其職而校者以上文是受其戢故注
戢字于職字下尚不敢塗抹職字今即據此可知肆師
亦是用受其職職與戢形近稍糢糊故訛為戢非受祭
肉之謂也肆師之職以歲時序其祭祀以禮儀佐宗伯
者故受其職事于宗伯如上文祠大暑祠風雨百享之
事也以為之資邑以猶而也易不戒以孚猶言不戒而孚詳見王伯申釋詞資與咨通盖肆師以
禮（祀）書告于邑宰也。陳補注謂資與齋通士師遍以此祭肉齋于遂大夫縣大夫之屬於禮覙無所據沛案之
情事亦殊未合乃命百姓遂享于富享于富義未詳。沛案富疑嗇字之訛也古文嗇字
從田作畓作畗作嗇與富形近易訛嗇者八蜡之二郊
特牲曰蜡之祭也主先嗇而祭司嗇也祭百種以報嗇

詒鐵無命百姓舉事之作享于富則義不可通若無恩民疾無恩恩也無發語助聲說見上無恩
民因即其例也恩民疾者恩其力田疾苦當祈禱也但此句於上下文語意似不甚貫串今姑隨文釋之耳
供百享歸祭閭供享百神歸讀為饋殆謂饋閭門與此句義疑陳補注以歸祭閭率里為
句亦未合率里君以為之資野里君想即里宰下士為之殆謂率里宰以祀事而為之者
吾郊之民野宰乃命家邑縣都祠于太祠[及]風雨及舊作乃師棄當作
及風雨下舊有也字是衍文蓋及誤為乃後人又增一也字足成其句不知文法不相類也今並刪段○宰想
家邑縣都之宰家邑縣都王子弟及卿大夫之食邑也即采邑太祠未詳古有上祠中祠下祠此蓋上祠以及
風師雨師宰用受其職以為之資采家邑縣都之祠宰之職也蓋謂宰以祀事而為
之諸吾食采之君○舊本職字下有戢字文義不貫辯已見前今刪之君乃命天御豐稸
享祀為施君疑即王子弟及卿大夫也○陳補注天御御康也豐稸美稸也享祠為施蓋取天御之

美穀以祀先代為施者。
業陳說賂可通姑錄之
大夫以為資蔵
資蔵義未詳
大夫疑所求
邑之
大夫
太史乃藏于盟府以為歲典
太史錄此陰壽之于
故府以為每歲常行
之典
禮

祭公解第六十

今次上編訓告書八

沛棠此篇序穆王敬問祭公與祭公告王及三公之辭也穆王時祭公以老臣當國如成王之倚周公若柱石然今病不瘳故穆王懃懃懇懇頤公告以懿德史序穆王之辭纖是詔書一道祭公稽首嘉之宜哉其序祭公顧命之辭首言文武之功德願王法文武以守緒業復以王所不足者切實戒之其戒三公凜然正色以規其過古大臣侃侃之風千載猶可想見也西周真古書淵懿質摯必出於當時良史之筆若以此篇列于洛誥無逸立政諸篇之後可以知周公之道脈相傳歷康昭而未替也祭公為周公之孫信能繩其祖武者矣

王若曰王穆王也祖祭公孔注祭公周公之後昭穆於穆王在祖列。沛棠祭公與康王為從堂兄弟周公之孫也次予小子虔虔在位。次佽同助也。孔注虔敬昊天疾威疾威猶言暴虐予多時溥愆時是也。孔注言昊天疾威于我敖多是過失。沛注于字當屬上

但屬上則不成句我聞祖不豫有加不豫不悅豫也古稱有疾曰不豫有加又甚也。予

維敬省不省弔維語辭篇中並同。孔注弔至也。言敬謹省察己所行不至於道者

天降疾病疾甚曰病言天降疾病于公由我之不德也予畏天威言予畏天德于我恐

無以保天位公其告于懿德冀公以嘉德之說告之使知儆惕。孔注言己道不至故天下

病王畏守不美懿美也。沛案孔注有脫誤。盧云天威舊訛之威從趙改注守不美疑訛。

祭公拜首手稽首曰孔注拜手頭至手稽首頭俯地天子謀父疾維不

瘳孔注謀父祭公名。沛案國語韋注謀父祭公字。蓋悞。瘳愈也朕身尚在茲朕我也茲此也

朕魂在于天魂升在天昭王之所勖宅天命昭明也勖懋勉也宅居也。孔

注我魂在于天言必死也。盧本梁云朕魂在于天昭王之所九字當連作一句讀注似非是。沛案公意蓋

謂今日一息尚存朕身猶在此若一旦溘逝魂在于天亦當於冥冥中助王宅天命也孔注不誤梁說非是梁

蓋以昭王指穆王之父猷謀

王曰嗚呼公朕皇祖文王文王乃祭公曾祖烈祖武王武王乃祭公伯祖度下國孔注下國謂諸侯也。沛棻注意蓋謂周本諸侯之國下國猶商誓言嘉我小國度有量度齊意暨作陳周沛棻陳周疑成周之誤即康誥所言作大邑于東國洛數作造作也若訓陳為布則作陳二字無連文陳補注謂猶云陳錫哉周似未合維皇皇上帝度其心寘之明德孔注天度其心所能寘明德于其身也。皇皇大也度謂度也寘置也納之也明德光顯之德也猶云懿德常德即詩所謂帝度其心貊其德音之意付俾于四方盧本沈云俾當作畀用應受天命應古字通作膺當也陳補注本直改作膺亦不必敷文在下敷布也。孔注付與四方受命于天而敷其文德在下土也我亦維有若文祖周公暨烈祖召公茲申予小子追學于文武之蔑孔注言已追學文武之微穆此由周召分治之故也。盧云微德釋蔑字義舊作微德誤。王雜志念孫案正文但言蔑不言蔑德與君奭之文王蔑德不同穆王在武王後四世故曰追學于文武之末小爾雅曰蔑末也顧命曰渺渺予末小子節錄。施氏彥士曰此承上言我亦唯望有若周公召公其人者引伸于小子仰文武之末光而不廢家學也

用克龕紹成康之業龕信也紹繼也言用是龕信繼成康大業爾雅釋言洵龕也釋詁洵信也以將天命孔注將行用夷居之大商之眾孔注夷平也言大商本其初也。夷居言平定安居也之猶是也大商之眾謂殷民

我亦維有若祖祭公之執和周國保乂王家孔注執謂執其政也。施氏彥士曰此言我所以紹先業乂王家者平日惟賴祭公之執和也此稱其已往之功。乂治也

王曰公稱丕顯之德。孔注稱謂舉行也丕大也顯明也以予小子揚文武大勳揚表揚也弘成康昭考之烈。孔注昭考穆王之父也弘大也烈功烈也。

陳補注此冀祭公訓己以配先德也

王曰公無困我哉 無毋通書無輔則困 俾百僚乃心率輔弼予

一人 孔注言（公）當使百官相率和輔弼我不然則困我。陳補注此冀祭公訓百僚以佐己也

祭公拜手稽首曰 允乃詔 允信詔告也 畢桓于黎民般 孔注

般樂也言信如王告盡治民樂政也。王雜志念孫案

孔釋般為樂而加政字以增成其義殊有未安予謂桓

疑相字之誤般疑服字之誤服本作𦨈與般相似而誤

荀子賦篇讒人服矣服本或作般廣雅懾服也今本作

般爾雅服事也釋文服又作（今本）𦨈皆（服作𦨈）其證畢相于黎民服

者畢皆也見士冠禮月令注相治也昭九年左傳楚所

相也二十五年傳相其室杜注並曰相治也小爾雅同

服事也于語助耳言王之所詔皆治民之事也據注云

信如王告盡治民樂政也則孔所見本尚作相故以治

民解之惟服字已誤作般故訓為樂耳 寿録

公曰 天子 謀父疾維不瘳 敢告天子 皇天改

大艱之命 惟文王受之 維武王大克之 咸茂厥
功孔注茂美也文王以受命爲美武王以克殷爲美故曰咸也。沛棠茂古文作楙懋通盛大之意 維
天貞文王之董用威董督責也。孔注貞正也董之用威伐棠黎也。盧云董舊作重今徐卜本改
亦尚寬壯厥心陳補注咸而不猶也 康受乂之 式用休孔注
既克之而安受治之其治用休也 亦先王茂綏之心 敬恭承之承奉也
維武王中大命中重也 戡厥敵戡克也。孔注言武王中文王受命之意而勝殷也
。此上八句承上咸茂厥功而申言之意謂文王之受
命也天以文王督責無道之非用咸以臨之皆合于正
且其心寬壯不尚威猛是以安受治之用致休美也亦
惟文王於先王茂勉綏安之心敬恭以承之則其膺受
天命非由德致哉至于武王戰木主以伐商申明文
王之大命克商而有天下所謂咸茂厥功者如此後世
子孫當法文武
無忘先烈也

公曰天子自三公上下統言大小諸臣辟于文武孔注辟法也

文武之子孫大開方封于下土左傳云昔武王克商光有天下其兄弟之國者十有五人姬姓之國者四十人荀子儒效篇云兼制天下立七十一國姬姓獨居五十三人焉。孔注言我上法文武乃大開國旁布于下土。王雜志引之曰當作大開封方于下土方字通旁古字通旁者溥也徧也言大開我國之疆界徧于下土也今本封方二字倒轉則義不可通孔注言我上法文武大開國旁布于下土國字是釋封字旁字是釋方字以是明之天之所錫武王時疆土孔注錫與

丕維周之基丕維后稷之受命盧云基丕維三字舊空闕從趙補

是永宅之孔注言天子武王是疆所受是大維周之開基大維后稷所受命是長居此也。沛業篤中褱用丕維二字維是語詞書中所習見者丕與不通亦是發聲詞然則丕維二字皆發聲詞孔訓大維大亦發聲詞也見朱武曹先生經傳攷證釋大。上言惟啟法文武啟後嗣昌大開國徧于天下此言今日猶有疆

土是天之所興武王者維我周之基業亦惟我后稷功在萬世所由受命于天也祖宗積德累仁千有餘載始齊受此疆土子孫是當長久居之慎守勿失也此承上天子言

維我後嗣旁建宗子

丕維周之始并孔注旁建宗子立為諸侯言晉始并天子之故也○盧本惠云并即屏古字通郭注山海經曰并即屏語有輕重耳注天子一作大子非○天子以下文武之後嗣溥立宗子為諸侯丕維我周始建之屏藩此承上大開句為三公上下言故下文總言天子三公

嗚呼天子三公

監于夏商之既敗監視也夏商君臣以無道而敗亡監其敗亡則能知慎守丕則無遺後難丕則則也猶下文云丕則寅哉○孔注丕則言則也○業書盤庚丕乃敢大言高后丕乃崇降罪疾丕乃告我高后丕乃[illegible]崇降弗祥此四丕字皆語詞難患難也至于萬億年十萬曰億守序終之守序猶言終序終永終也長久之意猶言勿替引之也○孔注言當以夏商為戒大無後難之道守其序而終也○沛案終之非始終之終如詩言終風非謂終一日之風乃謂久有風霾也論語堯曰

天祿永終漢儒都作既畢沛棠二字上下疑有譌誤姑
永長解是其證也随文釋之畢盡也既盡守序
之道也。陳補注以既丕乃有利宗言如此乃有利于
畢至三字為句譌甚吾宗蓋天子保天
下諸侯保其國各盡守序之道其利于丕維文王由之
宗也薄矣祭公宗室之臣故云然
惟儀式型文王之典而行之也言文王以誤武王此中
上辭于文武意。孔注既終之則有利于宗皆由文武
之德
也
公曰嗚呼天子我不則寅哉寅哉孔注寅敬也不則言則也。沛棠注
以不作發聲詞不悞不與丕古字通陳補注謂不亦丕
字如不顯不承之不孔注非是陳只知丕訓大未達不
為語詞故謂孔注非
是其實孔不悞也
汝無以戾反罪疾喪時二王大
無悉適下同或曰無亦語詞猶云無乃似亦可通。
功孔注戾反罪疾謂己所行時是二王文武。沛棠注
蓋謂己之戾反于正加人以罪反疾人之罪未能深察
群署有壹文武之道是喪失其功業也穆王好勤遠略

將征犬戎祭公嘗諫之不從故首以此戒之

汝無以嬖御固莊后孔注嬖御寵妾也莊正也○盧云禮記緇衣引此及下二句作葉公之顧命乃祭公之誤也固緇衣作疾○王雜志孔注未解固字念孫固讀為婟音獲說文婟嫪也廣雅作嫪云疾婟嫪妬也是婟與嫉妬同義言汝毋以寵妾嫉正后也婟之適作固猶嫉之適作疾也緇衣引此作疾是其證○沛案文選注引古文周書載穆王越姬竊育姜后子事雖不經亦容或有之又穆天子傳載盛姬喪禮最詳天子命盛姬之喪視王后之葬法是時祭公贊喪儀想必以為非禮蓋穆王多寵妾故祭公顧命戒之

汝無以小謀敗大作孔注小謀謂不法先王也大作大事也○沛案緇衣注小謀小臣之謀大作大人之所為義與下條相類似非

汝無以嬖御士疾大夫卿士嬖御士左右近臣也○孔注言無親小人疾君子●沛案緇衣所引大夫卿士上有壯士二字蓋衍文

汝無以家相亂王室而莫恤其外孔注言陪臣執國命恤憂也外謂王室之外也○沛案亂治也家相內臣也內臣執政柄而不恤外庭之衆論則蔽于私

者多矣故戒之陳補注謂家相為同姓外為異姓而謂孔注誤豈知周之三公卿士多係同姓即祭公亦同姓不應戒其不用同姓也陳說非。此上五者必皆稱王生平嘗有此失故舉之以為戒也尚皆以時中乂萬國孔注言當盡用是中道治天下也。沛案時中非隨時處中之謂孔訓時為是得之陳補注謂與召誥其自時中乂同其說愎矣彼言洛邑成自是宅中以治外此言用是中道以治天下義不同也

嗚呼三公汝念哉汝無泯泯芬芬厚顏忍醜時維大不弔哉孔注戒三公使念我與王也泯芬亂也忍行亂則厚顏忍醜也如是則大不善之也。盧云芬芬與呂刑棼棼同。泯泯昏也芬芬亂也厚顏者不知忝忍醜者不知恥皆指小人之形狀稱王時三公未必有此等人然其中亦或閒賤取榮者故舉公廣疑以戒之

昔在先王孔注先王穆王父祭公所事也我亦維丕以我辟險于難

不失于正　我亦以免沒於世孔注辟君也言我事先王過大難正而不失故
說以善沒世言善終。盧云維丕疑亦是丕維又險于
難疑是于險難注穆王父舊脫王字今補•衍案盧疑維
丕當作丕維但我亦惟三字發見上文丕維二字是發
聲語詞似不意上有我亦二字竊疑丕字非衍鄭說初
當作我亦惟以我辟險于難不失于正去丕字則文義
順險于難從盧作于險難亦順此蓋指南巡狩溺漢之
事。衍又案左僖四年傳昭王南征而不復寡人是問
杜注昭王成王之孫南巡狩涉漢船壞而溺周人諱而
不赴諸侯不知其故故問之孔穎達疏引呂氏春秋季
夏紀云昭王親將征荊蠻辛餘靡長且多力為王右還
反涉漢梁壞王及祭公隕于漢中辛餘靡振王北濟反
振祭公高誘注以此言為虛良然故杜氏不之取也。
又若楚人膠船之說甚無理不足信若果如此祭公何
得云不失于正況昭王時漢陽諸姬來屬于楚楚猶小
弱僅守荊蠻一隅之地何為以六師伐之何為因天大
曀遂喪六師何為遽云王陟紀年之誣不待言矣大抵
以上諸說皆從左傳昭王南征而不復一語附會以誣
古人者何也蓋南征而不復句後人多誤解南征非伐

是也杜注謂南巡狩是也史記亦作南巡狩往之行移傳屢言天子西征東征皆言巡狩非征伐也涉漢而濟自是實事祭公所謂隱難指此杜注謂周人諱而不起謂不以溺漢被極之事告于諸侯也若史記云其卒不赴告素天子崩不當言卒卒蓋終事之謂世是東天王崩不赴告于諸侯之戕賊故知不赴者諱言溺漢亡也蓋是時祭公遂止王之行自漢濟諸侯之國而還不復濟漢南征矣傳所謂南征不復者此之謂也祭公所謂不失于正者過險難而知止合于正道亦此之謂也呂氏春秋固不足據今之竹書紀年亦非汲冢真古文乃東晉時原本殘缺後人依託為之耳亦不足據呂氏春秋尚有振王北濟之說言北濟則不復南征可知紀年則因史記云卒于江上而直書曰王陟不知史遷亦誤曾南征不復之說也是不可不辯○公意蓋謂昔者我事先王值險危大難我亦惟以我君過險而止人臣以道事君當如是故我至今亦獲保首領以沒世為○王能志念孫素克沒于世義不可通克當為克字之誤也沒樂也言能終我世也孔注云能以善沒世能守正釋克字

嗚呼三公 予雖不起朕疾 汝其皇敬哉 茲皆

保之。孔注皇大也言當武教我言如此則天下皆安之施氏秀士曰言當共保天命也。沛謂保其身家以保其國道皆在此曰康子之攸保勛教誨之世祀無絶不我周有常刑孔注康安也子之所宜安以善道勉教之則子孫有福不然則犯常刑也。沛以秉康安也見爾雅釋詁康樂也亦見釋詁康子之康似當作樂字解言以保勛教誨為樂也保守勛勉以教誨子孫則世祀不至隕絶不棊周有常刑可不懼哉王拜手稽首黨言孔注王拜受榮公之黨言也王拜則三公拜可知也。盧云黨讜古字通荀子非相篇博而黨正注謂直言也又見張平子及劉寬二碑。陳補注衡案廣雅讜善也孟子禹聞善言則拜趙注引皋陶謨禹拜讜言

芮良夫解第六十三　今次上編訓告書九

評案此篇芮伯告王及執政之書也文出芮伯之手厲王無道任用小人政亂國危芮伯以老臣憂國披肝瀝血而言之惜乎君臣皆不悟也篇中分兩大段讀前段告王及執政之臣後段專責執政諸臣詞尤峻厲而當日君若臣泯泯棼棼卒不知改悔信乎下愚之不可移也其後逐有流王于彘之禍

厲王失道

芮伯陳誥　作芮良夫舊無此十二字今從王本增。王雜志念孫案羣書治要芮伯若曰上有厲王失道芮伯陳誥作芮良夫十二字而今本脫之或曰後有序則本篇不當更有于謂大臣程典謚法三篇本文皆有序注之此篇文同一例今從治要補甫錄

芮伯若曰　予小臣良夫良夫芮伯名稽道謀告當讀作稽首謹告。孔注伯爵若順也順其事而告之也。王雜志念孫案稽道即稽首也道從首聲故與首字通用史記秦始皇

敘刻石文追首高明案隱曰今碑文首字作遺是史記借首為道也前周月篇周正歲道即歲首是逸周書借道為首也謹當為謹字之訛也羣書治要正作稽首謹告者作謀告則義不可通。沛案古慎順字通孔注釋謹告二字曰謹慎也慎其事而告之也慎孔注作順與慎通後人見正文無謹字而首句有若字故改云若慎也當正之

天子惟民父母　致厥道致至古字通至盡也言盡為民父母之道無遠不服服順從也無道　左右臣妾乃違孔注無道無德政違畔也。盧云舊本脫天字今補注畔也俗間本作戾也民歸于德德謂德政德則民戴戴感戴也否則民讎則當作德。讎怨其上　茲言允効于前不遠孔注言纂于前世不遠言近。允信也。王雜志念孫案否則當作否德否德不德也。堯典否德忝帝位是也。正義曰否不古今字說文否不也羣書治要正作否德民讎號出古文尚書伊訓篇德惟治否德亂即本於逸周書商紂不道夏桀之惡不道當作不改。王雜志念孫案不道本作帝改此後人不曉文義而改之也

桀以虐失天下是紂之所聞也而其虐仍與桀同故曰弗改夏桀之虐大戴記少閒篇曰紂不率先王之明德乃上祖夏桀行以為民虐即此所謂弗改夏桀之虐也羣書治要正作商紂弗改夏桀之虐節錄

肆我有家當作肆我有周有家。王雜志羣書治要作肆我有周有家肆故也有家有國家也盤庚曰亂越我家金縢曰昔周公勤勞王家周頌曰克定厥家言商紂弗改夏桀之虐故我有周有此國家也。孔注舉桀紂惡滅亡為戒也

嗚呼惟爾天子嗣文武業周自文武歷成康昭穆共懿孝夷至于厲王凡十一世而嗣守者猶是文武基業

惟爾執政小子同先王之臣執政之任與先王時同也

昏行罔顧罔舊作空圍從王補。昏行昏昧之行

道王不若孔注同為昏闇教王為不順。王雜志注本作同謂位同也昏闇是釋昏字言教王為不順是釋道王不若各本同謂誤作同為又脫位同也三字今據羣書治要訂正。沛案謂通作為不得以為字是誤作。雜志又曰念孫案顧上今本闕一字羣書治要作昏行网顧引之曰网疑當作罔罔字本作网隸省作罔俗作

网興内字相似因悞而為内矣前皇門篇罔不茂揚肅
德今本罔悞作内即其證声録。雜志又曰昏亂也罔
無也言爾執政小子既亂行而無所顧忌又尊王為下
順之事也下文專利作威佐亂進福正所謂昏行罔顧
也 專利作威 佐亂進福 佐助也進福猶召福 民將弗堪 堪說文勝也言
民不勝其[illegible]虐。孔注專利[illegible][illegible]侵民作亂進于禍也 治亂信乎其行 惟王暨
爾執政小子攸聞 孔注行善則治行惡則亂皆所聞知 古人求多聞以監
戒 不聞是惟弗知 孔注言古人患不聞故有所不知也。監戒謂監前事知戒也 爾
聞爾知 弗改厥度 亦唯艱哉 以上正文十二字各本皆脫今據王補。
王雜志念孫案弗知下有爾聞爾知弗改厥度亦唯艱
哉十二字而今本脫之案上文言不聞是唯弗知此文
言既聞既知而不改則末如之何也若無此三句則上
文皆成不了語矣下文云其唯洗爾心改爾行又云爾
乃贖禍數哉遂非弗悛雖與此弗改厥度相邇今據羣
書治要補治要又引孔注云知而不改無可如何故曰

難也今本未脫之后除民害不惟民害害民乃非后不成為君
也惟其讎孔注害民是與民為怨讎后作類后弗類民不知后
若不知有君者惟其怨孔注言民不從上令從其所自行不知君則怨深矣民至億兆十萬
曰億十億曰兆后一而已寡不敵眾后其危哉孔注言上下無義矣
共相怨則寡者危也嗚呼野禽馴服于人家畜見人而奔
非禽畜之性實惟人民亦如之以上正文脫二十二字今據王補○
孔注人養之則擾服雖家畜不擾則畏人治民亦然也
○王雜志念孫案今本嗚呼下闕三字考其原文本作
嗚呼野禽馴服于人家畜見人而奔非禽畜之性實惟
人民亦如之注文本作雖野禽人養之則擾服云云今
本正文脫去二十二字僅存烏乎如之四字則與注文
全不相應注首脫去雖野禽三字則文義不明羣書治
要注文已與今本同而正文則一字不缺又案正文當
作家畜馴服于人野禽見人而奔蓋家畜為人所養則

野篤均
今甯

馴服于人野禽非人所養則見人而奔故曰非禽言之
性實惟人也民之於君也善之則如寄畜不善之則如
野禽故曰民亦如之也呂氏春秋引周書曰民善之則
畜也不善則讎也語意正與此同治要本寄畜與野禽
互誤則義不可通而兒本已如此故不得其解而曲爲
辭。人未有不養家畜者家畜亦未有見人而奔者故
知注爲曲說。盧云注首有脫文或是衛戲舊本不空
非
令甯執政小子　惟以貪諛爲事爲事當作事主諛見下　不勤
德以備難孔注專利爲貪曲從爲諛。王雜志念孫案爲事本作事□王貪謂聚斂諛謂諂言也小
人非此二者則無以事君故曰惟以貪諛事王下文作
甯小子飾言事王是其證今本事王作爲事則非其旨
矣羣書治要及太平御覽人事下三十三並作惟以貪諛事王　民胥怨　財力單竭
盧云力字舊脫□從趙補。單竭皆盡也　手足靡措措置也　弗堪戴上欲戴上而力不
勝　不其亂而言又亂也　以予小臣良夫　觀天下有土之君

孔注有土謂之諸侯也○盧云注之字疑衍厥德不遠罔有代德孔注言無遠德
罔有天下也時為王之患其惟國人○孔注是國人為患也盧云言今諸侯無
有若湯武者故患不在諸侯而在國人言內潰也嗚呼惟爾執政朋友小子
其惟洗爾心改爾行克憂往愆以保爾居孔注洗心
改行憂往過則安爾之居位○陳補注小人儹罹未有不植黨者桑柔曰嗟爾朋友總括之詞也爾乃
聵禍翫烖遂弗悛遂下當增非字○孔注聵陽不聞翫心不惕余未知王
之所定矧乃依居孔注矧況也尚不知王定況貪諛之臣能得其所也○盧云缺處疑
是小子二字○沛案正文乃字即指執政朋友小子空圍二疑當作依居以上文保爾居及注中得其所互證
之似當作依居也姑以意補惟禍發於人之攸忽於人之攸輕故字且[illegible]有[illegible]
趙曰字[illegible]心不存焉變之攸伏孔注言人所輕忽則禍之所起謂下民也○王

羣書治要作心不存焉是也心所不存即
上文所謂人之攸怨人之攸輕又治要于人之攸輕上
有咎起二字。沛按王說補
心字陳補注疑是囹字非是
爾執政小子不圖善當作
不圖大囏。王雜志念孫案不圖善本作不圖大囏囏
籀文艱字大囏即上所云圖人為患也不圖大囏則偷
生苟安而已若云不圖善則與下句義不相屬矣上文
云不懃德以備難正所謂不圖大囏也今本作不圖善
者囏字缺其半而為喜喜與善相似而誤又脫去大字
耳羣書治要正作不圖大囏

偷生苟安爵以賄成孔注苟且無慮賄賂不任德賢智箝口小
人鼓舌逃害要利並得厥求唯曰哀哉孔注賢者靖默
以逃害小人佞諂以要利得其求君子為之哀者也吾我聞曰以言取人人飾
其言以行取人人竭其行飾言無廣竭行有
成孔注君子不以言舉人無功致也致行有成故也惟爾小子飾言事王

寔蕃有徒孔注蕃多徒衆言非一也王貌受之終弗獲用而相

誣蒙及爾顛覆孔注貌謂外相悅而無實也君臣之相誣蒙必相及共顛覆之也。盧云注之也疑衍之字

爾自謂有餘予謂爾㊀弗足孔注言其不足于道義也

敬思以德備乃禍難以用也乃汝也難至而悔悔將安及

無曰予為惟爾之禍孔注為不言也。沛棠注不言與為字義不合疑當作造言爾雅釋言作造為也造言與為字義合正文蓋謂爾毋謂予造為無實之言予惟慮爾之不勤德以及于禍難也。或曰注不言當作不信不信者虛偽之言義亦合。為偽古字通論語子為恭也為讀作偽荀子性惡篇其善者偽也偽讀作為是為偽二字互通也

逸周書分編句釋 卷三

史記解第六十一 今次上編副弁晉事

沛案此篇據後序則作于穆王時爲左史戎夫之筆也果爾穆王誠賢主哉思保位維艱欲自警悟非賢主不能左穴載穆王將欲肆其侈心云云戎夫之誣歟篇中所舉亡國者二十有八皆在唐虞夏商之世其所以致亡者不一類而總之曰國君無道以危亡自周秦以來數千載似此者多矣何古今無道之君如出一轍也可勝嘆哉

維正月

王在成周孔注王穆王也是昧爽

召三公左史戎夫孔注戎夫左史名也。盧云左舊訛右案竹書紀年穆王二十四年命左史戎夫作記則當作左古今人表作右史訛。王雜志孫案鈔本北堂書鈔設官部七出右文朔望以聞六字注引周書三公右史戎夫云云陳禹謨本删去注文而正文尚未删太平御覽三十三同是周書本作右史戎夫而漢書即本于周書也左

右字形相近易誤何必左史是而古史非乎曰今夕朕寤遂事驚予孔注遂成

也行成事言驚夢猶欲知之也○盧云遂事下御覽有其字乃取遂事之要戒俾

戒夫主之主者其事職朔望以聞孔注要集取要戒之言月朔望日於王前諸之○盧

云主舊作言今從御覽朔望之稱蓋始于此禮記云朔月月半亦指朔望也注月朔望日作月已日望訛○沛

素孔所據本多因草書致誤如〃閒篇朔日食訛作拜望食是日字誤作望字也疑此文望字亦是日字之誤

或是旦字蓋草書日字旦字與望字相似只少起筆之一點耳故日誤作望旦字末筆拖尤似望字末筆易于相

混古書無朔望二字連文朔旦是賜政之期望日則否故疑之

信不行義不立信義本諸君身信以孚民義以正民則哲士凌君政哲士

有智謀者凌者下凌上也禁而生亂禁其凌上因而作亂皮民以亡孔注言君不行信義

信義由智立故哲士凌君之政也禁信義則亂生皮民古諸侯之○胡氏龐麟日孔氏注云禁信義則亂生非

也言信義不立則姦雄之士得乘間以採國柄君下忿而欲禁之姦雄必起而爲亂國之所由亡也智士猶言智士即俎詐之謂○陳補注今山西絳州西百里河津縣西二里有皮氏故城●沛棻王伯申先生以正文政禁二字當連讀禁字屬上句不屬下句讀似非矣

諂諛日進方正日遠〔親小人遠君子〕則邪人專國政禁而生亂華氏以亡〔孔注好順人意爲諂諛華氏亦古諸侯也。○陳補注路史國名紀注華氏六韜作華氏衛棻古華華二字多混〕

好貨財珍怪則邪人進〔以賄賂進〕邪人進則賢良日蔽而遠賞罰無位〔猶言無定〕隨財而行夏后氏以亡〔孔注賢良不行貨故蔽遠桀由好財亡也〕

嚴兵而不□者〔空圍疑是恤字〕其臣懾〔懾懼也〕其臣懾則不敢

忠畏養罪也不敢忠則民不親其吏刑始於親如箕子比干是
遠者寒心殷商以亡孔注不敢忠乃不仁下致其上故不親紂以暴虐亡也○沛案
正文嚴兵疑當作嚴刑不敢忠謂不敢進忠言也為吏
者忠言不進于上則民間之疾苦無由上達故民怨之
不親其吏
樂專於君者恣耳目之欲不親政權專於臣政柄下移權專於臣則
刑專於民民專受其害君娛於樂臣爭於權民盡於刑
有虞氏以亡孔注君荒于樂則權臣專斷用刑濫矣卑則致爭而刑殺之盡被刑也有虞商均之後
○陳補注路史國名紀虞公爵虞思國宋之虞城漢虞縣伯禹所封
奉孤以專命者謀主必畏其威而疑其前事挾德
而責數日疏數煩數也位均而爭平林以亡孔注謀主謂孤長大也責

事謂專命擅其見奉之德而責其前專命事此與周公固反矣但均勢敵之沛案注以擅德而責數居君言似未合竊以本文意蓋謂主長有智謀畏權臣逼己而疑其前事有不臣之心在權臣方擅其本孤之德而數責於君君故日疎之而位均勢敵者適與之爭權是以生亂。陳補注一統志湖北德安府隨州東北有平林故城

大臣有錮職錮禁錮也讒誅者危徒怒于口不正以法昔者賈沙三卿朝而無禮君怒而久拘之所謂錮職也讒而弗加不加誅讒卿謀變賈沙以亡孔注錮職謂事專權也有三卿諸侯可知也。盧云元本注無事字。沛案三疑之字訛草書之字三字相似故訛本文賈沙之卿與下文平州之臣由集之君句同一例可證也晉時本已作三卿故孔注云然。大集錮有堅固義又有禁錮義孔從堅固義故訓錮為專權但玩下文久拘之則當訓為禁錮言禁錮其職使不得仕也讒譴讓也盖聲言欲誅之也僅聲言欲誅之而不加之罪是

以所諱諱之所懼而衆間諱褻要文謂諱所貳貿汾之
民自改其主亦是作諱所盧云諱所卜本作三所訛。
陳補注路史貿汾妄帝時
諸侯貿一作風又作宿
外內相閒相閒隔也下撓其民撓亂也民無所附附從也三苗以
亡朝廷與宮寢地分外內互生閒隙是相閒也故政行於下不能畫一撓亂其民民無所依附亂之道也。
陳補注引戴氏清曰案通典三苗
在潭州岳州衡州皆古三苗地
弱小在疆大之閒 存亡將由之 則無天命矣事在人為
不知命者死善事大國則命由我立不知立命者死亡之道也 不 有夏之方興也
夏初繼世而興扈氏弱而不恭既弱不恭復身死國亡孔注無天命命在疆大者
也知命則存不知命則足亡矣。盧云注疆大舊作疆
杜訛。陳補注引施氏彥士曰有扈國在今西安府西
南七十鄠縣帝王世紀扈至秦改為鄠通典
國鄠亦謂之扈姚察訓纂戶扈鄠三字一也

嬖子兩重者亡嬖愛也昔者義渠氏有兩子異母皆重
一嫡一庶皆愛重君疾大臣分黨而爭嫡庶各有偏黨者義渠以亡
孔注王不別長庶寵秩同也各有所事而爭立也○陳
禳注引九域志邠州古義渠城案今為甘肅慶陽府○
盧云紀年武乙三十年周師伐義渠乃獲其君以歸注
爭立舊作爭力訛○沛案盧信紀年故屢引之以證其
實不足據
功大不賞者危　昔平州之臣平州古國名功大而不賞
諂臣日貴　功臣日怒而生變怒疑當作懟懟平州之君以走
出孔注有功不賞而責諂臣有德不官而任姦佞宜其出走也○盧云之臣功臣兩臣字脫又貴上衍賞字
今依李善注文選所引增刪○陳補
注引國名紀平州在汾州介休縣西
召遠不親者危　昔有林氏召離戎之君而朝之　至

而不禮 留而弗親 離戎逃而去之 林氏誅之

天下叛林氏 孔注天下見其過戎不以禮逆叛林氏林氏孤危也○陳補注引施氏彥士曰驪戎城在今西安府東少北六十里臨潼縣東恰在咸林西南則林氏即咸林是矣

昔者曲集之君 伐智而專事 伐誇也 彊力而不信其臣 忠良皆伏 伏隱處也 愉州氏伐之 君孤而無使 無願為君任使者 曲集以亡 孔注伐智自足也伏謂不為之用曲集愉州皆古諸侯•盧云傳物志作愉炯氏之君孤而無使曲沃進伐之以亡與此差互當是彼誤

昔者有巢氏有亂臣而貴 任之以國 假之以權 擅國而主斷 斷決國政 君已而奪之 已而猶後而 臣怒而生變 怒當作怨怨禍及而作亂 有巢以亡 孔注委之政也秉政則專生殺則多怨雖君奪其政懼禍見及故作

亂也。盧云依注當本是恐字。沛案盧以正文恐當本是恐字是也若孔注則有脫悞當云秉政則專生殺專生殺則多怨君奪其政懼禍見及故作亂之注脫專生殺三字誤恐為怨又衍難字遂使文義不明注懼字是釋正文恐字。復檢盧校正補遺暗同予說竊喜前輩先得我心焉

斧小不勝柯者亡斧柯字當互易昔有鄶君當儉減爵損祿

羣臣卑讓卑讓居抑意上下不臨上不能臨下後[君]小弱空闕擬補

君字禁罰不行令行不遵重氏伐之鄶君以亡孔注柯所以秉喻君斧所以用喻臣臣無爵祿君所任不臨言不相承奉也。盧云注君所任有脫字。孔注兩弱不能行令。盧云紀年云帝高辛十六年帝使重師滅有鄶鄶亦作會。沛案正文疑當作柯小不勝斧者亡柯斧字悞倒耳柯小不能勝斧則易損折難以運斧猶君弱小微弱不能任用羣臣也玩注意謂柯喻君執政柄者也斧喻臣為君用者也孔所據之本蓋猶未悞倒今當乙正之。盧謂注君所任有脫字沛案當作不為君所任脫不為二字

。陳補注據國名紀引此作後君少弱謂空圖當作君字今從之補。沛棠節適作會潛夫論會在河洛之間其君驕貪嗇儉滅爵損祿〔云云〕詩人憂之故作羔裘沛謂此說非也詩之鄶〔檜〕國武王時所封鄶〔檜〕子之國也若古之節剛不知賓在何地竹書紀年載帝嚳使重帥師滅有會恐亦依託史記篇為之至于春秋檜國詩有檜風則為鄭桓公所滅者也。又棠南正重司天以屬神在高陽氏時紀年謂高辛氏時帝使重滅鄶時代亦不合故知紀年不足據也重南正名重氏或其後人歟

久空重位者危

昔有共工自賢

自以無臣謂無可用之臣

久空大官

下官交亂庶政無所統故紛亂

民無所附無所適從

唐氏伐之

共工以亡孔注言無任亡臣者故空官也無大臣故小臣亂也君凶于上臣亂于下

民無所依堯遂流之。沛棠孔據尚書故曰堯遂流之陳補注謂孔以流幽州之共工當此非是此所謂共工乃黑龍氏之後據淮南子有怒觸不周之語則其世有承惠有害民生云云迨舜承堯命禹攻其國並殺其臣

相柳水意逐乎沛謂此說與久空大官意全無涉雖大略本之山海經郭注及羅氏路史恐不足據也竊以古時人名國名官名同者有之共工蓋古諸侯之國故有大官重任左昭十七年傳郯子曰共工氏以水紀故為水師而水名杜注共工以諸侯霸有九州者在神農前太皞後杜據禮記祭法共工氏之霸九州也故云然路史謂共工在伏羲之代蓋據左傳杜注又云女媧氏發之蓋據淮南子與唐氏伐之又不合然則此條所言共工不能決其為何代之君闕疑可也

犯難爭權兵出戰危故云犯難疑者死

昔有林氏上衡氏爭權林氏再戰弗勝盧本作而勝舊本作弗勝陳補注從舊本是也今亦從之上衡氏偽義弗克偽讀作為俱身死國亡孔注爭為犯難不果為疑林氏恃勝上衡氏急義所以俱亡○盧云而勝舊作弗勝誤○陳補注弗勝盧本致而勝據孔注林氏恃勝之說也然于業國名紀上衡氏與林氏爭權林氏再戰弗克上衡氏為義弗克俱亡是羅氏所見本已作弗克矣為偽義通○王雜志念孫

豢儒讀曰爲醜見史記淮南衡山傳爲義而沸見殺注
云急義非誹僞之僞。沸棠疑字有二義如孔說則殺
敵曰果不果爲疑則心怯林氏疑故再戰沸勝見義
當爲不爲無勇疑則氣急上衛氏爲義而疑故沸秉沸
克猶沸勝也二君皆以犯難而死又一說陰疑于陽必
戰疑者勢均力敵之謂也辟如兩虎相鬥勢不能相下
是以兩敗俱傷也林氏沸勝上衛氏亦沸克豈非兩敗
乎身死國亡豈非俱傷乎此二義皆從疑字思入尋存
之。又棄此盍諸侯從天子征討而二國犯難以刃兵
權然。皆有退躊躇之心不能果于殺敵所謂疑也卒之
兩侯皆爲敵所敗而死非林氏
與上衛氏交兵之謂前說爲是
知能均而不親　竝重事君者危大臣不和竝居重位則君危　昔有
南氏有二臣貴寵　力均勢敵　競進爭權　下爭朋
黨臣下各爭朋黨君弗能禁　南氏以分儿注二臣勢均而不親權重養徒黨所以
分國也。虞云有南之國水經注以爲在南郡競舊款
竟脫能字水經注作競下云君無能制南氏用分。陳

補注漢江之北為南陽漢江之南為南郡凡楚地紀穀氏秀士曰橐南郡今湖北荊州府是

昔有巢氏好以新易故以新進易故舊故者疾怨新故不和

內爭朋黨陰事外權內樹黨而外挾貳有果氏以亡孔注有果

亦國名也外權謂外大國・陳補注國名紀有果今果

州又太平寰宇記劍南東道有果州禹貢梁州之域春

秋戰國時為巴子國

爵重祿輕比□不成者亡義未詳缺字亦難以意揣昔有畢程氏

損祿增爵群臣貌匱匱乏竭也比而戾民戾民善與厲民同言相與

寺剡於民以自奉也畢程氏以亡孔注有位無祿取名自成民不堪求比而罪之○沛素孔注疑

有脫誤取名自成句義不可適名或氏字

之訛損祿則祿薄非無祿也注無祿未合

好變故易常者亡如數改章程之類昔陽氏之君自伐而好

變事無故業　官無定位　民運於下　率處無陽氏以亡　孔注運亂移也○陳補注國名紀以陽名者多矣上陽下陽東陽南陽陳陽雖以急數衛業伏羲六佐陽侯為江海此陽氏蓋其後也○衡案春秋閔二年齊人遷陽杜注陽國名疏謂世本無陽國姓氏土地不傳此陽氏之國未知在春秋陽國之地否

業形而愎者危昔當者穀平之國　專稽于刑如業此者然而性則剛愎○盧云形刑通

昔者穀平之君、愎類無親　盧本趙云類當作類　破國弗尅

業國形用國　破人國而不勝惟刑用于國如穀將士之類　外內相援　用刑過嚴臣民互相殺復是以生亂　穀平以亡　孔注愎很類戾也國不勝破以刑為業也○衡案孔注國不勝破句文義不順當作破國不勝不勝是釋弗克如此便順○陳補注引戴氏清曰春秋桓七年穀伯來朝杜注穀國在南鄉築陽縣北今襄陽府穀城縣東有穀城不知即穀平故地否也

武不止者亡窮兵清武昔阪泉氏用兵無已誅戰不休
并幷兼無親無諸親諷文無所立智士寒心文事無用故智士無位而寒心
徙居至于獨鹿獨鹿山名即涿鹿也諸侯畔之阪泉以亡孔注無親
謂并兼之也無文德故智士寒心也獨鹿西戎地名徙
都失處故亡也力盧本惪云阪泉氏蓋蚩尤也趙疑是
炎帝之後○盧云案嘗麥解云蚩尤逐赤帝爭于
[illegible][illegible]涿鹿之河赤帝說黃帝執蚩尤殺之獨鹿即涿鹿
也亦名涿鹿○陳補注引國名紀阪泉姜姓其後蚩尤
強霸周書云阪泉氏用兵無已而亡今懷戎涿鹿城東
一里阪
泉是
佷而無親者亡徼佷無與相親者昔者縣宗之君佷而無聽
孔注不訓忘言執事不從宗職者疑主職事者發大事諸戎事羣臣
解體孔注皆有違心○解益與衛道高體不肯之致也國無立功縣宗以亡

陳補注縣宗六韜作縣原宗藏國名紀作守藏

昔者玄都賢鬼道信用鬼神之道廢人事孔注求禱神也謀臣不用龜策是從龜為卜策為筮神巫用國巫以交鬼神故曰神巫哲士在外棄置於外玄都以亡孔注棄賢任巫所以亡也○盧云元都氏見紀年帝舜四十二年來朝獻寶玉博物志作賢神鬼道○沛案路史帝顓項紀小昊氏襄元都氏黎寶亂天德云云及國名紀所載皆本之周書史記篇紀年亦然不須引彼以證此

文武不行者亡

昔者西夏性仁非兵孔注性仁而無文德非兵而無武備城郭不脩武士無位惠而好賞屈而無以賞孔注無功妄賞無財可用○盧云注無財舊倒○沛案舊作財無可用義亦同言財屈無可用也唐氏伐之城郭不守武士不用不為已用西夏以亡孔注唐氏帝堯

○王雜志念孫案屈者竭也見呂氏春秋慎勢篇注淮南原道篇注屈上當有財字故孔注曰無財可用○注陳補注引國名紀西夏今鄂故大夏有夏水○鄂州在今武昌地有夏水即江水故漢屬江夏郡然在南非在西也衛案此蓋立國於夏水之西故云西夏○沛案唐氏注謂帝堯與前共工係同竊以唐氏皆非謂帝堯前係共工非堯時共工也蓋堯時共工是官名命垂曰女共工是也方鳩僝功之共工是光垂而職在共工者後得罪而流之幽州舜流之也尚書左傳國策皆屬之舜不屬之堯也禮記祭法云共工氏之霸九州也其子曰柱能平九土故祀以為社是共工氏父子皆賢在神農前太皞後及其後世乃有久空重位之君恃才而呂亂故亡其國其云唐氏伐之不知在何代帝嚳時始封堯為唐侯堯以前唐之為地必有諸侯國于此者其即此篇所謂唐氏歟不可考矣堯為唐侯時號陶唐氏加陶字殆以別於古之唐氏歟周成王時封叔虞于唐號曰唐叔即帝堯之舊都也其在夏商之時亦必有受封于唐者為知為誰何也

美女破國　昔者績陽彊力四征（四方征戰）重丘遺之美女

遺賂遺也。孔注重邱之君畏其弄已。惑之以女績陽之君悅之　熒惑不治溺于色怠于政大臣爭權政柄下移大臣爭競遠近不相聽遠近之民不聽命國分為二孔注君昏于上權分于下所為二也。陳補注據路史績陽當作青陽六韜作績陽非豈知路史文多因此篇附會何足取信宮室破國　昔者有洛氏宮室無常　池囿廣大　工功日進　以後更前前已成者後復改造民不得休　農失其時　孔注工功進則民困矣以工取官賢材退矣饑饉無食　成商伐之　有洛以亡孔注湯號曰成故曰成商。盧云注成商舊作成湯誤。陳補注國名紀有洛即有雒六韜作有熊誤

釋之丹亦不賓滅威虔云舊本作賓威史記作賓滅隨巢子亦作瘢今依愚定作威。威滅同賓擯同言亦不至擯滅也。陳補注

周祝解第六十七 今次上編訓告書十一

沛案此篇作于周祝故以名篇祝即春官太祝掌王誥命者也。古人垂戒之文不一體此篇似箴似銘尤為奇絶于反覆讀之竊歎作者其有憂患乎其當厲幽無道之世乎不然憂國憂民之心何若是之恇切纏而無已也文筆古與瑰奇陸離斑駮似詩之比興似易之彖象其義則若斷若續若合若離驟讀之莫辨其端倪莫窮其歸宿有望洋而歎已耳予讀之再四略以己意測其旨趣雖于作者之心未必盡合然愚者千慮必有一得殆差勝于鹵莽讀過者耳孔氏注隨文解義未著大旨是以脉絡不甚分明後來考據諸家亦不過定正悞字而已於此書之旨無所發明近有為之補注者支離處甚多不足取為

曰維哉其時告汝〔以善〕道恐為身災孔注言所以告汝不聞道為身災也。盧云空圍二字俗本作不聞非。沛案盧以俗本為非者蓋謂俗本見注有不聞道三字故取以補正

文脫字但孔注必無直寫正文去一誤字添一也字使其注文之理是以知不聞二字非正文也然則正文缺字將何以補之予謂下節孔注曰告以善道是生之明是承上文言則缺字疑當作以善二字今姑據下注補之蓋得道則福失道則災此自然之理予所以告汝以善道者怨汝失道而召禍也孔注之意言所以告汝者欲其行道不聞行道而反為身災者也注意是紐轉一層說○陳補注維哉助語詞時是也告即告以下文講稽言也○沛案維惟唯經傳通作語詞者多矣但此維哉二字與下謹哉相對似不應以維字作語詞考說文於惟字訓思維惟古字通維哉者始欲具深思之也他篇有以敬之哉發端者亦此例也

謹哉民予顯謹謹憂也

朕則生汝 朕則刑汝孔注告以善道是生之是以教之以法也○盧云刑一作形形與刑通○沛案告以善道使汝遠害全身所以生汝也則語助詞刑法也即儀刑之刑既生之則當教之故示之以法

朕則經汝孔注經紀汝○謂經具恒業

朕則阜汝孔注昌阜汝○盧云一本云案注似脫朕則阜汝四字○沛案正文非脫一句乃阜字誤為亡字也阜古文作阜俗省作

吕循殘缺似亡字故誤作亡後人見正文有朕則亡汝
句遂于注中妄加殺亡汝三字不知於義既不倫且多
一句矣正文六句生刑經名韻協阜與壽協注亦依六
句斷之不應多一句也故知殺亡汝三字是妄人所加
也今據注改亡為阜以復其舊則正文不訛而注中殺
亡汝三字則刪之。阜謂阜其財求也
朕則壽汝 孔注為汝請命。沛素注言請命似虛廓善
導其妻子使養其老所以引年也故曰壽汝
朕則名汝 孔注名汝善惡也。王雜志念孫案名者成
也廣韻引春秋說題辭曰名成也廣雅同法
言五百篇或性或彊及其名一也猶中庸言及其成功
一也始言生汝終言名汝是名為成也孔曰云名汝善
愚失之。沛素此六句承上告以善道言六者皆盡心
愛民之事不愚中間有朕則亡汝一句也刪改以復舊
觀大是故曰文之美而以身剝 才美外露反以剝喪其身 自謂智者
快事
故不足 盡本作智也者今從王刪也字。王雜志云吝
本者孛上衍也字今刪。才智自賢是以不早
益而日損也。孔注孫絡俱以文受害人自賢則愚惡
反見也。沛素攷曰二字疑是衍文蓋故曰是引證之

謂此二句義不與上文緊接非引證詞也而與下四句義相應是以疑故曰二字為衍文也或曰故曰上有缺文脫簡此二句乃引證之詞耳予謂若如此說是傳寫者有脫誤非脫一簡也何以知之蓋自篇首至朕則名法四十二字以每簡十四字計之當為三簡此二句去故曰二字亦十四字為一簡下文石有玉以下十四字為一簡今錯在凡彼濟者以下十四字之後是以知此篇蓋每簡十四字錯亦十四字也劉向以中古文校歐陽夏侯經文酒誥脫簡一召誥脫簡二率簡二十五字者脫亦二十五字簡二十二字者脫亦二十二字荀勗稱古文穆天子傳皆竹簡素絲編簡長二尺四寸以墨書每簡四十字鄭玄稱論語八寸簡古人書簡長短不同故每簡字數多寡亦異

角之美殺其牛 榮華之言後有茅 孔注以牛以角死盧言致織也。榮華之言謂如華之榮而不實者。盧云惠半農云茅讀作矛文弨案注云致織正釋茅字惠以矛與牛韻故讀從之非改字也。石有玉而陳補注衛案惠讀作矛具義當作戈矛解

傷其山 萬民之患故在言 此二句各本皆在凡彼濟者二句下沛案文義是錯

簡在下今移正。各本在字下作空圍今從王改補。孔注山以有玉故。傷人以有言受患。王雜志念孫案此闕文本在在字上今在在字下誤也考其原文本作萬民之患故在言謂人之所以致患者故在言也故今通作固上文云文之美而以身剝自謂智者故不足文義正與此同文于符言篇石有玉傷其山黔首之患固在言即用周書之文。沛案以上六句承上忍為身笑言能如易所云含章括囊則無災患矣

凡彼濟者必不怠不怠勤敏也敏則有功故事濟觀彼聖人必趨時聖人及時有為是不怠于時也此二句是綱領下文反覆申論明之。孔注以不怠故濟以趨時故聖。盧云潛夫論引云凡彼聖人必趨時

時之行也勤以徙不知道者福為禍孔注不徙以及時人故失其福也。夫以時之流行也自朝而日中而日昃而晦而明一日如是萬古如是無一息之停道在勤以遷徙也人當法天時不息之道勤以趨時斯為知道者矣知道斯獲福矣所謂敬勝怠者吉也不然者怠于自修則過積怠于治事則罔功此禍之所由致所謂怠勝敬者滅也文王自朝至于日中昃不遑

暇食用誠和萬民武王積周公曰于有使汝汝播食不
違暇食古聖人趣時不急類如此故陶侃曰大禹惜寸
陰吾人當惜分陰趣時不急之旨也趣時不急聖人且
然況在下民何可失時而不勤于其業乎趣音娶又音
促又與趣同說文趣疾也蓋與趣民種麥趣民收斂之
趣同忽其急而後時也然則趣時者即不急之謂也非
變動隨時遷徙無常之謂王雜志譸文子作動以徙遂
改勤為動誤矣勤字正承不急言之行字徙字皆動字
義何須又加動字其說不可從○玩孔注及時二字不
失正旨及時則不至後時所謂濟者必不急也
時之從也勤以行從當作徙與上文字相轉換耳不知道者以福亡此二
句與上文一義轉換數字故曰肥家必烹甘泉必竭
轉換反復以咏數之耳
孔注以其供人用自然理○此三句古語也
直木必伐引以證福亡之義家肥泉甘木直如人之逸
樂似是福然必烹必竭必伐則是以福為禍矣是以福
亡矣天道虧盈自然之理墨子親士篇甘泉近竭招木
迫伐亦此義然則勤能有功急則困濟亦自然之理也
自篇首至此皆為民言之兩道字求篇首道字福亡求

篇首奚字蓋望民遵善道斂才就實勤事乘時于以弭禍而召福所謂生汝刑汝經汝阜汝壽汝名汝者不外是矣告民之辭止此下文乃推廣言之以明治國家之道

地出物而聖人是時出猶生也地順時而生萬物聖人則之以乘時雞鳴而人為時聞雞鳴而起人以識時也衆觀彼萬物且何為來萬物之生何為來乎因時之自然而來也時之為義大矣哉○舊本作且何為求今據盧復校改作來○孔注萬物自然不為人來聖人則之如用雞鳴以識時也○盧云是時卜本作趣時或疑當作是則舊本多脫物字卜本有○盧復校云業依注則正文求字乃來之誤來與時為韻上文是時亦不當作是則又且字亦似誤衍○沛案此承上文趣時而推言之

故天有時人以為正正政同○天有四時人因之以為政月令一書備矣

地出利而民是爭地出百物之利民爭先致之恐後時也○孔注正謂敎授民時也爭謂爭共斂之也

人出謀聖人是經人出謀以治國家聖人因時經紀其政加下文云云也○孔注

經經　度陳五刑　民乃斆神案刑當作行以聲誤或原本作行後人妄改作日刑也
之也
蓋下文皆言治民之政不應先言用刑且下文有被之
以刑民始聽句不應重複則作五行為是也行去聲德
行之行也廣言之曰百行約言之曰五行五行者本五
德以為行五倫之行也周禮師氏敎德以為行本鄭注德
行內外在心為德施之為行大司徒亦言三物六行首
子非十二子篇案往舊造說謂之五行楊倞注五行五
常仁義禮智信是也蓋治民必先道之以德故陳布五
常之行以訓之民乃知敎德也。孔注敎敎上命也
敎之以禮民不爭孔注有禮則讓故不爭被之以刑民始聽被及也加
也有罪則刑及之聽謂聽君命因其能民乃靜能謂才能因其所能使各務其業各安其分故
靜。孔注聽順靜服謂不為亂也故狐有牙而不敢以嗟嗟齧也食也豲有
蚤而不敢以撅豲豪彘也[illegible]丑[illegible]撅與掘同。孔注喻[illegible][illegible][illegible][illegible]人以小能不敢望大官亦求
自養而已也。盧云說文引作豲有爪蚤與爪同。神
案狐豲二喻承上文言小人不敢逞欲以上之政教有

以服之也孔注合下文言之故云小勢居小者不能為
能不敢望大官似未得取喻之旨
大沛案勢疑當作埶埶與勢通亦與勢通埶大能也故孔注云
材埶上文注亦云小能是孔以才能訓埶字也正當
作埶傳寫悞耳○凡埶居小者細民也不故能為大事下
因明大人之事○孔注雖有其埶勢不便○注勢疑亦
當作埶或曰勢特欲正中沛案欲字悞玩孔注中正不
以勢位言存參立則■正文本作特立中正
傳寫者悞作欲字又中正字倒也
特立者特然自立中正不偏也不貪其害皆欲之害
無所貪求
也凡勢道者不可以不大沛案勢疑原本是埶字勢道疑
當作執道執與埶相似故悞執
守也特也謂執持治國之道者識量不可以不大也大
則量無不周識無不到吉凶禍福燎然于先幾之見矣
○孔注不貪害也中正不立不大其度至道不行也○
沛案注不貪害也疑當作不貪欲也若就正文去一其
字添一也字便筭故木之伐也而木為斧賊難之起
注文必不然矣
孔注因木以伐木因近以成賊○盧云之起舊
自近者本作而起訛下又衍一者字○凡禍亂必有所

由起暗者不能辨也木為斧柯助斧伐木可知賊難之起起于至近之地特讓見小者辨之不早辨耳古來人君寵任宦官宮妾以致婦寺專權禍起蕭牆之內者可勝數哉奈何辨之不早辨也然而有難焉者試取物而譬之

二人同術　誰昭誰瞑不能遠辨也　二虎同穴　誰死誰生亦不能遠辨也不能遠辨則害隨之矣。孔注成者能昭猛者能生　故虎之猛也而陷于擭虎雖猛而不辨擭之害故陷擭擭機檻也　人之智也而[illegible]陷于詐人雖智而不辨詐之害故陷于詐是以明者見禍于未然而于至近之地預有以防之也。孔注虎以食陷穽人以欲陷詐詐罔也。盧云擭舊作獲訛

葉之美也解其柯　柯之美也離其枝　枝之美也拔其本

儼矢將至　不可以無盾夫禍之起也必由漸而入因葉解柯因柯離枝因枝拔本賊害之生非一朝一夕之故其所由來者漸矣可不預防其漸乎譬如儼矢將至無盾何以禦之如預防則禍可弭否則禍至無及矣。孔注此言飾末業廢本質也盾喻為

人當有所備藏。蒲業注飾末業覆本實不合書
旨。盧云解其柯舊脫其字趙增儀失即嚴失澤有
獸而焚其草木木字衍大威將至不可以為巧譬如澤因有獸
烈澤而焚之此大威也大威猶云大禍至此則智者無
所用其謀矣。盧云案下文焚其草木似承此句但此
與下句巧字為韻則木字衍也兩喻意各別正焚其草
不妨多一字少一字。王雜志說亦大略同
木則無種種類也大威將至不可以為勇獸類將盡殲矣雖此大禍
則勇者亦無所用其力矣國家禍亂已成悔之無及其
滅亡也必矣。孔注言亦貸以危身禍至不可救也。
盧云注言亦疑訛故天之生也固有度國家之患離之以
故萬古長生者莫如天地天之度數有常而國家治亂
無定因事故變更也。孔注以言患因事而起故事
也。盧云離罹也地之生也固有植國家之患離之以謀
地之植立不貳而國家安危相倚者因圖謀不藏也能
知治亂安危之數而以法度植立國家者其唯大聖人乎

夫大人者與天地合其德與四時合其序與日　故時之
月合其明者也。孔注植立也有生則立也時至而品物咸彰其
還也無私貌　日之出也無私照貌顯著大公無私也
日出而光于四方普照萬物亦大公無私也。孔注還
謂至也貌謂無實時至並應日出普照也。王雜志念
孫素諸書無訓還為至者還當為還還與逵同爾雅逵
及也及亦至也故孔云還至也又云時至並應日出普
照以日出比時至則當言時之逵不當言時之還也古
字多以還為逵與還字相似故諸書逵多誤作還說見
漢書天文志大白　時之行也順至無逆四時流行順其序而無違逆故
還之下蕭錄
生生不已而臨明代運萬古有常此天地之所以為大
也。盧云至字疑衍。陳補注順字疑衍。沛諸正文
似無為天下者用大略。言當用天地無私之大道也略猶也
衍字　孔注言當以大略順時也火
之煇也固定上盧云定疑定之訛為天下者用牧孔注煇然也火日爨上牧
謂法也。沛素牧無訓法者注法字蓋治字之訛廣韻
牧治也。大天地之間莫大于水大火变上當彖其明

以居上而臨下小爾雅牧臨也廣韻訓作治民解亦通○陳補注謂當作秋非治水之流也圖
走下不善故有桴孔注桴所擊鼓也言忠政由于發者也○盧本陳云桴當訓筏注非
○水性就下坎險在前不利于行故濟以桴道濟天下
當如是此皆所謂大道也明于大道者安往而推其泉始亢其於經乎故下文中言之
故福之起也慈別之禍之起也惡別孔注惡於何也言其微也○凡禍福之起始于至微當于禍福甫兆而別之中庸所謂禍福將至善必先知之不善必先知之是也下文若之何亦詰問語使人深思而自得之
故平國若之何平國見周禮大司寇平國用中典鄭注平國承平守成之國也○陳補注以若之何須為句殊無理假甚其言須覆孤屠何協亦非與何韻自協也
國須國覆國事國一孤國屠國各本皆脫國字今據王雜志補○孔注覆滅也事謂事無役也孤謂無人屠謂為人分裂也○沛棠注事無役也句有訛誤事者見役于人注當作事謂為人役也事無二字誤孟子所謂小國役大國是也○王雜志念孫

案須字義不可通疑須字之誤荀子性惡篇天下之悖
亂而相亡不待頃矣楊注頃本或作須頃與傾同傾危
也見昔語越語注傾與覆國義相近著下亦當有國字
○沛案傾敵傾也具勢危覆顛覆也如人顛仆于地也
顛尚可扶猶未至滅注不當訓滅也孤國謂無與戚相
助又無良臣為輔屠國謂土地為人所割日見削小此
皆將亡之國皆若之何盧云注無人攜服人字下本有屠謂舊脫○上文言乎國者之何盡謂乎
國危守成其所以守成者果若之何也此言傾國覆國事國孤國屠國皆若之何言若之何其至此也陵夷至
此則國幾不國矣滅亡在瞬息之間可不深長思哉故日之中也仄月之望也
食威之失也陰食陽善為道者使之有行凡注從跌也食
謂跛明而生魄也以日蔽於陰喻君行失道○易曰日中則昃月盈則食天地盈虛與時消息此言然之理也
威失則陽微而陰盛陰反食陽政柄下移之象也善為治國之道者使陰不侵陽各循其道而已行道也言行
列不案也是故彼萬物必有常國君而無道以微亡分注微以

積小以致滅亡者也。是以知萬物必有常道所以歷久而不廢國之所由微弱滅亡者其君無道此也道本常存天地之間惜晴君不知善用之耳

故天為蓋地為軫蓋員象天軫方象地善用道者終無盡天覆地載譬之于卑覆以蓋載以軫道之所以運行于無窮也善用道以治天下者亦如之黃帝有曰大圓在上大矩在下汝能法之為民父母亦此旨也

地為軫天為蓋善用道者終無害無害聽言無聲此與上文同義反覆以詠嘆之耳下節亦此義。孔注言因道動靜法天地。曰慶云言因卜本作善用

天地之間有滄熱善用道用道者終無竭孔注滄寒竭盡。盧云惠云談之滄从水倉聲寒也列子曰初出滄滄涼涼。滄熱猶言寒暑天地之道一寒一暑二氣流行四時迭運無有已時善用道者法天地自然之理行之有常安所窮哉竭猶無盡也

無慄彼五行必有勝五行水火木金土也天地之道不外陰陽五行化生萬物大易闡之為爻彖洪範衍之為疇圖天地萬物之理

天之所覆盡可稱

備于此矣安從而不可稱舉哉。孔注書五行相勝以生成萬物盡可稱名之也

故萬物之所生也性於從　萬物之所反也性於同

孔注從謂立也始異終同故曰反也。盧云反舊作及今依注改注舊脫同字案文義補。萬物稟陰陽五行之氣以生所謂性也性有偏有全有美有惡各從其類性故曰性於從反氣盡而反其始受于天者莫不歸于天故曰性於同始則有終終則復始陰陽五行之氣所變化也然其所以然者則理甚微矣

故悪姑幽　悪姑明

悪姑陰陽　悪姑短長　悪姑柔剛

柔剛舊倒今從王雜志乙正。孔注姑者且也言幽明之相代陰陽之變易短長之相形剛柔之相生始終之道也。悪姑猶云悪乎孟子敢問夫子悪乎長禮記有無悪乎齊是也姑乎音同故通悪乎語問之詞也下文曰何為曰奚為曰孰皆詰問詞。夫陰陽五行從因萬物變化無躁其理至微而莫測即如夜幽晝明月陰日陽冬日短夏日長春氣柔秋氣剛之類相對待相流行皆陰陽五行之妙道非至明者悪乎知之。王雜志念孫案剛柔當為柔剛此倒文以協韻

也正文用韻故言柔剛注文不用韻故言剛柔而後人遂以注文改正文矣不知說卦傳之迭用柔剛西山經之五色發作以和柔剛皆倒文協韻也凡古書之倒文協韻者後人多改之說見荀子有鳳有皇下○沛霖案孔注姑者且也此節姑字不應訓且或孔注本作姑語助也後人校書者只知姑訓且遂疑注助為且字之誤而改之亦未可知故海之大也而魚何為可得　山之深也虎豹貔貅何為可服孔注言當以貪餌自中鉤檻也人智之邃也奚為可測跂動噦息而奚為可牧孔注誠於事故可測牽于事故可牧玉石之堅也奚可刻孔注言服飾之窮物也陰陽之號也孰使之牝牡之合也孰交之　君子不察福不來孔注言陰陽之稱號牝牡之交合皆自然也君子察自然之理則福來也○沛霖案孔注隨文解義義無所統似不達此十句大旨者此與上下文語意相貫注當領會其大旨不應各隨枝葉作解也大旨蓋謂闡明萬物之情狀不可枚舉而實有至理存焉即如魚

海于海獸生于山人藏其智動息者不一類玉與石皆寶堅而何以可得可服可測可收可洞封也豈有可其所可者在矣以此類推非至明者孰能知之又如陰陽怨號發而為聲雷風交作氣則使之二氣相感牝牡揖合氤氳化醇氣使交之此其理為至微矣非聰明聖智者不能知也君子稽物以致知窮理以盡性明乎天地之道適乎萬物之情是以法天地以治萬物言無不利也非然者明不至則昧于道道由不明故不行道之不行福何自而來哉。又案孔注以稱號釋號字亦未合當如莊子萬竅怒號之號

故忌而不得

是生事故舊本故字居下句讀據王雜志字是衍文當刪故字屬此句讀事欲而不得

是生詐孔注生事謂變也生詐謂詐為求之。王雜志念孫案正文本作是生故注本作生故謂生變也今本注文變上脫生字後人誤以故欲而不得連讀遂于上句加事字并改注文之生故為生事矣不知小故與生詐對文而下句內本無故字也此篇之文皆以一故字統領下文末有連用兩故字者且故與詐為韻詐古音莊助切說見唐韻正若增入事字則既失其句而又失其韻矣。沸案注詐為即詐偽為偽適證已見

前欲伐而不得生斧柯　欲鳥而不得生網羅　欲彼天下是生為孔注所以生成所欲也謂六為之事也○沖案注成疑當作誠謂字上當有為字

維彼幽心是生包　維彼大心是生雄　維彼忌心是生勝孔注包謂包藏陰謀雄謂雄桀於人也勝謂勝所忌皆惡忌事也○盧云注末忌字疑衍○沖案自忌而不得至此承上文言之蓋謂不察則不明蔽其明則私意起而天下從此紛紛然多事矣于是有忌心為有欲心為有幽心大心為如忌人而不還是生變故所欲有不遂是生詐偽推之欲伐欲鳥是生斧柯網羅種之欲得天下是生作為為者人謀也故有幽心則陰謀包藏有大心則氣概雄桀有忌心則勢欲勝人是以私意橫起而智術循生未有已時也所謂紛紛然多事者此也老子欲天下絕聖棄智豈無謂哉　故天為高　地為下　察汝躬奚為喜怒　天為古　地為久　察彼萬物名於始孔注言法天地則喜怒無錯推古久則萬物可如也○夫私意起于一念

智術達有萬端如之何而不察哉天高地下廓然大公
而人之喜怒生于念慮之微喜與怒于此究端焉可不
察哉大學一書誠意最為綱要亦此旨也天吉地久敍
萬年矣萬物之生自無名而有名是其始也可知人之
由性而生情喜怒者情之始也
始之為義大矣可不察哉　左名左　右名右　觀
彼萬物數為紀　紀之行也　利而無方　行而無止
孔注名以左右則物以數為紀紀則生利利以利清也
○沛案注太略末二句亦未明竊以正文意蓋謂自名
有所始于是名左名右萬名迭起其為數也一生二二
生三三生萬物有所統紀而萬目畢舉焉故執一以統
萬而行之其利無方且無有止息也如人動于一念以く
而結起循生者皆由此而始始之不可不察也明矣
觀人情利有等　維彼大道、成而弗改孔注等差也大道天道也
王雜志念孫案此文以久始右紀止等字為韻以觀人
情利有等二句連讀孔以二句分屬上下節而各自為
解失之○沛案此節承上文察于其始而行之有紀以
其而觀于人之用情其利雖有等差不能一致而原其

用情之始，率性而行，皆本自然之理也。蓋天地之大道
萬古以來一成而弗改矣。王雜志：久改二字古並讀
若紀，右字古讀若以，等字古讀若宮商角徵之徵，並見唐韻正。
用彼大道，知其極。加諸事則萬物服。孔注：極，中也。事，業也。用大道者知其極至之理，則加諸政事而萬物服從矣。萬物猶言萬民。蓋極為中，道堯之允執其中，舜之用中於民，洪範言建極，大學言止至善，又言無所不用其極，皆此旨也。此二句最精要，下文推衍以足其義。
用其則必有羣，加諸物則為之君。則，法也。用其極至之法則，中正不偏而皆得歸嚮矣。以此行政而加諸物，則謂之君。君者羣也。為與謂適
舉其脩則有理，加諸物則為天子。孔注：脩，長也。謂細例也。
王雜志：念孫案：脩即條字也。條必有理，故曰舉其條則有理。漢書高惠高后文功臣表：脩侯周亞夫，師古曰：脩讀曰條。是條、脩古字通。孔以脩為細例，義與條亦相近，而又訓為長，則與細例之義不合，此注疑經後人竄改也。沛案：王云脩當讀作條，據此則條者繩也，見禮雜記表冠條屬注，蓋為繩以舉綱也，故注云謂綱例，亦統

領大要之意也統領大要則萬事各就其緒而不紊故曰有理加諸政事以立為法度合乎天地大中之道所由垂衣端拱無為而天下治也故謂之曰天子○正文為字下似亦當有之字與上文同○又案條長也見書禹貢厥木維條孔傳

王佩解第六十五 今次上編訓詁書十二

沛案此篇百七十五字而修己治人之道治亂興衰之故備于此矣當錄之為座右銘

王者所佩在德佩佩服也以德為佩服膺不忘也德在利民德之所施在利於民大端不外養與教民在順上順上謂率上之政令。孔注言以利民為德也天子事天所以威下使事上合為在因時為所當為在因時致宜也應事則易成因時應事事則易成。孔注得時所為合應為其機謀成在周長周徧長久其謀乃成有功在力多輔以羣力事則有功。孔注周忠信也力多則功多也昌大在自克自克者克己也克治也自治其身則本立而事業昌大矣不過在數懲數有懲艾庶無過矣。孔注以義勝欲得昌大數有懲之則無過也。盧云次在字俗本訛往今從元本章本改正注數有趙疑數自不困在豫慎道前定則不困慎之於始也見禍在未然「禍息養姦其害必大故道在能剛斷」。召禍必有因當

如于前

害其萌至于既然則無救矣。孔注事未盛而豫慎則不困也。故道在能剛斷除害在能斷姑息養姦其害必大安民在知過政不利民者過也當知之用兵在知時時不可先不可後當相機而動。孔注能斷所不思也知過輒改民將安生時謂可伐之時也勝大患在合人心。協眾情則大患可解故曰勝孔注舉合民何患之有哉欬毒在信疑欬毒猶言禍害可疑者信之不能明決故釀成欬毒孽子在聽內孽害其子在聽信內寵之言。孔注內聽于孽孽而吐於中言宜其生災也。盧云注孽蘖似孽子之誤趙云聽信似謂聽信婦人偏愛之言文弨案此孽子當謂災害其子仪行在知和。知和則可協于羣情故仪行孔注可否相濟曰和施舍在平心式施于式舍置道在平情所謂積物平施也。孔注施謂施惠舍謂赦罪不幸在不聞其過過不聞則不知改是大不幸也孔注聖人以聞已過為幸貴速改也福在受諫容納忠言故利于行而得福基在愛民立國以愛民為始基固在親賢親賢所以

式治保邪。孔注受諫則無非故福以愛民為
故國固基親賢人則國明君之義也
福福

在所密所與密者賢則福利害在所近近賢則利存亡在所用用賢則存

。孔注所與密所親近所任用皆忠良則福利生反是則禍害至。盧云案所親近所字卜本作讀別本作皆誤今案正文改正又用俗本作利用亦非

任離合在出命離合猶從違也視出令之善否。盧云漢書主父偃傳引作安危在出令

尊在慎威慎循威儀故望尊安在恭已行已以恭故安泰

危亡在不知時非時而妄動故危亡。孔注教令善則事合否則離矣威得其宜則尊恭已不安則安時謂天時得其時也

見善而怠不能勇為亡正處邪夫正道處邪徑是弗能居是無安宅也此得失之方也不可不察

總上文言之。孔注怠懈憒不能行也疑由豫不果也

邪姦術也處姦術是不居大之道也。盧云注由與猶

遁卜本作猶又姦大上當有正字。

[illegible]
[illegible]
豐商商詩
興周公審
[illegible]之于是代
武王即位
謀於酆說
周三[illegible]大
[illegible]真
秉帝命以
會大典不[illegible]
[illegible]懼周公度
[illegible]必
武王力精存

酆謀解第三十

維王三祀王在酆寶典作于三祀二月王在鄗之日此篇之作時王在酆故曰酆謀謀言告聞武王夙夜忌商心密使人察商之動靜故人以紂謀周之言來告也○孔注自文王受命至此十年也知敵情向人聞人日以紂謀告武王也○虛云注十年趙云是十二年向人問下稍本作人日謀以紂聞酆謀告武王也衍三字、沛業此伐紂前一年事而繫之武王三祀何也古文本誓序孔傳周自虞芮質厥成諸侯並附以為受命之年至九年而文王卒武王三年服畢觀兵孟津以卜諸侯伐紂之心據此則武王即位四年而伐紂也泰誓稱十三年春是上有步者九年而為十三年非武王即位十三年也漢儒之說興此篇稱三祀合又史記以文王受命七年而雜合武王即位三年故孔注云自文王受命至此十年也趙據泰誓十三年春伐紂故云是十二年蓋各有所據故不同而此篇作於伐紂之前一年為武王即位之三年則明明下據也沛書疑武王伐紂必不遠至即位十三年之知觀大開武篇武王元年已有夙夜維商密不顯之詩又有告歲之實秋今于不獲其落若何之嘆周公亦嘗以既秋而不穫維禽其饗之小開武篇二年又有夙夜忌商之語寤儆篇繫于酆謀篇後當為三年之四月武王有嗚呼謀泄哉今朕寤有商驚予之嘆周公小術以無為虎傅翼將飛入邑擇人而食師其求亟于伐商可知幾豈能遲至即位十三年之知哉蓋商周之勢不容兩立武不伐紂紂必伐武紂伐武以叛討臣其辭順武伐紂以臣誅君非奉天以伐之則無以為辭假令紂先伐武彼此惰免雖不可知然武以出知幾微矣故於三年畢喪之後即興師循故非得已也若文王未明知周有代商之勢然三分有二以服事殷則時未至也假令時已到既知王祖必伐商豈待武王哉武王夙夜維商夙夜忌商自膺資錄謂監人無心於得天下時大不然大生聖人以安天下也不取天下何由安天下哉此勤謀之所以亟亟殺

王召周公旦曰嗚呼商其咸辜辜罪也維日望謀建功孔注言商君臣皆罪周日望以周建功也謀言多信商人謀伐周之言多可憑信今為商所迫其將奈何今如其何周公曰時至矣乃興師循

故孔注言猶可代紂之時至謂脩古法。趙云脩故謂脩用湯之故事即世俘解所云脩商人典以斬紂身者也。渾案乃興師者非即興師之謂蓋整備周師將伐紂也注時至下脱脩故二字初用三同

一戚取同近戚參謀帷幄取同同德同心者二任用能選擇將士任用有才能者三矢

無聲矢、誓同、誓告戰士、聽者無譁、是無聲也、孔注矢、誓、言誓衆以盡心也三讓一近

市（非耕者來市の）者交易之所、發令招商、使於近郊之地相交易注云近來民市、來謂招來之也、蓋人軍之興米器服所需甚多非招商不能遠集大聚篇所謂商賈趣市以合其用是也二賤術古者以米粟為貴物以刀布為賤物。大聚篇云賤良貴賤是不知政言良為貴物貨為賤物今倒置之則乘于政賤術云者非謂以賤價病商賈也。乃以刀布之賤物。易來業器用之貴物使商賈得刀布之利而衰國軍需[illegible]因以備儲其大聚篇云外商資貴而來謂資貴物來也又曰資賤物出貴物謂以刀布資之而出其來業之資物也即賤術之謂

三施資資謂資本備商賈有乏資本者官施而貸之、使之貿遷有無則商得其利而我利其用矣三者

謂治市之道即讓財之道也。孔注以財讓也。迨來民
市旅資以恩也。盧云、疑當作施資以惠也。案盧說
是。三廣孔注廣樂也。一邊不侵內邊民不得侵擾內地二道不嚴牧敺驅
同古文作敺、道路之地三郊不留人郊關之地、除商旅
不得驅牛馬而牧之外不妄留人、防姦宄
細也。孔注設此三禁所以悅民。沛潔正鎖廣也
邊侵內則邊境不寧、道敺牧則道路猶壞、郊留人則姦
易容隱三者皆可慮之事故禁之。孔注王曰嗚呼允
訓廣為樂。蓋非。陳補注廣安也。更不合
從三三無咈厥徵可因孔注言三同三讓三廣、無違言善徵可用以立功也
與周同愛同愛、猶云同好、與我同好者必與我同惡、蓋指諸侯與群臣百姓愛徵無疾
愛我者深徵、親無疾我之所疾者、謂商也無
疾是及語詞、猶詩云無競無念、無競競也、無念念也戴
氏清曰、徵疑當疾取不取疾至致備若所疾患者及時
作微、說亦可通當取而不取及
所疾患者先至伐我、然後備禦之、則此三句詞與難
晚矣。言當先發制人也。孔注疾惡。解此句、結為此解

〃丈疑一
〃〇虛云、
而今從卜

使正文三、疾字相莫。由禱不德（虛云由字、疑本是曲字、故注云曲為非義）不德不成（注了曲為非義、神不德之。不為神祐、故事不成、〃虛云注為字、疑當作謂。沛棠為謂古字通、）善不在

小終維賓大悔後乃無（不謹于始、小害每成大患、至于大患既成、乃能無後）

悔（孚悔後、猶云後悔、乃無者言不能無也）帝命不諂（孔注帝、天也、諂、僭也。沛棠爾雅釋詁、諂疑也、）

左昭廿六年傳天道不諂不貳其命

應時作謀（言天命無所疑、當應時而起、以圖商也）不敏

殆哉（孔注敏、疾也。失時則違天命而事不成、殆、危也）周公曰言斯允格（允、信、格至也）

誰從己出（陳補注誰、伊也、謂言出于己也。沛棠誰惟古字亦通、見王伯申釋詞。）出而不

允乃舊（出言不允、乃召舊害）往而不往（乃窮欲往而不往、則畏葸而弱）士卒咸若周

一心（況士卒皆與周同德、則天命人心可決矣。周公言此、以終時至矣之說、勸武王決于伐商也。由此觀

之。武王即位已卷、伐商之議已啓、次年與殷構戎殷而

[illegible]書[illegible]卑迎久哉漢儒說武王十三年

伐紂合文王受命九
年計之亦未可厚非

寤儆解第三十一

沛案斷謀已定伐商之計是年四月武王夢為紂所伐故寤而儆懼有謀泄哉之歎又未允自生疑慮然非怯也臨事而懼正其慎之至耳周公最以敬命戒其不驕不懈同此惕慮之心也是年遂觀兵於孟津次年遂興師以伐紂〇盧云舊本皆作寤敬敬亦儆適管子立政篇敬山澤發同儆訓為戒也

維四月朔王告儆召周公旦曰嗚呼謀泄哉 泄謂漏泄

今朕寤有商驚予 孔注言夢為紂所伐故驚 欲與無則 則字上舊本有空圍一沛案曰則曰庸曰王下文分釋之此處三句句法相稱本無缺字何用空圍今刪〇與者和好相與安於無事也則法也啟與之無有方法 欲攻無庸 攻者舉兵伐之聲罪致計也庸功也欲攻之又恐無功以 王不足 若自稱王以臨天下又稱德威不足服天下 戒乃不興 戒懼也興起也 憂其

深案孔疏箴本與言所憂不從箴中來也。沛案注次不字當作乃言惟箴懼乃不與起是憂乃從箴中來也。陳輔注於欲與無則三句讀與辭皆謬甚

周公曰天下不虞周驚以寤王孔注虞度。蓋謂天下無有度周而圖謀之者分因夢而驚天欲儆寤我王耳。王雖志謂正文不字誤衍當作天下虞周言唯天度周故驚以寤王沛案王說亦甚晦

王其敬命其惟敬順天命以俟之奉若稽古維王上文言王言庸言則此方釋之奉承也若順也稽同也古天也言順承天道者謂之王。孔注若順克明三德維則孔注三德剛柔正直戚和遠人維庸孔注和近人則遠人用。沛案三德蓋指賢士章明有德之士則民以適人和而不慮無則和好鄰封之遠人則相助者而不慮無庸

眾攻王禱赦有罪懷庶有茲封福四句義晦難曉姑隨文釋之。王禱疑當作巫禱攻治也和寤篇加用禱巫神人允順是也有罪者分別輕重而赦胥之大聚篇所謂赦刑以寬是也庶有疑當作有庶庶眾也嘗麥篇所謂有眾即有庶也懷念也懷念有

庶推恩及之此三者誠感于神澤下于民神祐民截益乃大福也。孔注庶衆封大

監戒善敗

善敗猶言成敗監戒古今成敗之故

護守勿失

護守先王之道而勿失

無虎傅翼

無下當有為字

將飛入邑擇人而食

盧云入邑舊作入宮今從韓非子難勢篇所引改。王雜志念孫案韓子難勢篇引此虎上有為字而今本脫之則文義不明李善注東京賦引此亦有為字。此喻紂當氏之意言不可養惡以害民也虎傅之翼飛入邑而食人則被害者衆矣擇疑獲之誤

不驕不悋

時乃無敵

孔注此是義也。案注似有脫句。不矜其才則以謹慎居心不惜其力則以艱鉅自任如是乃無敵于天下

王拜曰允哉

允信也

余聞曰維乃予謀

謀時用臧

孔注聞古言也天道無常。古有言曰維汝為我謀謀是以善時是臧善也。王謂周公之言亦然

不泄不竭

維天而已

不泄越不竆竭惟僕天命而已

余維與汝監

謹案孔注有天道無常四字於維天而已下似[illegible]纂無豨龍疑是正文誤入注中者今未敢遽補

姑存此說。監視也

咸祇曰戒戒雖宿孔注言戒於心宿古文夙。咸

葆保保通謂保天命

皆也祇敬也言余與汝當共凜

之曰戒懼于心不可不早也

克殷解第三十六

沛案此篇序事簡古疑即出于史佚之手真古書也篇中輕呂黃鉞之事議者紛紛如賈子連語篇及論衡恢國篇謂武王當日亟無是事沛竊謂不然夫史臣記事有據事直書者有曲為隱諱者有附會增飾者若此篇直書其事無庸隱諱洵為實錄蓋暴主慢神虐民天命誅之紂雖自焚天誅莫逭武王奉天命則武王即天也輕呂黃鉞之事豈云過哉史記載紂之曾祖武乙為革囊盛血仰而射之命曰射天武乙獵于河渭暴雷震死此赫赫天誅也武王奉天誅紂亦猶是耳夫何疑焉

周車三百五十乘孟子言革車三百兩舉成數也此蓋實數陳于牧野孔注十三年正月牧野商郊○沛案周于正月始出師二月初四日至商郊孔注屬之正月悮帝辛從帝辛疑商辛之訛○孔注紂出朝三十里而迎戰也○詩曰殷商之旅其會如林率商紂君武王使師尚

父與伯夫戮師也孔注戮戰也。戮師者致其必戰之志也見周禮環人注師尚父太公也伯夫未知何人或曰即南宮伯達王既誓誓字舊本無盧據御覽補今從之陳補注謂誓在未戰之前兵刃既接何暇再誓不知致師時猶未戰也一面致師一面誓師有何不可以虎賁戎車馳商師孔注戎車三百五十乘則士卒三萬六千三百五十人有虎賁三千五百人也。潘案孟子謂虎賁三千人後儒據尚書序及周禮虎賁氏疑孟子三千蓋三百之誤此並未言虎賁之數其多寡未可知孔注數目差訛盧辨之甚晰詳見盧抱經堂本商師大崩。舊本崩作敗盧據御覽改大崩大敗如山之崩壞也商辛奔內自商郊奔入都城登于鹿臺之上鹿舊本作廩盧據史記御覽改作鹿鹿臺在朝歌城內屏遮而自燔于火孔注屏遮自障。史記云蒙衣其珠玉自燔于火而死蓋是時周師乘勝迫追紂度無可逃死遂衣寶玉自焚武王乃手太白以麾諸侯孔注太白旗名。麾指麾也諸侯從周伐紂之諸侯也諸侯畢拜遂揖之孔注揖呂也揖諸侯共追紂也商庶百姓咸俟于郊孔注待武王于郊外也群賓僉進曰上天降休陳補注此商諸侯新附者故曰群賓謂之賓者貴之也。群賓見商師大崩聞紂已自焚乃僉進致辭言天降休命于有周再拜稽首孔注諸侯賀武王也武王答拜答拜來賀者先入承上武王謂武王先入也適商王所。舊本無商字沛棠文義補按篇中日帝辛曰商辛曰殷末孫受未嘗單稱曰王其單稱王則謂武王也如曰王既誓曰王前曰夾王曰奏王曰王入曾指武王若稱紂當云商辛或商王如世俘稱商王紂之例今擬補商字義例自明。或曰正文適字乃商字之誤先入商王所作一句讀但改適為商不必增商字亦適乃左射之三發舊本作乃魁沛棠下文定正。沛棠魁字當為左字之訛魁克古字通篆文克作[illegible]左作𠂇作屮形相近寖藺積翔遂誤。古者戎車左執弓矢右主擊刺乃左者武王車左之士三發發三矢也史執戟為武王自射之則誤甚又棠魁爾雅訓勝廣韻訓

[illegible][illegible]云乃[illegible]射之乃[illegible]射之皆文不成義矣今據下文乃左乃右之創定正為左字無可疑者且以正史記之誤

乃右下車舊本作而後沛業下文定正○沛業正文而後當是乃右之訛而與乃古字每通用如論語而今而後言乃今而後也堯典試可乃已史記作試不可用而已曲禮卒哭乃諱雜記作卒哭而諱左傳而乘軒者三百人史記曾世家而作乃如此之類甚多蓋而乃古字相通也後字古作后篆文后與右形近易譌正文而後二字當作乃右無疑與下文正偏一例○謂武王三發而後下車如史記所云將謂武王在車上觀執弓矢乎果爾何須車左之士謂武王下車舍弓矢而執劍乎既執劍矣復舍劍而執鉞乎須臾間何數易其器也車右主擊刺之士顧束手于旁是何體制乎此事理之必不然者矣前人惜未體究至此多為文說所誤耳

而擊之以輕呂孔注輕呂劍名

斬之以黃鉞史記索隱孔安國云黃鉞以黃金飾鉞

折縣諸太白孔注折絕其首○擊之斬之折之縣之齊車右虎賁之士奉王命下車而加顯戮也故下車二字斷不屬武王此時武王不胥下車並左執弓矢者亦未嘗下車

乃適二

女之所既縊孔注二女妲己及嬖妾縊自經也○舊本乃字在所字下盧據御覽移正王左
射之三發舊本作王又沛據上下文定正○沛案王又當作王左謂王車左之士也篆文又作𠂇左
作屮說文𠂇古左字形似故左悞為又以下文乃右證之其悞無疑正文宜改正乃右擊之以
輕呂乃右武王車右之士也不言下車蒙上省文耳斬之以玄鉞孔注玄鉞黑斧○此執玄
鉞之士非前執黃鉞者也蓋又一人折縣諸小白孔注小白旗名也乃出出朝歌城場
于厥軍孔注場平治社以及宮徹宜去者宜居者此十一字舊本
脫今案孔注補○孔注場平治社以及宮徹宜去者宜
居者居遠也案史記周本紀武王已乃出復軍其明日
除道修社及商紂宮張惠言曰孔注社以及宮十一字
宜為正文沛案張說是觀注居遠也是釋正文居字也
注十一字當居
正文今據補
及期百夫荷素質之旗于王前期吉天之期也○孔注素質白旗前為王道也

一作以前于王

叔振奏拜假

孔注羣臣諸侯應拜假者則曾叔奏行也○盧本謝云史記叔振下有鐸字

又陳常車

孔注常車威儀車也

周公把大鉞召公把小鉞以夾王

孔注二公夾衛王也○陳補注案下文召公贊采不得又執鉞也當作畢公魯世家作召公亦誤

泰顛閎夭皆執輕呂以奏王

王氏雜志云念孫案奏王當依史記作衛王上文言二公夾衛王則泰顛閎夭亦是執劍以衛王不當言奏王也奏字蓋涉上文奏字而悮也孔注云執王輕呂當門奏太卒屯兵以衛也失之○師案王說是又案泰顛閎夭皆執輕呂是二人各執一劍皆名輕呂不當言執王輕呂也孔蓋悮以上文擊之以輕呂為武王所執之劍故此言執王輕呂不知上文擊以軽呂者乃武王車右之士非武王自執輕呂也且安知武王車右之士即泰顛閎夭乎又案孔注太卒屯兵以衛也是釋下句太卒言屯兵以衛故曰太卒

王入

入朝歌城

即位于社太卒之左

位與立通謂武王立於社南太卒之左也

羣臣畢從

毛叔鄭奏明水

奏明水疑當作奉明

水湯上奏王而俟毛叔鄭文王厲子明水取于月以為元酒

衛叔傅禮孔注昔臣畫敘王而康叔傳

召公奭贊采孔注贊佐采事也倅王也○沛案贊采疑謂贊幣也

師尚父牽牲牽祭牲也

尹逸筴曰尹逸即史佚逸佚通作筴以告天

殷末孫受周本紀作殷之末孫季紂孔注謂紂字受德非也德字當屬下句讀書曰具在受德皆是也

德迷先成湯之明成湯有明德受則逮棄之

侮滅神祇不祀孔注神祇天地也緣天地則宗廟以下廢可知矣○

史記滅作淺

昏暴商邑百姓昏昧暴虐塗炭商民

其章顯聞于昊天上

帝孔注言上天五帝皆知紂惡也○沛案筴辭尚未終史臣略載此數語不必全載也

武王再拜

稽首盧本梁云此有脫文史記作武王再拜稽首膺更大命革殷受天明命武王又再拜稽首乃出李善注王元長曲水詩序引周書亦有此數語唯膺更作膺受觀孔晁注正是釋武王之語則知周書本有之轉寫者因兩再稽首遂遺卻上文耳○沛案梁說確有可證因據以史記十七字補正文於下

膺更大命

革殷受天明命孔注云受天大命以改殷之明命當是此二句注舊本注作殷天明命天字誤當作之今改正

武王又再拜稽首乃出出還軍所也

立王子武庚命管叔相孔注為三監監殷人。武庚紂子祿父也舊稱王子管叔鮮武王母弟據孟子是周公之兄

乃命召公釋箕子之囚箕子紂諸父以佯狂受辱而因武王始釋之

命畢公衛叔出百姓之囚孔注紂所拘囚者也

乃命南宮忽振鹿臺之財孔注忽即适振散之以施惠也。沛案忽史記作括孔注謂忽即适則悞适即論語伯适忽即仲忽又案王雜志云此本作振鹿臺之錢今本錢作財乃後人以晚出古文尚書改之御覽資產部錢類引作發鹿臺之錢史記作散鹿臺之錢而今本史記亦改錢為財矣斠見史記

散巨橋之粟陳補注散字舊缺今據御覽資產部增注據史記增孔注振散之以施惠也據注當增散字巨橋紂倉名也見淮南主術訓注

命南宮伯達史佚遷九鼎三巫孔注鼎王者所

俾寶三巫地名。潘案注謂三巫地名無可考陳補注說太鑿乃命閎夭封比干之墓孔注蓋其塚也乃命宗祝崇賓饗孔注宗祀主祀。蓋以賓禮禮商諸侯及來會諸侯也禱之於軍孔注祭前所禱之神告成事也乃班。孔注還鄗京也班謂班師

世俘解第四十

沛棠此篇中蓋有後人所增益以後大其事者然原本疑亦史佚所記也當日軍中奏告之文皆出其手是必親見其事者故紀甲乙日數獨詳史佚即尹佚蓋氏尹名佚而官太史也○篇中自武王降自車至燎于周廟九十九字當在執矢惡臣百人下錯簡于後移正為是辨見燎于周廟句下○自二月及閏二月至三月初旬兩月中武王皆居商郊行館告天革命告廟獻俘及命將征討諸大事皆在此兩月中又若克殷篇所載立殷後遷九鼎及諸善政亦此兩月中事也及將歸先狩于殷郊復命將征四方然後班師而西至四月廿二日乃至鎬京復舉告天告廟諸大事是篇所記文止于此後二段是附記非正文可刪也○陳補注世當作世與揲同揲俘猶襄二十五年傳所謂數俘也說見王氏廣雅疏證○沛棠此篇甲乙日數陳穆堂據漢志考定詳見補注原本

維四月乙未日陳補注：四月武王即位十三年之四月乙未初七日以下文四月既旁生魄六日庚戌推之庚戌為四月二十二日則逆數至四月初七日為乙未也。又云自維四月至命有國十七字疑是周書序脫簡沛業是總序之辭下文復從一月詳序之武王成辟四方辟君也猶言君天下通殷命有國孔注言成者執殷俘通之以為國也此克紂還歸而作。蓋謂通殷之諸侯于周受命而各有其國

惟一月壬辰旁死魄孔注旁廣大月大時也。陳補注玩月大時三字則為死魄生明時無疑蓋謂月漸大時若本文是生魄月由是漸小當云月小時據此則孔注此書時正文是旁死魄。又云一月正月旁近也月二日近死魄此月辛卯朔朔是死魄故曰二日近死魄。翌日次日也月初三若翌日癸巳舊本作生魄陳補注定正今從之。王乃步自于周自鎬京興師征伐商王紂正月三日始東行伐紂至二十八日師渡孟津越若來二月既死魄

陳補注越若語辭未至也既死魄二月朔也是日為庚申前月二十九日己未晦冬至明日庚申為二月朔月朔則蘇故魄死而生明

越五日甲子陳補注由庚申辛酉壬戌癸亥至甲子也朝至接于商陳補注接交也如兵刃既接之接接仗于商郊牧野之地即漢志所云甲子昧爽而合是也則咸劉商王紂孔注劉克也○陳補注咸劉滅絕之名執矢惡臣百人矢舊本作夫又武作天盧業後文有矢惡臣定為矢字○陳補注謂仍當作夫夫字夫彼也誦業孔注夫惡臣崇侯之黨注夫字亦當作矢若是夫字則孔注云惡臣崇侯之黨夫字可省也今從盧本○業矢字古文作矢跡上一重則是夫字形近易誤爾雅釋言矢誓也詩曰永矢弗諼矢惡者為惡不悛如誓言不二者然執有罔其黨惡而執拘之也

太公望命禦方來孔注太公受命追禦紂黨方來○陳補注方來疑即惡來方是國名東夷傳有方夷來其名也以其助紂為虐故又謂之惡來惡來以力事紂是為紂黨之魁故特命太公禦之

丁

卯望至告以馘俘陳補注丁卯二月八日載斗日馘

戊辰王遂禦循追祀文王追字舊本誤目又一本誤作自盧本改正○孔注禦循追祀以尅紂告祖考壇惟而祭○陳補注戊辰二月九日也据史記武王載木主而征故惟祭文王時日王立政孔注是日立王政布天下

呂他命伐越戲方孔注呂他將也越戲方紂三邑也壬申荒新至告以馘俘陳補注張惠言云荒新二字疑羨文壬申二月十三日上文方來是紂黨惡之人故曰禦此越戲方與下文靡陳衛皆紂黨惡之國故曰伐侯來命伐靡集于陳孔注侯來亦將也靡陳紂二邑也○陳補注集于陳駐師于陳也辛巳至告以馘俘陳補注辛巳二月二十二日

甲申百弇以虎賁誓命伐衛告以馘俘孔注百弇亦將○陳補注

甲申二月二十五日衛即孟封康叔之地以虎賁者衛猳于諸邑也

庚子陳本命伐磨百韋命伐宣方新荒命伐蜀孔注庚子閏二月十一日。陳補注庚子上距甲申十六日而甲申為前月二十五日則大餘三十日為己丑晦大寒中明日庚寅為閏二月朔順數至庚子為十一日陳本百韋新荒俱周臣磨宣方蜀俱紂黨惡之國

乙巳陳本命新荒蜀磨至陳補注陳本魁磨以磨俘至新荒魁蜀以蜀俘至也○沛案命字疑衍新荒下疑當有以字

告禽霍侯艾侯陳補注霍艾俱紂黨惡之國○禽同擒俘佚侯小臣四十有六國名紀謂佚是國名未知是否前編作俘佚小臣禽禦八百有三兩盧本作有三百兩蓋誤今從陳本○孔注禦大臣也○張惠言曰大臣不當以兩計禦蓋謂車告以馘俘此五十四字與下文百韋至二十六字舊本俱在生開三終王定下陳補注謂是錯簡當繫接甲申一條下在薦俘殷王鼎之上非惟文氣順下而支干推算亦無疑義今從之

百韋至告以禽宣方擒其君

禽禦三十兩　告以馘俘　百韋命伐厲　告以馘俘盂復命百韋伐厲也陳補注漢地理志南陽郡隨故國厲鄉故厲國也師古曰厲讀曰賴

辛亥薦俘殷王鼎孔注殷國之鼎○陳補注辛亥閏二月二十二日　武王乃翼矢珪矢憲翼敬也矢陳也　告天宗上帝陳補注告祭也珪所執以祀天旅上帝者憲法也天宗六宗也六宗屬于天故曰天宗　王不革服革改也　格于廟陳補注廟即大傳之牧室蓋行館也以具奉行主故亦曰廟　秉語治庶國陳補注秉持也鄭重而出之曰秉語庶國衆國也　籥人九終陳補注籥人舞佾也終成也　王烈祖自太王太伯虞公王季文王邑考以列升孔注虞公虞仲邑者文王子也○陳補注案太伯虞公邑考俱當在附祭之列孔注謂皆升王于帝謨張惠言曰追王太王王季文王以太伯虞公邑考配也　維告殷罪以殷罪告祖考也　籥人造　王秉黃鉞正國伯孔注於籥人進則王

進正伯之位也。陳補注造作也正治也國伯謂九州之牧壬子王服衮衣矢琰格
廟陳補注壬子閏二月二十三日衮衣十二章張惠言曰矢琰圭取其和難籥人造王秉
黃鉞正邦君孔注正諸侯之位也。陳補注邦君小大庶邦也。癸丑薦殷俘王
士百人孔注王士紂之士所俘因俘者。陳補注癸丑閏二月二十四日籥人造王
矢琰秉黃鉞執戈陳補注設儀衛也王奏庸大享一終孔注大享
獻膏奏庸磬鐘。張惠言曰庸功也錄功以告也大享一終用大享之樂也王拜手稽首陳補
注拜手頭至手稽首頭至地見周禮大祝注王定陳補注定安也奏庸大享三終
淨業奏庸當從孔注磬鐘為是三終樂三成也甲寅謁戎殷于牧野孔注謁告也。陳補
注甲寅閏二月二十五日王佩赤白旗陳補注佩赤白旗以麾令也籥人奏武孔注
武以干羽為萬舞也。陳補注武大武樂此時所奏祇大武一成之樂王入進萬獻明

明三終。孔注：明明，詩篇名。○進萬，進萬舞也。乙卯，籥人奏崇禹生開三終，孔注：崇禹生開，皆篇名。告非一，故連日有事也。○陳補注：乙卯，閏二月二十六日。王定。

武王狩，禽虎二十有二，猫二，麋五千二百三十五，犀十有二，氂七百二十有一，熊百五十有一，羆百一十有八，豕三百五十有二，貉十有八，麈十有六，麝五十，麇三十，鹿三千五百有八。孔注：武王克紂，遂總其國所獲禽獸。○陳補注：此俱二月事也。孟子曰：園囿汙池沛澤多而禽獸至。武王蓋因其貴而狩之。

武王遂征四方，凡憝國九十有九國，孔注：憝，惡也。馘磿億有十萬七千七百七十有九，盧本：磿舊作磨，訛。億下不當更言十萬，十字非衍即誐俘人三億萬有二百三十孔注武王以不殺為仁無燎馘億也俘馘之多此大言之也。陳補注馘磿當作馘庶馘庶殷衆也俘人謂在官者案上文七言告以馘俘此時籍具總數蓋合觀商七十萬衆如林之旅又加以九十九國逆命之邦故俘馘之多至如此也凡服國六百五十有二陳補注總計周家臣屬之數凡千七百七十三國此六百五十二國蓋三分有二之外未被文王之化者故武王征而服之

時四月既旁生魄越六日庚戌陳補注前乙卯奏崇禹生開為閏二月二十六日順數至己未為三月朔又順數至乙丑為四月朔又順數至甲辰為十六日望乙巳旁之又從乙巳順數至六日為庚戌是為四月二十二日武王朝至燎于周孔注先廟後天者言功業已成故也。陳補注燎于周即柴望也孔注先廟後天本武成傳然燎于周廟在後以世俘本文證之蓋先郊後廟

維予沖子綏文陳補注末六字又見後此處疑衍

武王降自車　乃俾史佚繇書于天號　孔注使史佚用書重爲俘于天也。陳補注史佚尹佚也繇書致也尚書帝命驗天有五號又曰帝者天號也周禮太祝六號一曰神號即天號鄭注神號若云皇天上帝

武王乃廢于紂夫惡臣人　沛案人字上疑脱百字此百人即咸劉商紂時所執之人也陳補注刪正文人字非又以廢于紂為句謂廢猶後世廢昌邑王之廢謬甚夫紂既誅矣更何須廢

百夫伐右厥甲小子鼎　舊本作百人沛案當作百夫即克殷篇與師尚父致師之伯夫伯百適或曰伯夫即南宮伯達未知是否右厥二字疑倒以下文伐厥例之當作伐厥右甲甲蓋甲士也鼎字疑訛案鼎古文作鼎與鼎字相似鼎籀文員字也說文員物數也徐鉉曰古以貝為貨故數之又玉篇員官數正文鼎字當是鼎字之譌蓋指官數言也故孔注云廢其惡人伐其小子乃鼎之衆也注鼎字亦當作鼎言官數之衆

大師伐厥四十夫家君鼎　以上文例之此亦當作鼎。大師尚父也大夫家大夫之家也君鼎蓋謂主君及衆官員也。舊本大師二字屬上句沛案當屬此句

下文師司徒司馬者即大師師之也陳補注自乃廢于紂以下至此句讀並誤其解釋亦甚支離

師司徒司馬初厥于郊號

孔注言初克紂於商郊號令所伐也○陳補注謂初以天子禮祭天于南郊悮甚

武王乃夾于南門用俘皆施佩衣衣先馘入

孔注言陳列俘馘于宗廟南門夾道以示衆也取乃衣之施之以恥也○陳補注所全說與孔注異蓋非

武王在祀太師負商王紂縣首白旂妻二首赤旂乃以先馘入燎于周廟

孔注王在祀主使樂師以紂首及妻首所馘入廟燎也○盧本引謝云白旂赤旂與前大白小白亦辭異而意同以紂縣首太師為之不類且從上文讀下則亦當在甲子下○陳補注案謂意亦從孔注解太師為樂師故云不類至云此條當在甲子下則更不然案甲子克紂在殷郊牧野之地此有行館焉得有周廟衛斷以為當在此且與上朝至燎于周下馘于國周廟等文聯絡一氣○沛案禮記大傳設奠于牧室牧室即可謂之周廟且上文云王不革服格于廟則明指牧室為廟下文云馘于國周廟

將以國字別之則鎬京之廟也此言燎于周廟其爲牧室之地可知矣。沛又案自武王降自車以下至燎于周廟九十九字當在篇首執矢惡臣百人下蓋自甲子咸劉商王紂後兩三日内武王既降自車居商郊行館乃命史佚作書告天乃命誅紂惡臣百人乃命伯夫伐厥甲士小臣之拒師者乃命太師伐厥四十夫家世臣官屬乃命于廟獻俘馘乃命太師負紂及妻之首獻于廟此皆二月初六初七初八兩三日事非四月二十二日已歸鎬京事也故沛謂降自車以下九十九字當是錯簡不應繫于四月庚戌燎于周維予沖子綏文之下謝金圃先生說甚有理况下文一若翌日辛亥即四月庚戌之次日也宜緊接四月庚戌一條下且庚戌燎于周辛亥祀于天位兩日皆舉大事無緣此兩日内又有上條許多祀事也其爲錯簡何疑又案漢書律曆志引周書武成篇惟四月既生霸越六日庚戌武王燎于周廟翌日辛亥祀于天位兩條文正相承知古書篇次原是如此。又案縣首白旂之事戰國策史記墨子荀子等書皆載之蓋實録也但縣首示衆獻于牧室已足正其罪矣必無傳首鎬京之舉

故此條決其非四月事

若翼日辛亥祀于位用籥于天位孔注此詳說庚戌明日郊天祭俘所用籥人事也○陳補注辛亥四月二十三日○素陳補注謂孔注郊天之說而以宗祀文王于明堂以配上帝當之說誤其越五日乙卯武王乃以庶祀馘于國周廟陳補注乙卯四月二十七日乃以庶祀馘于國周廟謂以越戲方等諸國馘俘薦之周廟也翼予沖子此祀史之辭記者略舉一言耳如上文維予沖子綏文之例按此四字疑當在下文朕聞文考句下錯出于此斷牛六斷羊二孔注以諸侯祭其有斷無者庶國乃竟告于周廟曰陳補注謂以馘俘次第告畢也即孔注諸侯竟數牲告周廟意但孔注竟作競字解古朕聞文考脩商人典慮本疑當作告朕文考脩商人典○蓋以脩循相似而誤○陳補注古昔也言昔朕聞文考之訓故脩商家代夏殺民之典以斬紂身○告于天于稷以誅紂事告于天神稷神也用小牲羊犬豕于百神水土于誓社陳補注用小牲降于天稷也百神水土

猶所過名山大川張惠言曰社所以誓衆故曰誓社

曰惟予沖子綏文考　至于沖子　用牛于天于稷五百有四沛案以上二十二字後人以所見異辭而附記之且紀其數用小牲羊豕于百神水土社二千七百有一沛案以上十七字亦附記之。孔注所用甚多以皆益之

商王紂于商郊孔注史說始伐紂時。沛案自此至末皆後人附益之不足深信謝謂應在篇首甲子條下非是時甲子夕商王紂取天智玉琰五環身厚以自焚孔注天智玉之上美者也縫環其身以自厚也凡厥有庶告焚玉四千孔注衆人告武王焚玉四千也五日武王乃俾于千人求之四千庶玉則銷　天智玉五在火中不銷孔注紂自不盡玉亦不銷

凡天智玉　武王則寶與同〇孔注言王者所寶不銷也陳補注言同于庶玉不為珍奇也

凡武王俘商得舊玉萬四千佩玉億有八萬本舊作俘商舊玉億有八萬今據王氏念孫讀書雜志增〇王云億有八萬乃佩玉之數非舊寶玉之數今本舊上脫得字舊下脫寶玉萬四千佩六字八萬又誤作百萬鈔本北堂書鈔衣冠部二引此正作武王俘商得舊寶玉萬四千佩玉億有八萬藝文類聚寶部上太平御覽珍寶部三並同

作雒解第四十八

沛案此篇紀克殷後二年武王崩成王元年奠武王于畢二年周公平武庚之亂東征三年亂平將致政乃作東都于洛邑以承武王之志此周家一代大制作也史氏紀其規模自城郭郊甸以及卯兆廟社宫室之制一一詳載之皆實錄也文筆簡古而周密非周初良史不能爲題亦出於史逸之手

武王克殷　乃立王子祿父　俾守商祀祿父紂子武庚也立者立爲諸侯以奉其先祀　建管叔于東東地名孔注東爲衛蓋東即衛地也陳補注云不曰衛而曰東者是時方命百弇伐衛尚不能合全衛而有之但得衛之東偏即以管叔據其地而監殷此東之所由名也。沛案殷都之東部是衛之西偏陳說未確　建蔡叔霍叔于殷　俾監殷臣世紀云自殷都以東爲衛管叔監之殷都以西爲鄘蔡叔監之殷都以北爲邶霍叔監之是爲三監。沛案鄘邶即

殷都南北邑故統謂之殷蓋當日以殷都朝歌京師之地封武庚而東南北三方建立三叔以監之所以防武庚之變也

武王既歸歸鎬京乃歲十二月崩鎬孔注乃謂乃後之歲也○

乃歲克殷後之五歲也○沛棠陳據竹書紀年言之史記周本紀注皇甫謐曰武王定位元年歲在乙酉六年庚寅崩當亦本之紀年然紀年頗多舛誤不足據也武王十三年春伐紂紀年乃載于十二年遷九鼎即克紂年之事紀年乃載于十五年王有疾周文■公禱于壇墠據尚書金縢則克商二年也紀年以十二年克商則十四年乃克商三年矣興金縢不合因左傳有克殷而年豈遂于十三年秋書大有年因洪範王訪于箕子及史記載武王克殷後問箕子殷所以亡遂于十六年春書箕子來朝又因史記成王時東伐淮夷殘奄遷其君薄姑遂于十六年秋書王師滅蒲姑顯係依北附會不足據也又于十七年冬十有二月書王陟年五十四史不足據禮記文王世子載夢帝錫齡之說云武王九十■三乃終固屬誕謬無稽若度邑篇則真古書也其日發之未生至于今六十年蓋武王伐紂時已六十餘歲矣故中齋篇曰武王末受命紀年乃云王陟年五十四

外誤如此豈可據哉史記周本紀載武王病周公祓齋自為質欲代武王武王有瘳後而崩此篇卽繫于克殷後二年蓋瘳後又數月而崩也是既克商二年事與金縢合周本紀注徐廣曰封禪書曰武王克殷二年天下未寧而崩此實錄也與此篇云武王既歸乃歲十二月崩鎬正相合安可據竹書紀年之外誤而謂武王居天子位六年乎且武王欲營洛邑為東都伐紂後已相度其地矣倘果在位五六年而後崩則營洛之事成王必于兩三年內及身為之而觀厥成矣何待成王時使召公復營洛邑周公復卜中視哉計此五六年內政教所施德化所及天下當已太平治定制禮功成作樂五六年中已優為之何待周公輔成王之日卽徐奄熊盈十七國果其被化已久宜無反側矣雖是國家甫定尚未平寧武王崩逝成王沖幼周召輔政主少國疑人心易于煽惑是以武庚畔周三叔及殷東從之徐奄及熊盈諸國助之二年周又作師旅也觀本紀所載凡封禪書所言及此篇與度邑篇參考之知武王居天子位二年而崩無疑也竹書紀年誤矣

肂于岐周 注九

肂攢塗○盧本惠云士喪禮掘肂見衽自天子至于士殯皆曰肂

周公立相天子 注九

攸父北奔北狄補注謂奔為敗非也前已[illegible]

主謂為宰攝政也三叔及殷東徐奄及熊盈以略略疑當作畔陳補注謂疑作畔者非而以敍略胡略解之其辭紆沛謂不如作畔字合孟子史記諸書。武庚封于殷管叔建于東蔡叔霍叔亦建于殷徐奄國名熊盈二姓國徐即徐戎奄奄紂之黨熊盈族大周公召公內弭父兄外撫諸侯弭安也父兄宗族也撫亦安也鎮撫諸侯所以安之元年夏六月葬武王于畢禮天子七月而葬畢地名即畢原在長安西北二年又作師旅用兵以定武庚之亂臨衛政殷盧本政繹史作攻惠云政與正古字通案當讀為征。陳補注衛即東地為管叔所據故臨衛政殷一時並舉使首尾不能相顧殷大震潰震驚潰亂也。孔注下叛其上曰潰降辟三叔辟法也正以法也三叔當作二叔與左傳合管叔經而卒蓋已自經也陳補注引周禮甸師之法似未合乃因蔡叔于郭凌孔注郭凌地名因拘也。王伯申曰蔡叔二字乃後人依東晉古文尚書加之三叔本作二叔因蔡叔本作因霍叔說見經義述文三監

下

凡所征熊盈族十有七國俘維九邑孔注俘囚為奴十七國之九邑罪重故囚之俘殷獻民遷于九畢孔注獻民士大夫也九畢成周之地近王化也○陳補注九畢即畢原在今陝西西安府長安咸寧二縣西南孔謂是成周之地誤矣○王雜志玉海引此作九里據孔注以為成周之地近王化則作九里者是也蓋里畢字相似又涉上文葬武王于畢而悞

俾康叔宇于殷　中旄父宇于東孔注康叔代霍叔中旄代管叔

周公敬念于後曰　予畏同室克追當作周室不延俾中天下

盧本謝云同室克追當是周室克造之訛注追畏尊王之語不明○王雜志念孫案初學記居處部引此本作于畏周室不延延誤為追後人因改為克追耳謝以同為周之悞是也而改克追為克造則與畏字義不相屬○沛案延是國祚長久之意正與敬念于後意相應王說是也俾中天下洛邑居天下之中公承武王志將營洛邑為後世子孫久大之基所謂敬念于後者此也陳補注乃謂前編同作周追作延俱悞又云當讀于畏同

室為句克追二字又句沛累克追二字不成句且義不明同室謂指管蔡其說並非。又案孔注成王二年秋迎周公三年春歸也與本節意不相屬不知何以繫于此

及將致政前此輔政今將致政也乃

作大邑成周于土中孔注王城也于天下土為中。盧本沈云自郛以內統稱成周不專指王城

城方千七百二十丈郛方七十里盧云水經注雒水城方七百二十丈脫千字沈改七為六不知何據郛方七十里宋本作七十二里。王雜志念孫案藝文類聚居處部七十三初學記居處部太平御覽居處部二十玉海百七十三引此城上皆有立字蓋古本也七百皆作六百與水經注異未知孰是沈改七為六蓋本非此郛方七十里類聚初學記御覽玉海皆作七十二里與宋本同當據以訂寬正。沛案城方蓋舉周圍之數言之今以三百步為里步五尺計則千七百二十丈當周圍十一里半郛四面若去城七里半則郛當七十一里半宋本作七十二里當不誤也陳補注郛郭也外城曰郭宋本作七十二里則郭大于城八倍似不足據惟前編作十七里差可信沛案若周圍十七里則郛去城不及一里古人

丞無此狹小規模陳說誤矣宋本不誤也故盧云前爲作十七里誤。若從類聚御覽等書作城方千六百二十丈則周圍十一里少三十步郭去城七里半有奇南繫于洛水南連洛水北因于郟山北倚郟山郟山在洛邑之北境孔注繫因皆連接也以爲天下之大湊孔注湊會也制郟向方六百里百里爲郟王畿之地統謂之向國西土爲方千里孔注西土岐周通爲圻內。盧云水經注國作因。王雜志念孫案水經注是也上注云因連接也謂連宗周爲方千里也漢書地里志曰雒邑與宗周通封畿爲千里是其證太平御覽州郡部三引此亦作因分以百縣縣有四郡陳補注據此則郟縣之名蓋自周初有之古者縣大于郡故左哀二年傳云上大夫受縣下大夫受郡此云分以百縣縣有四郡亦縣大于郡之證分以百縣蓋指畿內封圖言之郡有四鄙四鄙以郡鎮之大縣城方王城三之一盧云四鄙四字舊作空圍今依淮南子注增小縣立城方王城九之一孔注三分九分居其一。盧云立字疑衍前編大縣下亦作立城。王雜志念孫案玉海十五引此大縣小縣下皆作立城正與通鑑前編同且上文城方千七百二十丈城上原有立字與此文同一例則是今本大縣下脫立字非小縣下衍立字都鄙不過百室以便野事孔注耕桑之事。惠氏九經古義曰都鄙謂采地井田六鄉則一族六遂則一鄙皆百室也周禮百室之制都鄙與鄉遂同也農居鄙得以庶士士居國家得以諸公大夫孔注居治也。治鄙以農治國家以大夫。盧云農之秀者可為士士有功敘可為大夫趙云以用也凡工賈胥市臣僕州里俾無交為孔注工商百胥人臣僕各異州里而居不相雜交也。陳補注工百工居貨曰賈胥即胥徒之胥市即司市之官孔謂臣僕臣妾也州里見周官司常州是鄉之官里與都鄙是遂之官孔謂各異州里而居誤矣俾無交為則君子小人兩無出位之懼矣節錄乃設丘兆于南郊以祀上帝配以后稷孔注設築壇城內郊南郊也戴清曰內字疑誤沛案內當作外南郊祀帝郊特牲篇云兆

于南郊禘地而祭是也以后稷配
孝經曰郊祀后稷以配天是也
日月星辰先王皆與
食
盧云日月星辰御覽作農星○孔注先王后稷謂郊
時○盧本趙云孔注非后稷已配上帝此先王當自
太王而下文弨案此先王當如月令之五帝○王雜志
念孫案日月星辰四字本作農星二字漢書郊祀志高
祖制詔御史其令天下立靈星祠張宴曰龍星左角為
天田則農祥也晨見而祭之靈星蓋即周書所謂農星
也後人不解此文農星而改為日月星辰謬矣藝文類聚禮
部上兩引此文並作農星先王皆與食太平御覽禮儀
部六及十一玉海九十九所引並與類聚同○沛案陳
稱注引大宗伯以實柴祀日月星辰小宗伯兆五帝于
四郊四類亦如之鄭注四類日月星辰以證本文又謂
孔以后稷注先王不誤特所謂后稷者蓋如國語秋先
王世后稷之義不指棄言所謂先當是也趙氏盧氏之
說均不合○沛又案陳以周先王世為稷官證孔注之
不誤其說良是但引宗伯實柴之祀以證日月星辰句
則未合四郊與四類本是兩事玩孔注謂郊時蓋以與
食之禮即在南郊祀帝時也此時不應有實柴祀日月
星辰事其為後人妄改可知王雜志引類聚御覽玉海

疆為農星先王皆與食罐切無疑蓋農星農官為類故祀天亂后稷時皆得與食也○何氏詩經世本古義無衣萬秦氏五禮通考並引作日月農星神棗日月二字是衍文封人社壝封人掌社壝之官社以祭土神壝謂壇壝凡封國則設之諸侯受命于周盧云舊本脫封人社壝及侯字又國脫訛作周今依公羊文十三年疏增改○孔注受封也乃建大社于國中祭法王為羣姓立社曰大社禮運祀社于國其壝東青土南赤土西白土北驪土中央疊以黃土天子大社之制如此將建諸侯鑿取其方一面之土燾以黃土苴以白茅以為土封[illegible]故曰受列土於周室孔注其方建東方諸侯以青土也燾覆茅苴裹土封之為社也○盧云疊一作釁見公羊疏燾舊作苞訛注以覆釋燾而舊本亦脫燾字以上也字作而云而覆茅苴裹土不成語矣故今定為燾、字則正文與注正相應也正本以為土封本一作以土封之又一作以為社之封又故曰受列土舊作故曰受則大惠以大爲衎文而引周禮大宗伯五命賜則爲受則之誤非也故曰二字當承上大社爲說御覽作故曰列土稍蕭其文耳其云列土則是也◦沖案虛以惠說爲非者蓋上文特建諸侯統五等之爵言之而五命賜則專指出爲子男者也王之下大夫四命出封加一等徵五命其曰賜則者鄭司農云則濾也出爲子男康成則謂地未成國之名以二鄭皆以子男言之況云賜則未嘗言賜則土故盧以惠說爲非而陳補注乃仍從惠說又引他書證則字均未合◦王雜志念孫案以爲土封本一作以土封之是也以土封之謂各以一方之土封之啟下句云受列土于周室也若云以爲土封則文義不明北堂書鈔禮儀部八藝文類聚禮部中初學記禮部上太平御覽地部二禮儀部十一玉海九十九並引作以土封之◦沛案王說是也

乃位五宮

大廟　宗宮　考宮　路寢　明堂

孔注五宮宮府寺也大廟后稷廟二宮祖考廟考廟也路寢王所居也明堂在國南者也◦盧云文昭案五宮疑當作五官注當是本作五官宮府寺也今皆誤官爲宮如以大廟等五者當五宮非也隋書牛弘傳引乃立大廟宗宮路寢明堂案古立位二字

本通用注后樸下廟字并考廟字舊皆脫今校增○陳補注衛業五宮作五官非是孔注云宮府寺也有譌悮不可據五宮即指下五項禮君子將營宮室宗廟為先故首立大廟云云○潘案陳說有理觀下文咸有四阿反坫云云惟清廟明堂路寢同制故曰咸有云云若官府則不得咸有也此可知五宮即下五項陳說是也

咸有四阿反坫重亢重郎常累復格藻

棁設移旅楹春常畫旅內階玄階堤

唐山廧應門庫臺玄閫 孔注咸皆也宮廟四下曰阿反坫外向室

也重亢累棟也重郎累屋也常累條也復格累之櫺也藻棁畫梁柱也承屋曰移旅列也春常謂藻井之飾言皆畫列柱為文也以黑石為階唐中庭道堤謂高為之也山廧謂廧畫山也壼門者皆有臺於庫門見之從可知也又以黑石為門限也○盧云正文移即籒也春常畫旅舊本作泰常畫無旅字今據宋人陸佃陶山集所引改正注亦多從之注宮字舊無據前編補惠半農云復格即複笮玄階前編作玄陛堤唐陶山集作提唐注同

注高為舊本誤倒又脫上山字次廧字今皆增改注從舊作後限舊作階今皆從前編改正○王雜志惠謂複格即複笮引之曰諸書無謂笮為格者格當為格音節字或作棨或作節謂柱上方木也今辨具詳見雜志本書○沛案陳補注徵典最詳四字多不及錄○又案注門者二字倒

逸周書分編句釋　卷五

明堂解第五十五

沖案此篇作于周公弭亂六年其後蓋舊錄也小戴明堂位一篇載此文于篇首小有異同彼篇自斆政于成王以下則後來魯人本此篇而鋪張揚厲以誇飾尊國者也非實錄矣明堂朝會諸侯位次當以此為定則若王會篇所載乃設壇壝于郊外之制故與此不合

大維商紂暴虐大維發語辭猶云丕維脯鬼侯以享諸侯鬼國名殺諸侯而脯之以為薦羞暴虐極矣事見呂氏行論篇鬼侯即九侯天下患之四海兆民欣戴文武欣戴猶愛戴是以周公相武王以伐紂夷定天下夷平也既克紂六年而武王崩六年疑當作二年以涉下弭亂六年而悞也辯見作雒篇成王嗣幼弱未能踐天子之位嗣繼也繼武王為天子也踐履也○姚姬傳師云是時成王之年未敢決知周公攝政君天下周公但居冢宰攝行政事

君理天下未嘗踐天子之位彌亂六年而天下大治亂指武庚及桂奄熊盈淮夷之
亂乃會方國諸侯于宗周大朝諸侯明堂之位宗周鎬京
也明堂之制盧本據御覽補在後天子之位負斧扆南面立陳補注天子成王也
禮明堂位鄭注謂是周公誤。沛棠王雜志亦據鄭注謂天子之位即指周公而疑。率公卿士當作羣公卿士
與補注不合鼐以謂補注是。扆狀如屏風以絳為質高八尺繡為斧文率公卿士侍于左
右陳補注是時成王負斧扆南面立具率公卿士者則周公也。沛棠本文無周公字則統率公卿士者仍
當居之天子補注未確三公之位中階之前北面東上中階者南面三階獻
稱中。陳補注此來朝之公當如虞公宋公之類指外諸侯之為公者猶周禮言諸公也此三公三字似不必
泥。沛棠三公蓋指三恪王者之後稱公諸侯之位阼階之東西面北上阼階
在東諸侯位次西面以北為上諸伯之位西階之西東面北上諸伯西東亦以

北為上明堂坐北向南侯伯之國君于兩階下東西對立皆以北為上順次而南也諸子之位門內之東北面東上明堂周垣四門東庫西皋南應北雉諸子位次則庫門內之東面北以東為上諸男之位門內之西北面東上皋門內之西亦以東為上九夷之國東門之外西面北上夷蠻戎狄各從其方之門九夷東方之國故位於東庫門外其西面北上與侯同位在東門之外耳八蠻之國南門之外北面東上八蠻南方之國位在南應門外北面東上與公同六戎之國西門之外東面南上六戎西方之國位在西皋門外與九夷遙對其東面與伯國同惟南上異耳五狄之國北門之外南面東上五狄北方之國位在北雉門外拱向明堂故面南而以東為上也四塞九[蕃]之國世告至者應門之外北面東上九字下空闕盧本据禮記明堂位作九采今据惜抱軒九經說補蕃字詳見下○九經說云逸周書九[門]之國世告至者應門之外北面東上

㊃塞世告至雖文少[illegible]具缺字不可知今禮記作九米
之圖應門之外北西東上四塞世告至雖文少易義不
殊爲疑缺字及禮記九米皆當作蕃周禮九州之外謂
之蕃國世一見所謂荒服者王也四塞即九蕃也蕃國
亦夷蠻戎狄也明堂之位以其地在職方之域者則位
於四門在域外者則位應門之外故稱曰九蕃非九數
也猶九天九地之九言其極遠不可以數計者皆在此
耳世告至者不可與期會聽其一世一至而已庶王之
四年歲在大火箕子來而見封唐叔爲所謂世昔至者
數故不純臣也康武乃以九米爲九州之牧爲有州牧
而覆之應門之外也乎是不可通也〇浄業鄭注正門
謂之應門又季巡云宮中南驚大門應門也據此則南
門即應門也八蠻之國南面之外北面東上面九蕃之
國世告至者當次于八蠻後另爲一排亦北面東上也
華畫爲闔北面東上者五排中階之前一排門内之東
一排門内之西一排南門之外一東排差後又一排也西
西北上兩排一在[illegible]阼階東一在[illegible]門外惟北門之外
南西東上者只一排耳六戎之國西門之外東西南上
竊疑南字誤亦當作北上與諸伯同一例不想人南々
也且篇中位次共計十排東上者六北上者四無西上

亦應無南上也宗周明堂之位也王雜志念孫案玉海引宗周上有此字是也今文脫此字則文不足意明堂位亦云此周公明堂之位也明堂明諸侯之尊卑也王雜志念孫案明堂下有者字而今本脫之文選東都賦注引有者字是也故周公建焉而朝諸侯於明堂之位建創立也制禮作樂頒度量而天下大服萬國各致其方賄成王時千七百七十三國言萬國者鋪張之辭七年致政于成王盧云致政或作致位非

明堂方百一十二尺高四尺階廣六尺三寸室居中方百尺室中方六十尺戶高八尺廣四尺東應門案應當作庫說見前南庫門庫當作應西皋門北雉門東方曰青陽南方曰明堂西方曰總章北方曰玄堂中央曰大廟左為左介右為

右介王雜志右文八十一令本脫去盧據太平御覽禮儀部十二及隋書宇文愷傳補入然御覽室中方六十尺下無戶高八尺廣四尺七字而隨書有之其所引與御覽亦互有詳略又藝文類聚禮部上初學記禮部上引室中方六十尺下亦無戶高八尺云云而有牖高三尺門方十六尺九字亦互有詳略

王會解第五十九

沛棻此篇非實錄也蓋據王會圖而序列之增飾之者也予少時即有此說記于此篇末後見朱子之謂山海經本依圖畫而為之王伯厚謂周書王會篇亦然予憶曩年依圖而作之之說只以意揣未嘗見朱子王伯厚之說也人之意見古今相同有如此竊以自喜此篇前賢未嘗摘其瑕疵而但見其華贍可愛遂信為東都朝會之盛事具見於此予細讀之甚不滿意本欲列之下篇〔編〕因此篇贍矣人口矜奇好異者尤喜觀之予則以謂無闕禮制無足重輕未免拂人所好況太平御覽多徵引此篇王伯厚又加以補注刻在玉海中後來評選逸周書者多愛此篇近人陳穆堂駿孚書百餘種以考證之尚嫌其未備至七易其稿乃成可謂有嗜博之癖者矣後有與陳同好者宜取其書詳閱之予亦集衆說參以已意為句釋欲其簡而不能但不至太為葉兄且取篇中訛誤字正之謬處處糾之錯簡處更之雖無所發明亦不無小補於讀此篇者

此篇圖非實錄，要是以識實多識，亦山海經圖說之類，故姑附于上編，不欲使人訝予之偏見也

附記于少時之說

沛棠此篇非作于成王之世，蓋後人追想盛事繪為王會之圖，其地則自壇上而堂下而阼階南而堂東而中臺而外臺，其人則自天子三公而下服飾各因其爵，其繪儀仗及諸侯貢物則各按方位，自玉帛皮幣以及殊方異域之珍禽怪獸草木蟲魚，一一曲盡其狀而肖其色，雖不免附會修陳，亦盡家之體製，自應爾爾，然有圖不可無記，以王會一篇所以據圖而作也。鏞張揭厲，遂與王會之圖並傳，爲今則圖已泯滅久矣，幸此篇未泯，正如山海圖失傳而山海經尚在，猶可髣髴想見古時之盛事也。若疑成周之王會未必如此，則癡矣。夫不思為此文者摹圖而作，第記圖中之所有耳，豈遂謂為成王時之實錄乎？予向亦疑其附會，今始釋然矣。

成周之會

孔注王城既成，大會諸侯及四夷也。沛棠

孔注已誤認為成王時東都大會諸侯之事

矣
墠上
墠當讀為壇與墠與壇通見字典。孔注除地
曰墠。沛案封土為壇與除地異壇上畫地為
堂亦盡地為階為庭其為封土無疑孔不知墠讀為壇
故誤。王補注覲禮諸侯覲於天子為宮三百步四門
壇十有二尋深四尺司儀將合諸侯為壇三成公於上
等侯伯於中等子男於下等節錄。沛案篇中言壇上及
內臺外臺則為壇三成可知四夷之國視子男則荒服
者立於外臺之東西南三方可知
張赤帟陰羽
孔注帟帳也陰鶴也以羽飾帳也。王補
注幕人朝覲會同共帟掌次合諸侯設重
帟帟以芘下而承塵節錄。王雜志陰羽與赤帟對文
謂淺黑色之羽也爾雅馬陰白雜毛駰孫炎曰陰淺黑
也是真證下文青陰羽亦謂青黑色之羽也孔亦誤以
鶴羽節錄。沛案孔云以羽飾帳亦誤陰羽另
是一物王伯厚本作張陰羽明是又一物也
天子南面
此圖中所繪者然
立
此下人物皆圖中所繪者。據下文有周公旦太公
望諸人則天子謂成王也其賓此篇不知作于何時
篇首不紀成王年月及洛邑告成大會諸侯于東都事
而概之曰成周之會所列旦望諸臣又無倫次始因圖

中所繪者任意擬舉耳上篇明堂位賛録也明堂既成
大朝諸侯於明堂之位成王時有此盛舉然亦不聞與
舉也此篇言王會何不于明堂之位而仍於郊外設壇
遺宮乎且位次與明堂迥異必非成王時事向者已悟
其據圖立說故無偏摘其瑕疵今既為句
釋則瑕疵處不得不詳辯之也下倣此

絻無繁露

絻見
通。孔注繁露絻之所垂也所尊敬則有焉。陳補注
謂覲諸侯以上臨下故不用旒。沛案天子受諸侯覲
毋用衮冕服十二
章其無旒未聞

朝服八十物

孔注八十物大小所服
。沛案凡指佩服之物
言然為數亦太多
矣他書無所見

搢珽

孔注搢臿也珽笏也。王本注
作珽似笏。陳補注珽大圭也
謂之珽者挺然直上示方正于天下無少屈也。惠氏
禮說曰大圭長三尺珽長六寸為椎首故曰杼上終葵
首。沛案珽非大圭也惠謂六寸為是天子衣帶間既
綴八十物矣又搢此三尺大圭無乃太重乎其亦不然
矣陳補注又謂天子見諸侯搢此六寸之珽褻矣抑愚
天子十二旒諸公九諸侯七其下遞降禮之以多為貴
者也盡冕服用旒亦所以壯觀瞻今日無旒此獨不嫌
于褻乎孔注恐亦曲為之說若搢珽則孔云似笏其非

大圭可知總之此篇所紀服飾采章及人名國名皆非成王時實錄不足憑信者也今姑隨文釋之耳

唐叔荀叔周公在左孔注唐荀國名皆成王弟故曰叔〇沛案唐叔虞封于堯舊都為唐侯此可考者也若荀叔則無可考詩曰郇伯勞之或即荀叔之後歟在左謂天子之左也此條所序殊失倫次周公為成王叔父當先周公次荀唐今倒置之殊不可解總之此篇據圖立說舛謬處不勝枚舉矣〇又案唐叔之封紀年在成王十年此書雖不足據然唐叔為成王小弱弟桐葉事有無不可知而其為後封則可信者也今反列於荀叔周公之上亦謬矣陳頑注謂紀年十當作七亦遷就而為之說

太公望在右在天子右周人尚右〇沛案上文不稱唐叔虞周公旦此獨稱太公望文不倫矣且左三人右一人亦寡矣不成體統

皆絻亦無繁露太公周公當用袞冕九章唐叔荀叔當用鷩冕七章禮也今云亦無繁露是何禮耶據孔注前云所尊敬則有之今天子垂衣裳南面而立公卿皆侍臣非當于所尊敬則有之乎何以亦無繁露也謂天子居上臨下故不用旒理似可通然未聞公卿侍立之臣亦居上而臨諸侯也此理之

大不適者也其必不然矣

朝服七十物天子及公卿冒冕服而襯積朝服于義何居且七十物是所保何物耶二公何以二叔同服耶殊乖禮制

與搢笏玉藻笏諸侯以象◦五經要義笏以記事防忽忘

旁天子而立於堂上孔注旁謂差在後也迎天子故其見亦無旒也◦沛案注云旁謂差在後是南面矣侍于左右者固東西面也孔注誤蓋圖中所繪公卿雁翅立故正文曰旁天子而孔誤解為差在後也又云迎天子故無旒亦由為之說◦又案堂上即壇上畫地為堂之所明堂位天子之位負斧扆南面立率公卿士侍于左右禮也天子有三公九卿及大夫元士縱不必皆侍左右然非侍者多人不足壯體統之尊嚴且堂上不及召公亦不及眾卿士寥寥四人侍天子於禮大不稱矣豈足信乎又案召公年最高成王時為太保至康王時猶存是當親見東都王會之盛者篇中何以亦不及之其非成王時之實錄可知矣

堂下之右堂階下畫地為庭

唐公虞公南面立焉孔注唐虞二公堯舜後也◦沛案唐公虞公之稱不見經傳據樂記武王克殷未及下車而封帝堯之後於祝帝舜之後於陳未聞稱虞

原者圖
面易背面
當盡背面
側面微向
立說者遂
面也

公虞公也且周有三恪陳胡公杞公宋公不聞有祝公
也曰南面立爲此則大謬矣外諸侯之覲天子北面東面
西面皆見明堂位惟五狄之國北門之外南面東上則
在明堂之北其南面亦內塾也若堂下之左右當云北
面而曰南面立大謬矣大抵爲此篇者或不知堯之後
封于祝舜之後封于陳故概之曰唐公虞公且不知堂
下南面是背君而
立故幷謬至此、
堂下之左殷公夏公立焉皆南
面孔注杞宋二公。沛案經傳無殷公夏公之稱且序
殷公于夏公之上亦倒置曰皆南面亦猶上之謬
也絻有繁露朝服五十物皆搢笏孔注无賁繁露
搢笏則唐實同
也。沛案王者之後稱公上公九命冕服九章今日
朝服五十物鷩不及唐叔荀叔何所亦不服並信矣阼
階之南此句之上舊本正文有爲諸侯之有疾病者八
字與上下文全不相涉蓋因下文而誤也盧本
引趙云下文有之此處疑衍沛謂是衍文無疑陳補
注謂趙說不可從意謂下文祝是由宰以祈禱去病
然周儀禮祝皆宗廟之官不聞以祝由當之況大會同
壇場之地豈用祝由科醫病之所其必無是事矣且記

序之文雖不足憑信者旨亦自有體裁何得祝淮氏榮
沛入此八字故直以為衍文而删之
孔注淮榮二祝之氏也。沛業二祝蓋即春官
氏次之大祝小祝也祝宗廟之官次于作隋南亦屬不
倫不知何彌宗旁之。孔注彌宗官名次珪瓚南姜在後
所取也。沛業此句之上王伯學本有珪
[illegible]瓚次之四字舊本所無盧本據以增入味不必增善
此四字與上下文不倫大會諸侯無用珪瓚事王或罔
孔注增入然孔注必有訛誤又王本旁之作之旁當云
當是誤倒是也。王補注祝主祭之贊詞宗宗人主神
之列位尊卑能知山川敬於禮儀明神之事者以為祝
能知四時犧牲壇場上下姓氏所出者以為宗古以宗
伯為上宗彌宗蓋宗人云。沛業宗
皆西面
舊本皆西
面三字在
人亦非朝會司儀之官不知何所取
彌宗旁之上沛業當在下蓋祝與彌宗同是西面皆故
云皆同東西面不然何用皆字即謂當有珪瓚次之四字
珪瓚是物亦不得云西面惟祝與宗
相者太史魚大行
同是西面故云然今業文義乙正之
人
舊本相者上有為諸侯有疾病者醫藥之所居十二
字為正文沛業此十二字與上下文義不相屬當在

下文堂後東北為赤帝為下錯簡在此○今移於下文太史下
于此處則删之使文體相稱文義相通○孔注魚太史
名及大行人皆贊相賓客禮儀也○陳補注天子受諸
侯朝覲大宗伯為上擯小行人為承擯擯夫[illegible]未[illegible]此
云相者[illegible]太史魚大行人蓋以太史掌策命也諸侯之
事大行人掌侯國納貢之事此皆舉其全節而言之也
○沛業陳說是朝覲禮若大會諸侯人數眾多擯相之
儀或從簡易否則終日不能畢事矣又案正文太史書
名大行人何以不書
名此亦殊無義例

皆朝服

有繁露 有字上疑脫說字○陳補注卿
大夫之服自元冕而下如孤之服以其襄事于外不近
天子故有繁露下郭叔同○沛業有繁露為不近天子
有攷其說亦曲

堂下之東面西階下也

郭叔掌為天子菉幣焉綖

有繁露 菉錄通○孔注郭叔虢叔文王弟菉錄諸侯之
幣也○沛業虢叔文王弟成王之叔祖當已老耄
期矣周之卿大夫豈乏人乃使衰老之翁執簡牘而錄
貢物何耶若謂是虢叔之後人則不應稱郭叔始作者
隨意攔入不足信也○案此上皆
言堂上堂下當在第一成壇內

内臺西面者正北方沛業：正當作上。蓋篆文上字中畫作曲筆，與正字混，故訛。今當改作上字。○孔注：内臺，中臺也。○沛業：下文有中臺之外，故孔以内臺即中臺。其地當在第二成，壇于三壇為中，故曰中臺，亦曰内臺。其東邊立者西面上北，方正字是上字之訛無可疑者，如明堂位所謂西面北上是也。若正北方，則與堂上正對，何以言西面？下文上訛作正者三，前賢皆草草讀過，未經指出也，當改正。

應侯曹叔伯舅仲舅孔注：應侯，成王弟；曹叔，武王弟；皆國名。為諸侯二舅，成王之舅，姜兄弟也。○沛業：左傳邗晉應韓武之穆也，故孔謂成王弟。曹叔振鐸則成王叔父也，今序于應侯下，亦倒置矣。曲禮異姓謂之伯舅叔舅，仲舅即叔舅也。孔注謂二舅為成王舅姜兄弟，誤。

西方東面正北方正亦當作上。○西方内臺西邊立者也，亦以北方為上，蓋由内而外，西面東面者皆以内為上，其序應爾也。○西方東面句上，各舊本皆有比服次之、要服次之、荒服次之十二字，陳穆堂補注亦謂西方東面一條當與上條伯舅仲舅緊接為是，今移比服次之三句于下文，使文義通貫。

伯

父中子次之孔注伯父姬姓之國中子于王子中行者
也盧盧本引王云中子王之支子文弨案
舉伯父可以包叔父中子則仲叔季弟之論也。沛案
中子當作中父子字訛耳孔注及王伯厚說盧抱經說
皆可省又案周道親親先同姓以右為上伯父中子立
於西是在右伯舅中舅立於東是在左其序不悞然當
先序同姓後及異姓乃合上條序伯舅中舅又雜以同
姓之應侯曹叔則不倫矣竊疑應侯曹叔四字是妄人
所增
也
比服次之要服次之荒服次之盧本及各本
此句下有西
方東面正北方伯父中子次之十三字今案文義移於
上。孔注此要服於比服轉遠故殊其名非夷狄之四
荒也。沛案注似有訛脫字。王補注服言服王事也
比近也以職方九服約之比服其侯甸要服真男采衛
荒服其蠻夷鎮藩數。沛案此益舉六服言之覲下文
則自王畿千里而外侯甸男采衛要六服不出方三千
里之外此與大行人合若以夷鎮藩為荒服則不在方
三千里之內矣故孔注謂荒服非夷狄之四荒也又案
注轉遠疑當作轉近益周禮大行人要服在侯甸男采
衛下此以侯甸為比服即接以要服是轉近非轉遠也

存參

方千里之内為比服

方二千里之内為要服

方三千里之内為荒服

孔注此服名因於殷非周制也。沛案孔注不知何據惠氏禮說引作此服名因於夏夏之比服周之賓服也

是皆朝於内者

内蓋内臺東西北三方

堂後東北為赤帟焉

壇上畫地為堂之外尚有餘地此帟張于堂後東北隅

為諸侯有疾病者醫藥之所居

此句舊本在上文彌宗旁之下沛因彼處文義不倫以意移置於此庶相合焉益醫藥所在之處必設帷帳蔽之此可以意度者也。孔注使儲左右召則至也。王補注此見遇臣之厚處事之周

浴盆在其中

孔注雖不用而設之敬諸侯也。沛案壇壝宮内原非醫藥及澡浴之所此或因諸侯有先期伺候者故設之數浴盆疑即盟盤

其西

堂後之西隅也

天子車立馬乘六

車立馬乘四字疑有顛倒誤字或是天子車乘馬匹六陳補注謂是六青馬連下文青字為句誤

青陰羽鳧旌

孔注鶴鳧羽為旌旄也。青陰羽據王伯申先生謂

是青黑色之羽孔注誤說見上陰羽注皃似鴨而小長尾背上有文蓋堂後西北隅為天子維縶車馬處有皃摧建於此

中臺之外
孔注外謂臺之東西也
其右泰士 臺右彌士
孔注外臺右泰士右彌士言尊王泰彌相儀之士。盧云右泰士之右或疑左謝云文云中臺之外其右泰士則在臺之前下云臺右側旁臺而立者上右字不必疑是左字王云泰士蓋上士彌士蓋中士下士惠去泰士理官文詔案彌如彌螺之彌王說是也。案陳補注謂惠說盧說皆不合而謂是入衛之士非相儀之士但例以虎賁之備禦非常亦未合也

受贄者八人 東面者四人
孔注受賓幣士也四人東面則西面四人

陳幣當外臺
外臺當在第三成壝之所陳設也幣如下文馬璧云云
天乎駹宗馬
孔注陳東帛被馬於外臺天元黑駹宗尊也。王
十二
補注覲禮奉束帛匹馬卓上畫繢之事天謂之元

元與黑別黑者北方之正色六入為元有黑有赤赤者
陽之正黑者陰之正惟天體備陰陽之正色博雅黷黸
也左氏傳子服景伯曰周之王也制禮上物不過十二
以為天之大數也。陳補注黰當作鬒鬒髮通謂須毛
也明堂位所謂夏后氏駱馬黑鬣是也宗亦不訓尊當
與鬃字通或傳寫脫去上半耳蓋謂此所陳之馬其鬃
與鬃皆天元而其數則十二也。陳又謂陳幣當外臺
當為一節所謂庭實唯國所有也天元黰宗馬十二當
另為一節與下三項皆王朝所設以備觀瞻者沛案陳
幣即王朝自為陳設者非諸侯所陳之方物陳說誤
王參緣璧綦十二舊本作碧基注同盧從王本作璧綦陳補注仍從舊本雜引山海經諸書
証之詳見本書。孔注此下三璧皆玉元繅謂以黑組
組之基玉名有十二也。陳補注王古玉字元繅黑組
也所以來玉亦謂之繅藉聘禮之絢組尺也或曰玉飞
天宇之誤亦通基與堪通省作基堪讀如綦基玉之小
者參方參緣璧豹虎皮十二沛案參當作東草書參與東相混而訛孔三所之說誤。
孔注參方陳幣三所也璧皮東陳也四方參緣璧琁十二沛案四當作西亦以形近而訛蓋陳

幣當外臺玩當字義是在南方南方當外臺之中此則
言東西二方所陳也南方陳馬璧東方陳璧皮西方陳何
璧琮皆各十二若如孔說不改正文則三方四方在何
處所耶沛故謂孔三所四所之說不可通。孔注琮珪
也有鋒鍔陳之
四所方列之也

外臺之四隅張赤帟　為諸侯欲息者皆息焉命之

曰交閭孔注每角張帟息者隨所近也諸侯稱文也。沛案注諸侯稱文文義不可通文蓋友字之誤
也以形近而訛注殆謂諸侯稱友邦書曰凡我友邦
○陳補注謂交交也交閭所以聯上下之交也又引沈
氏赤然曰古文安字似文疑本是安字
為諸侯安息之閭耳二說似皆鑒存衆

周公旦主之舊本

無之字周公旦主四字屬下文東方句陳濟堂謂周公
旦主之當與上文閭聯為一節其說是也今從之但周
公既侍於堂上茲又云周公旦主之一人何以兼二役
耶且此係有司之事何必以周公董其事也大抵此篇
臚舉人名如唐叔荀叔虢叔應侯曹伯
之類皆作者按圖為之任意指名耳

東方所之青馬黑鬣謂之母兒孔注周公主東方則太公主西方東青馬則西白馬矣馬名未聞。沛案孔以周公旦主東方故云然然東方之馬周公主之是周公竟爲管馬之人矣如注說是太公亦爲管馬之人矣此事理所必無者今以周公旦主四字屬上文增之字以成句而以此二句與下二句爲一節以皆言東方也舉東方則西方可知並南北二方亦可知故篇中不具載孔注東青馬則西白馬之說不悞而陳穆堂謂其說更迂贊是陳之謬見也。東方青馬蓋守營牆之馬與上文所陳之馬無涉。陳補注東方青馬黑鬣謂之母兒當與下文正北方稷慎大麈正東高夷嗛羊一類不應在守營牆之前今以脫去國名又復連爲一事遂致訛錯沛案陳說謬甚下文其守營牆者其字指東方言之此文法之顯相承接者也

其守營牆者衣青操弓執矛營牆壇壝宮之牆也築土爲之四方有門。孔注戟也方各異。盧云案此東方也故衣青操弓執矛餘方則各異矣注以戟爲矛若依淮南子則春矛夏戟有別也舊作各異方訛王本作名異無方字亦非是。陳補注辯盧說悞詳見本書沛案陳說非是

其云矛戟為二物，猶是虛說也。又案山海經載海外經、大荒經，蓋皆依圖立說，而繳與以貫之者，如云鐘山有女子衣青，戴國其為人黃，能操弓射蛇，與此云衣青操弓執矛是一樣手筆，此則據圖立說之跡，顯然易見者也

西面者正北方 正當作上。東邊西面立者以北方為上

稷慎大麈 孔注稷慎肅慎也。貢麈似鹿，正北內臺北也。沛案晉時本上字已誤作正字，故孔注指為內臺北。豈知內臺北固非四夷陳貢之所。即以文義言之，西面者立東方，東夷之人也，與正北方三字不相承接也。惟西面者上北方，則禮有明文。正字為上字之訛無疑。孔蓋忽略看過。王補注大行人九州之外謂之蕃國，世一見，各以其所寶貴為贄，注周書王會備焉。陳補注案一統志盛京奉天府承德縣。秦以前肅慎氏地

穢人前兒 原注 前兒若彌猴，立行，聲似小兒 孔注穢韓穢，東夷別種○

沛案貢物下所釋，各本皆作正文，但所釋語多不經，且或有或無，疑有後人所增益者，故別之於正文之外，而

概目為原注即謂作者原是自謂自解目之為原注亦
無不可。王補注後漢東夷傳濊北與高句驪沃沮南
與辰韓接東窮大海西至樂浪浪音狼山海經注今扶
餘國即濊貊故地在長城北去元菟千里爾雅注鯢魚
似鮎四腳前似獼猴後似狗聲如小兒啼大者長八九
尺。陳補注案一統志扶餘今為科爾沁六旗地前兒
即山海經
之人魚
良夷在子 原注 在子幣身人首脂其腹炙之霍則鳴曰在
注良幣盧本作空闕云□王本作幣亦云疑又霍作
子。藿云豆葉。孔注良夷樂浪之夷也貢奇獸。沛
案奇獸當作奇魚故下文云亦奇魚也傳寫悞。王補
注山海經朝鮮在列陽東海北山南注今樂浪縣。陳
補注一統志樂浪今為朝鮮之平安道又含資城否列
城不耐城帶方城俱漢樂浪郡屬縣在子不知何物幣
疑作奐玉篇幣獸名通雅在子鹽身人首格致鏡元州
子鹽類案樂浪夷濱于東北海例以織人前兒揚州羯
則在子為水族似可信矣之霍者霍即劉廣雅裂也王
本改作藿又訓為豆葉文義不甚貫。沛宋王訓為豆

業者謂以豆葉炙之也文義非不貫炙當作針炙〔灸〕之炙〔灸〕
傳寫譌作炙字原注葢謂以脂置其腹而炙之以霍則
譌也
揚州禺〔原注〕禺魚名解隃冠
孔注亦奇魚也。盧本王云
說文鰅魚名皮有文出樂浪
東暆神爵四年初捕收輸考工周成王時揚州獻鰅魚下
容切稽本隃冠作隃冠王本及路史皆作隃冠亦見下
文。王補注上林賦禺禺郭璞曰禺禺魚皮有毛黄地
黑文。沛案貢禺魚皮也後代備考工之用古亦可知
上文前兒想
亦非腊即皮

發人麃〔原注〕麃者若鹿迅走
孔注發亦東夷迅疾。盧云
發北發也兩麃字從史記索
隱舊本作兩鹿字王本作鹿人皆非。沛案大戴禮少
閒篇盧辯注北發北狄地名其地出迅足鹿戴氏東原
謂北發貢似鹿
歌耳非鹿也

俞人雖馬騏
孔注俞東北夷雖馬巂如馬一角不角者曰
。王補注漢書已俞注俞水名今渝州。

陳補注案漢書注渝水夏地當在成周西南與孔注東
北夷不合惟遼西郡屬幽州幽州東北也遼西郡之臨
渝縣有渝水首受白浪東入塞外又曰鷂雒也王氏疏
證曰爾雅釋獸驨如馬一角亦以角形如錐而名之故
遠周書王會篇謂之
騅馬騅錐聲相近也

青丘狐九尾孔注青丘海東地名。王補注服虔曰青丘國在海東三百里瑞應圖九尾狐六合一同則見

周頭煇羝原注煇羝者羊也孔注周頭亦海東夷。陳補注案山海經有雕頭國周饒
國不知誰是此國或曰周乃雕字之誤頭
與題通蓋即雕題國也羝同羝牡羊也

黑齒白鹿白馬孔注黑齒西遠之夷也貢白鹿白馬。沛案注西當作東遠之二字倒當云東
之遠夷也。王補注山海經黑齒國在青邱北。呂氏
春秋求人篇高誘注東方其人黑齒因曰黑齒之民北

白氏乘黃原注乘黃者似狐其背有兩角舊本作似騏今從王雜志定正

。孔注白氏亦東南夷。盧云郭璞注山海經李善注文選皆去似狐。王雜志。念孫案此文本作來黃者似狐其背有角傳寫脫去狐字則似其二字相連後人以乘黃是馬名遂改似其為似騏而不知誤以千里也。王補注山海經白氏之國在龍魚北白身披髮有乘黃其狀如狐背上有角乘之壽二千歲

東越海蛤 孔注東越則海際蛤文蛤。盧云蛤即蛤字李善注文選作東越侮食形近而訛。陳補注東越於周為七閩地史記有東越傳乃越王句踐之後其地為閩越亦稱東越仍沿舊名也海蛤一名陸見爾雅其狀圓而厚外有文縱橫一名瓦屋子即蚶子也

歐人蟬蛇 原注蟬蛇順食之美 孔注東越歐人也比穴州蛇特多為上珍也。盧云王本歐作甌注同注所云比者猶近來王本無比字又無特多也三字皆非。王補注甌居海中今臨海永寧縣即東甌在岐海中與地廣記溫州台處皆東甌地楊氏南裔異物志蚺為大蛇既洪且長采色駮犖其文錦章食豕吞鹿腴成養創賓享嘉宴是豆是觴

於越納孔注於越越也・沛業春秋定五年於越入吳
杜注曰於發聲也ノ盧云舊本正文句首有始
字田下兩行王云納謂納貢傳本脫注王本有之據云
於越納當連下文其姑妹且甌共海陽皆地名○陳補
注傳本納下有空方一王本直將空方刪去故以納貢
訓納其貢非也○沛業此句附會納字爲其說皆非是
補注所引最多徙
亂人目闕疑可也
姑妹珍孔注姑妹國後屬越○盧云妹從來亡結反姑
妹即姑蔑○王補注越語句踐之地南至于姑
蔑注今天來輿地廣記衢州龍
游縣本姑蔑越西鄙珍謂珍物
且甌文蜃孔注且甌在越文蜃大蛤也○盧云注文字
王本作且閩○陳補注此且甌乃東甌也其地
與東越近故東越貢海金而且甌亦貢文蜃也文
蜃一名含漿其小者謂之珧後世所謂江瑤柱也
共人玄貝孔注共人吳越之蠻元貝班黝貝也○陳補
注路史顓頊紀百越之屬有供人供人即共
人也元貝貽貝也見
爾雅郭注黑色貝也

海陽大蟹孔注海水陽一蠏盈車。王補注史記秦曰楚東有海陽山海經大蠏在海中腊之為

貢方奇物

自深桂孔注自深亦南蠻也。盧本謝云自深當即梟深。陳補注謝金圖謂自深當即梟深術業自

當作目路史國名紀高陽氏有目深國見山海經其、地近南故產桂即交趾肉桂之類

會稽以鼉孔注其皮可為冒鼓。盧云鼉即鼉字。王補注越絕傳為封大越上留山會計更名會

稽山山海經江水多鼉注似蜥蜴長二丈有鱗彩皮可以冒鼓。陳補注會稽山在今浙江紹興府會稽縣東

南三十里

皆西嚮正北方正當作上。孔注自大塵以下至此向西面也。沛棠舊本皆以正北方三字

屬下文自晉時本已誤故孔注云亦在臺北與大塵相對不知東西嚮者皆北上也若臺之正北與堂對何由

東西嚮乎今審文義更正又註云與大塵相對更誤班次以北方為上則常有義渠與稷慎相對亦不當云大

塵也

義渠以茲白〔原注〕茲白音若白馬鋸牙食虎豹孔注義渠西戎國茲白一名駮。王補注西羌傳涇北有義渠之戎地理志北地郡義渠道秦縣也。陳補注一統志甘肅慶陽府春秋戰國義渠戎也。沛案山海經中曲山有獸如馬而身黑三尾一角虎牙爪音如鼓名曰駮食虎豹如此獰惡之狀必非可馴畜之物安能櫳之數千里而入貢耶

央林以酋耳〔原注〕酋耳者身若虎豹尾長參其身食虎豹孔注央林戎之在西南者。盧云央林一作英林王云書大傳散宜生之於陵氏取怪獸曰虞與此略同央英林音相近文貽案郭璞注海內北經引此作央林酋耳若虎尾參於身食虎豹之字恐誤。王補注山海經林氏國有珍獸若虎五采畢具尾長于身名曰騶吾乘之日行千里。沛案王伯厚謂騶吾即騶虞以吾虞同音是也但以林氏當央林以騶虞當酋耳則未知是否

北唐以閭原注閭似隃冠孔注北唐戎之在西北者射禮以閭象為射器。盧云北唐下有戎字行。郭注北山經引無戎字。王補注山海經繇雜之山其上多玉其獸多閭注閭即羭也似驢而岐蹄角如麢羊一名山驢鄉射禮於郊則閭中注驢獸名如驢一角北唐即晉陽也詩晉譜之唐傳曰晉居深山戎狄之與鄰

渠叟以鼩犬原注鼩犬者露犬也能飛食虎豹孔注渠叟西戎之别名也。王補注西域圖記鉢汗國在蔥領之西五百餘里古之渠搜國。盧云案廣韻鼩比教切能飛食虎豹之屬正此是也說文鼩胡地風犬王本從李善注文選作鼩云一作鼩之若切案鼩乃小鼠李注或字誤不可從。王雜志念孫案作鼩者是也海內北經曰蜪犬如犬而青食人從首始注曰音陶或作蜪音鉤說文北方有蜪犬食人從虫句聲即本于海內北經也彼言西北陬以東此言渠叟彼言食人此言食虎豹地與事皆相近彼作蜪犬是本字此作鼩犬是假借字李善引作鼩史而盧以為字誤則未達假借之旨也鼩鼩形相似故

誤鼩是鼠屬。說文鼩胡地風鼠，不云風犬。廣韻鼩鼠屬能飛食虎豹出胡地。其云鼠屬出胡地是也，而又云能飛食虎豹，則惑於俗本周書之鼩犬而誤。盧引刪去鼠屬二字，又改說文之風鼠為風犬，以牽合鼩犬，其失也謬矣。稍節

樓煩以星施〔原注〕星施者珥旄。孔注樓煩北秋也施所以為旄羽珥。盧云李善注甘泉賦流星旄以電爥引樓煩星施星施者羽旄也。北堂書鈔百二十引作樓煩星旌鳧羽旗也。恐訛。王補注匈奴傳晉北有樓煩之戎。施以旄牛尾。陳補注一統志山西寧武府春秋樓煩地。又忻州有樓煩故城，在靜樂縣南七十里。星施蓋即熊旗五游以象伐星之類。珥旄謂以犛牛尾析而着旗之兩旁也。又案齊欒施字子旗，巫馬施亦字子旗，施者旗也。據此則當作星施為是。

卜盧以紈牛〔原注〕紈牛者牛之小者也。孔注卜盧盧人西北戎也今盧水是。盧云紈與絨同。詩有捄其角，捄曲貌。穀梁傳斛角注球球然角貌。王補注牧誓微盧彭濮人注盧在西北

立政表微盧烝括地志房州竹山縣及金州古盧國左氏傳有盧戎紈與練河

區陽以鼈封原注鼈封者若彘前後有首孔注區陽亦戎之名。盧云舊本鼈封不重今從洪容齋及王本補。陳補注引胡應麟曰鼈封孔氏無注王伯厚補云盛宏之荊州記武陵郡西有陽山山有獸如鹿前後有頭以一頭食一頭行然不明言鼈封山海經第七卷并封在巫咸東其狀如彘前後皆有首蓋即此物也

規規以麟原注麟者仁獸也孔注規規亦戎也麟似鹿牛尾一角馬蹄也。盧云舊規訛規矩又脫一麟字仁字今皆從王本。陳補注規矩國名無考盧從王本作規規亦無考

西申以鳳鳥原注鳳鳥者戴仁抱義掖信孔注其形似雞蛇首魚尾戴仁向仁國抱義懷有義掖信歸有信也。陳補注後漢西夷傳宣王征申戎疑即此西申也。沛案麟鳳不常見即見亦非可羅而致之者何由以之入貢耶規規西申不見他書恐亦作者任意云然耳

氐羌以鸞鳥孔注氐羌地羌不同故謂之氐羌今謂之氐矣鸞大於鳳亦歸於仁義者也○盧云氐舊作西氐易與酉混故改從今字注有脩作氐地之氐不同○王補注商頌自彼氐羌牧誓羌髳地理志隴西有氐道羌道氐羌種名羌即西域婼羌之屬黃氏曰羌古姜姓三苗之後居三危山海經女牀之山有鳥狀如翟而五彩文名曰鸞鳥見則天下安寧○沛案瑞應圖鸞鳥赤神之精鳳皇之佐此必非樊籠中物以之入貢恐未必然若說文云成王時氐羌獻鸞則取之於此篇耳

巴人以比翼鳥孔注巴人在南者比翼鳥不比不飛其名曰鶼鶼○王補注巴人在巴郡江州縣今渝州巴縣郡縣志渝州古巴國也爾雅南方有比翼鳥焉注似鳧青赤色

方揚以皇鳳孔注方揚亦戎別名皇鳥配于鳳者也○陳補注方揚疑亦揚越之別種孔謂是戎別名當與下方人爲一類○沛案皇爲鳳匹亦何由致之方揚與上文規規西申皆無可考竊疑麟鳳鸞皇四物并屬粉飾其辭而又杜撰[illegible]國名以實之大抵後人所增益也

方人以孔鳥孔注方人亦戎別名孔與鸞相匹也。王補注東夷傳九夷有方夷孔雀生南海蓋鸞鳳之亞。陳補注孔鳥見海內經類敘于南方贛巨人之末西域傳罽賓國出孔雀續漢書西南夷滇池出孔雀又西域條支國出孔雀然則此鳥多產于西南王氏引東夷傳似不甚合藝文類聚引周書以為西方人據此則方夷在東方人在西亦猶東屠西屠云爾

卜人以丹沙盧云卜即濮也沙今作砂。孔注卜人西南之蠻丹沙所出、王補注引牧誓注濮在江漢之南爾雅南至于濮鉛左傳巴濮吾南土也禹貢荊州貢丹山海經柜山多丹粟注細丹如粟

夷用閵木孔注夷東北夷木生水中黑色而光其堅若鐵。王補注山海經夷人在東胡東崔豹古今注烏文木出波斯國集韻閵木名兹消切。陳補注用字不作以字解路史風俗通云古用國見毛詩在高唐說見國名紀周世侯伯案高唐亦齊地

康民以桴苡〔原注〕桴苡其實如李食之宜子沛疑民為君字之訛。盧

云王本作康人洪本桴作桴訛。孔注康亦西戎别名
也食桴苡即有身。王補注隋書康國康居之後也唐
以其地為康居都督府說文桴苡一名馬舄山海經桴苡
木也。郭璞圖贊曰車前之草别名芣苢王會之云其
實如李名之相亂在乎疑似，沛案自義渠以下皆用
以字而前後文不用不知自法何以不同想無義例
州靡費費〔原注〕其形人身反踵自笑笑則上脣翕其目食
人北方謂之吐嘍孔注州靡北狄也費費曰梟羊好立
行如人被鬘前、指長。盧本王云
及踵一作枝踵說文吐嘍作土螻。王補注漢書嘄陽
費費也人面黑身有毛反踵見人則笑脣蔽其目翕雖
狒狒如人被髮迅走食人。陳補注山海經大荒西經
有壽麻之國即州靡又案山海經西山經崑崙之山有
獸焉其狀如羊而四角名曰土螻是食人廣韻亦云土
嘍似羊四角其銳難當觸物則斃食人盖即下文高夷
嗛羊羊而四角也此食人北方謂之吐嘍八字之屬高
夷下錯簡。王雜志念孫案翕當為弇字之誤弇蔽也
說文引此正作弇其目吐嘍本作土螻爾雅疏引此已
誤說文廣韻爾雅釋文及太平御覽獸部二十皆作土

都郭生生欺羽〔原注〕生生若黃狗人面能言沛棠薩本正文都郭生生下無欺羽生生四字王本有之盧本從王本亦有原注及孔注皆不言欺羽則舊本近是似不必從王本補ゝ孔注都郭北狄生生獸名。盧云山海經注都郭作鄭郭生生一作狌狌。王補注狌狌知人名其為獸如豕而人面爾雅狌狌小而好啼。陳補注蜀志封谿縣出猩猩南方草木狀亦云狌狌之獸生在野中是物蓋出西南不當在北方也

奇幹善芳〔原注〕善芳者頭若雄雞佩之令人不昧孔注奇幹亦北狄善芳鳥名不昧不忘也。盧云郭注西山經引昧作眯莫禮切眯目也今從本注作眯。陳補注奇幹國名無考格致鏡原引作奇翰愰郝注山海經引作奇翰善芳為物亦無考鵸鵌見山海經即是王會之欺羽音相近也據此則上文欺羽當在此條分愰入上文丹故孔注亦謂善芳是鳥名也余意古本當是都郭生生欺羽

生生若黃狗人面能言鸜鵒善笑頭若雄雞佩之令人不眛蓋一國貢二物故連敘而及之此係古來稅悞已久故引用者承襲而不知其悞也余謂欺羽轉為鸜鵒鸜鵒悞為奇幹而善笑又誤為善芳自是定論。沛案陳說太鑿姑節錄之聊存此一說耳

皆東鄉孔注此東向列次也正北方正當作上。舊本皆作北方臺正東五字屬下文讀晉時孔所據本已如此誤久矣究竟此五字於下文無所施且北方時謂臺之北耶將謂臺之北耶臺正東是西鄉者所立之地與北鄉者何涉耶沛案正文原是皆東鄉上北方因上字訛作正字校者遂移正字於東字上則愈誤矣不知東面者北上猶西面者北上其班次當如此今據文義定正而以上北方三字屬上之以臺東二字屬下文

臺東外臺之東也以下諸國皆北鄉者北面東上禮也故班次從東起還遶而西也高夷嗛羊

原注 嗛羊者羊而四角孔注高夷東北夷高句驪。王補注爾雅疏九夷三曰高句驪東夷

傳高句驪在遼東之東千里南與朝鮮濊貊東與沃沮北與夫餘接。陳補注高夷高句驪之先也一統志古高句驪國在朝鮮咸興府東北漢縣為元菟郡治嗛羊形狀與山海經吐嘍同上文費費下食人北方謂之吐嘍八字當在此。沛觀陳補注引後魏書乃後漢書辨高句驪與夫餘甚晰當取補注原書閱之茲不及載

獨鹿邛邛距虛 原注 善走也孔注獨鹿西方之戎也邛邛獸似距虛負蟨而走也。盧云此正文似本無距虛二字爾雅邛邛岠虛是一獸今此下文別出孤竹距虛注於邛邛則云距虛於距虛則云野獸則知邛邛下距虛二字了後人以所習聞妄增入耳且於注中獸似下人增一鼠字則下距虛二字又贅矣故知此不與爾雅及呂氏春秋所說同也。王補注周書史記篇阪泉氏徙居至於獨鹿注西戎地名邛邛說文作蛩蛩邛邛距虛蓋二獸子虛賦曰蹷邛邛轔距虛張揖以為邛邛青獸其狀如馬距虛似鼠而小說苑孔子曰蛩蛩距虛見人將來必負蟨以走二獸者非性愛蟨也為得甘草而貴之故也然則負蟨者或邛邛或距虛二物不相須也節錄。沛案以為二物者是也邛邛似距虛二獸皆負蟨為齧甘草蟨有時與邛邛比

爾有時與距虛比肩故謂之比肩獸即爾雅亦當如此
解非邛邛距虛為一獸也甚本文原是獨鹿邛邛獨上
文云州靡賁費後人妄增距虛二字耳盧說是也原注
亦當云邛邛善走也陳補注力辨非二獸不從王說盧
說非是。王雜志獨鹿邛邛孔注獨鹿西方之戎也念
孫案上下文六國皆東北夷則獨鹿亦東北夷也僕與
涿古聲相近獨鹿即涿鹿也史記五帝紀黃帝與蚩尤
戰于涿鹿之野集解引服虔曰涿鹿山名在涿郡案其
地在今宣化府保安州
非西方之戎明矣節錄

孤竹距虛
孔注孤竹東北夷距虛野獸驢騾之屬。王
補注爾雅觚竹在北荒地理志遼西令支有
孤竹城史記正義孤竹君是殷湯封相傳至夷齊之穴
。陳補注周初孤竹與令支自為二國故下文有不令
支而齊語亦云北伐山戎刜令支斬孤竹也至秦漢時
始併為一故漢地理志遼西即令支縣有孤竹城也據
一統志今為土默特二旗地王篇駏驉獸似騾崔豹
曰驢為牡馬為牝即生騾馬為牡驢為牝生駏驉

不令支玄貘
孔注不令支皆東北夷貘白狐元貘則黑
貘則黑狐。盧云案漢志遼西郡有令支

縣即其地也疑不字及注中皆字並衍否則不字當爲發聲注乃誤耳。王補注括地志令支故城在平州盧龍縣七十里爾雅貘白豹。通雅載不字十有四音楊升菴謂王會不令支不屠何不字皆助語辭如句吳於越之類

不屠何青熊 孔注不屠何亦東北夷也。王補注管子曰桓公敗胡貉破屠何注屠何東胡之先也說文熊似豕山居冬蟄上林賦注犬身人足陳補注王注鄧立誠曰漢書地理志遼西有令支縣又有徒河縣徒河即屠何也晉時有段務勿塵者徒何種也衛棨王會屠何與東胡並稱是周初現有此二國管子小匡注以爲東胡之先悞矣漢徒河縣在今直隸永平府大寧衛東百九十里錦縣西北段長基歷代疆域表曰相傳虞舜時已有此城

東胡黃羆 孔注東胡東北夷。王補注山海經大澤在雁門北東胡在大澤東匈奴傳燕北有東胡服虔曰烏桓之先也後爲鮮卑爾雅羆似熊黃白文似熊而長頭高脚猛憨多力能拔樹木。陳補注一統志似

鮮卑今爲敖漢奈曼喀尔喀蘇尼特諸旗地

山戎戎菽 孔注山戎亦東北夷，戎、菽巨豆也。王補注匈奴傳燕北有山戎、山戎越燕而伐齊，史記正義今奚國。漢書戎菽注胡豆也。陳補注一統志山戎今為喀喇沁三旗地。段長基歷代沿革表曰直隸承德府即雍正元年熱河廳舊境古為山戎北齊庫莫奚地隨唐併為奚地

其西般吾白虎 盧云鄭志引王會以白虎黑文今本皆闕二字。陳補注據以補正文。沛案不必補白虎與青熊黃羆黑豹一例。孔注次西也般吾北狄近西。王補注說文彪白虎也。瑞應圖白虎者仁而不殺王者不暴虐恩及行葦則見。陳補注般吾國名無考

屠州黑豹 孔注屠州狄之別也。王補注晉史北狄有屠各山海經幽都山多玄虎玄豹。陳補注博物志有西屠爾雅疏有東屠又路史黃帝戟蚩尤遷其善者於鄒屠此屠州未知孰是

禺氏騊駼 孔注禺氏西北戎騊駼馬屬。王補注伊尹朝獻商書正北以騊駼為獻山海經北海內

有獸狀如馬名騊駼色青字林云北狄良馬也一曰野馬

大夏兹白牛【原注】兹白牛野獸也牛形而象齒盧云舊本正文止大夏兹白牛五字下十一字悞入注中意据洪本增入正文與初學記正同今從之。孔注大夏西北戎兹白牛野獸似白牛形。王補注伊尹朝獻商書正北大夏山海經圖在流沙外者大夏史記大夏在大宛西南二千餘里兹白牛即駁牛。陳補注說文犖駁牛也。

犬戎文馬【原注】文馬赤鬣縞身目若黃金名古黃之乘孔注犬戎西戎之遠者。王補注書傳文王伐犬夷即犬戎也山海經犬封國曰犬戎國狀如犬有文馬縞身朱鬣名曰吉量乘之壽千歳。盧云文馬說文作[illegible]古黃作吉皇海內北經注引作吉黃此從舊誤作古黃與初學記所引亦合·王雜志念孫案王本作吉黃與說文山海經注合山海經圖譜亦作吉黃文選東京賦注引瑞應圖云騰黃神馬一名吉光光黃古同聲吉光即吉黃也海內北經作吉量下字雖不同而上字亦作吉則作

蓋讀書也篇繁長

數楚每牛〔原注〕每牛者牛之小者也。孔注數楚亦北戎也。王補注爾雅注犪牛庳小今之犪牛也又呼果下牛。盧云西山經黃山有獸如牛而蒼黑大目其名曰犪郭音敏畢云廣韵音切同美與此每牛正合

匈奴狡犬〔原注〕狡犬者巨身四足果。孔注匈奴北戎也。盧本梁云四足果蓋足短之稱若果下牛果下馬矣注賊字舊闕今從王本補當謂斥鹵也。陳本從舊本刪賊字。王補注晉灼曰堯時曰葷粥周曰獫狁秦曰匈奴通典云山海經已有匈奴爾雅疏五狄三曰匈奴說文狡少犬也匈奴有狡犬巨口而黑身。王雜志梁云果蓋足短之稱念孫案古無謂短爲果者果下馬謂馬高三尺乘之可于菓樹下行耳見魏志東夷傳注非謂短爲果也予疑果即裸字果通裸殆四足無毛之謂歟吾錄

皆北翟沛案皆北翟三字應在倉番頡章下誤重在此當作衍文刪

權扶玉目孔注權扶南蠻玉目玉之有光映者形小也⁊陳補注左傳楚武王克權移權于那處注南郡當陽縣東南有權城南郡編縣東南有那口城權國疑即權扶玉目不知何物

白州比閭〔原注〕比閭者其華若羽伐其木以為車終行不敗孔注白州東南蠻與白民接也水中可居曰州州中出此珍木⁊陳補注案白州既是東南蠻則不得尽白民接以白民在西故也。王補注爾雅疏戎類有老白廣志檖一名并閭葉似車輪比閭疑亦并閭之類⁊陳補注比閭即并閭史記司馬相如傳仁頻并閭或曰比閭即花櫚櫚與閭通比則花字形近而誤也舊作北閭誤

禽人菅孔注亦東南蠻菅草堅忍。盧云忍讀為韌。陳補注國名紀高陽氏後有禽人或謂即山海經海外南經之羽民亦見淮南墬形訓呂氏春秋求人篇作羽人爾雅白華野菅注茅屬說文菅茅也陸璣云菅似茅而滑澤無毛根下五寸中有白粉者柔韌宜為索

路人大竹孔注路人東南蠻貢大竹。陳補注一統志雲南有路人江此路人當在其左近大竹即所產濮竹也或謂四川順慶府有大竹在渠縣北以邑界多產大竹為名據此則路人亦當是西南夷

長沙鼈孔注特大而美故貢也。王補注湘川記秦分黑中以南長沙鄉為長沙郡。陳補注一統志湖南長沙府古三苗國地春秋戰國屬楚秦置長沙郡漢為長沙國通典有萬里沙祠故曰長沙

其西魚復鼓鐘鐘牛注次西列也魚服南蠻國貢鼓及鐘而似牛形者美遠致也。沛案前權扶玉目下孔注形小也三字於義無所施疑是此條孔注末句脫誤在彼謂似牛形者形小也如今之鑄銅器者獅形象形馬形牛形之類皆不大也若云美遠致則以上皆美致遠物何獨於此條明之注美遠致也疑是後人所增。王補注左傳魚人注魚復今巴東永安縣十道志夔州春秋時魚國漢為巴郡魚復縣鐘斗未詳

蠻揚之翟孔注揚州之蠻貢翟鳥。王補注禹貢揚州有島夷翟雉名。王雜志念孫案蠻揚本作

揚臺故孔注曰揚州之臺貢翟鳥今本揚臺二字倒轉則義不可通且與注不合揚臺之誤為臺揚猶詩荊臺之誤為臺荊。沛案正文之字與上其字相應謂其在長沙貢鼈之西則有臭服之貢鼓鐘鐘牛與臺揚所貢之翟也若無其字則之字可省

倉吾翡翠【原注】翡翠者所以取羽其餘皆可知句自古之政南人至眾沛案自翡翠者至南人至眾各本皆列入正文予以篇中多訓詁語故概目為原注不然則倉吾翡翠句下當直接皆北嚮句何必間此四語。孔注倉吾亦臺也翠羽其色青而有黃也又餘謂眾諸侯貢物也言政化之所致也又南人南越。沛案其餘皆可知當屬上文讀自古之政南人至眾當二句連讀蓋謂翡翠之用所以取羽其餘鳥屬羽毛各有所取即獸屬或取皮或取筋角之類皆可推此而知也自古之政南人至眾政謂朝貢之政令如下文伊尹為四方令是也言自古號令四夷朝貢各有位次惟南邊所立各國之君人數至眾蓋東夷入貢者立東方面西嚮西戎入貢者立西方面東嚮北狄與南蠻入貢者皆立南

方西北嚮故南方所立之人隸北狄南蠻其人數爲至
象不然四夷來賓何獨南越人至象乎况篇中所紀南
盡雖八國亦不得言至象惟總計北嚮者二十二國則
較東西嚮者人數爲象矣孔注於句讀解釋俱誤故另
爲此說存叅。孫氏鏞謂自古之政宜在伊尹字上其
說非。王補注山海經南方蒼梧之邱禮記注蒼梧於
周南越之地楚吴起并蠻越遂有蒼梧異物志曰
曰翠鳥似鶩翡赤而翠青其羽可以爲飾萬錄
以上二十二國南方立者面皆北嚮。沛案此
下當有上東方三字與前文相配殆因傳寫本
皆北嚮
慎上爲正後人見正東方三字繫于句
尾於義無所施故校者從而抹之歟
伊尹朝獻 原注 商書不不當作名周書錄中以事類來附沛案舊本
皆作不周書不字蓋名字之誤草書名字與不字相似
而訛也蓋伊尹朝獻四字是商書之名故原注曰商書
名本自明白因訛作不字遂不可解今據文義定正雖
切無疑。朝獻者諸侯來朝之貢獻以伊尹所定故繫
之伊尹古商書中有此篇今周書續錄中以事與王會
相類故取來附錄之。舊本自伊尹至來附十六字原

作正文。盧本謂自不周書以下十字本孔注，舊誤作正
文，而以王注言别有此書也注商書下以王會俱朝貢
事，故今附合注，注此十字下，失之矣。沛案：舊正文為是，盡
正文原有訓詁在內，故今目爲原注，而此原注下孔氏
本無注也，後人取王注爲孔注，則誠失之。陳補注移
錄字於不字下，直改正文作不錄，於義不可通，謬甚。

湯問伊尹曰：諸侯來獻，獻，貢獻也。或無馬牛之所生，而獻遠方之物，事實相反，不利。馬牛駕車以引重致遠，無馬牛須人力致之，則
難，而欲以遠方之國獻遠方難致之物，則重勞民力矣。
以事勢度之，實則相反，而不利於其國也。孔注非其
所有而當遠求於民，故不利也。
盧云：王本馬牛倒，注於民作其民。
今吾欲因其地勢所有獻之，必易得而不貴。盧云：王本無必字，下不字作
必，字似訛。觀下文所列條
昔皆各國土產地勢所有者也，並無珍奇怪獸，亦無重
大難致之物，所謂易得而不貴者，是利遠方之政也。
其為四方獻令。四方貢獻著為政令，命伊尹定之。孔
注制其品服之令。沛案：孔注似當作

品物或

品第

伊尹受命於是為四方令定為獻令

曰臣請正東符婁符婁呂氏春秋有縛婁國拾遺記成王時有扶婁之國或謂縛婁扶婁符婁也

仇州伊慮王補注仇州伊慮未詳

漚深王補注漚深即甌也

九夷夷有九種見東夷傳

十蠻爾雅言六蠻職方言八蠻此言十蠻概言種類多也

越漚王補注越禹之苗裔封會稽漚亦甌也

鬋髮文身孔注九十者東夷蠻越之別種鬋髮文身因其事以名也。王制東方之夷被髮文身史記越文身斷髮又剪髮文身甌越之民也見左傳注

請令以魚皮之鞞鞞佩刀削上飾

鮭鰂之醬盧本鰂上作空圜今據王雜志補。王雜志孔注曰鰂魚名盧曰□疑是烏字念孫案北堂書鈔酒食部五引作鯕鰂之醬又引注云鮭刪魚名玉篇鮭干胡切魚名廣韵作鮚未知其當

鮫瞂山海經注鮫皮可飾劍方言盾或謂之瞂

利劍為獻孔注鞞刀削鰂魚名瞂盾也以鮫皮作之鮫文魚也。盧云魚皮舊作魚支今從洪本

正南甌鄧
王補注鄧曼姓甌即甌洛
桂國
山海經桂林八樹在番隅東秦南取百粤之地為桂林郡
損子
產里
百濮
九菌
孔注六者南蠻之別名。王補注損子以下未詳。陳補注爾雅六蠻本般倒或即此與上文東十蠻異左傳巴濮楚鄧吾南土也此甌鄧疑鄧國之先經云八桂在番禺東蓋桂陽也損子無考案墨子節葬云越東有輆沐之國其長子生則解而食之謂之宜弟此損子國當似之國名紀曰產里一云語兒也或作大童僚獠一統志雲南普洱府禹貢梁州荒裔本古產里地百濮見左傳麇人率百濮聚于選杜注百濮夷也海內經有菌山桂山疑桂國與九菌皆在其左近或曰九菌即九真一聲之轉。盧本王云里一作重
請令以珠璣
珠珧貝璣珠不圓者
瑇瑁
瑇瑁生於南海介屬
象齒
象齒即象牙
文犀
犀牛角
翠羽
翡翠羽
菌鶴
短狗
為獻
孔注璣似珠而小菌鶴可用為旌翳短狗狗之善者也。盧云短狗王本作矩狗蓋因注云狗之善者故以為當作矩耳考幽唐州昭仁寺碑有云豈止曾鶼短狗西鰈東鰈之貢而已哉正用此文則作短狗為

是。陳補注蘭鶴九蘭所產之鶴一統志雲南順寧府土產有矮犬毛深足短。

正西昆侖見禹貢在臨羌西狗國犬戎也鬼親疑即王季所伐之西落鬼戎枳已陳補注楚地戰國策曰楚得枳而國亡闟耳闟音蹹貫胸胸前穿孔達背雕題題額也雕刻其肌以丹青涅之離卯漆齒山海經有黑齒國齒如漆。孔註九者西戎之別名也耳貫胸雕題漆齒亦因其事以名之也。盧云後漢書注引狗國作狗骨又引離卯作離卯李善注作離身染齒請令以丹青采色白旄白牛尾紕罽毲文罽西戎毳布也江歷江歷即江驪盍驪珠龍角龍解之角神龜見爾雅長尺二寸為獻孔注江歷珠名龍角解故得也。盧云後漢書西南夷傳冉駹夷其人能作毞毲章懷引注此文又引何承天纂文曰紕氐罽也音卑疑反毞即紕也

正北空同爾雅北戴斗極為空峒黃帝西至空同大夏見王會注莎車魏書渠莎國居

故莎車城姑他王云未詳•陳補注史記大宛傳樓蘭姑師邑姑師姑他疑一地也或曰姑他庫注一聲
之轉耳旦略豹胡俱未詳代翟王補注本作代翟云代一作戎。王雜志念孫棄作
戎翟者是也孔注云在西北界戎翟之閒則正文作戎翟甚明若古代翟之國在今宣化府蔚縣東則不得言
在西北又不得云界戎狄之閒矣匈奴樓煩二國並見王會注月氏居敦煌祁連閒
與匈奴同俗孅犂其龍王云俱未詳東胡見王會注。孔注十三音北狄之別名也
代翟在西北界戎狄之閒國也請令以橐駞獸名漢書匈奴傳作橐佗師古曰橐佗言能負囊橐
而馱物也白玉出于闐野馬爾雅野馬如馬而小出塞外騊駼野馬之良者駃騠
駿馬也生七日而超其母良弓漢書東夷傳句驪別種曰小水貊出好弓所謂貊弓為獻湯曰
善沛案伊尹朝獻一書文不過二百餘字簡古可愛其為商時古書無疑因作王會音附錄之以傳至今數
千年當與商之鴞尊并寶矣

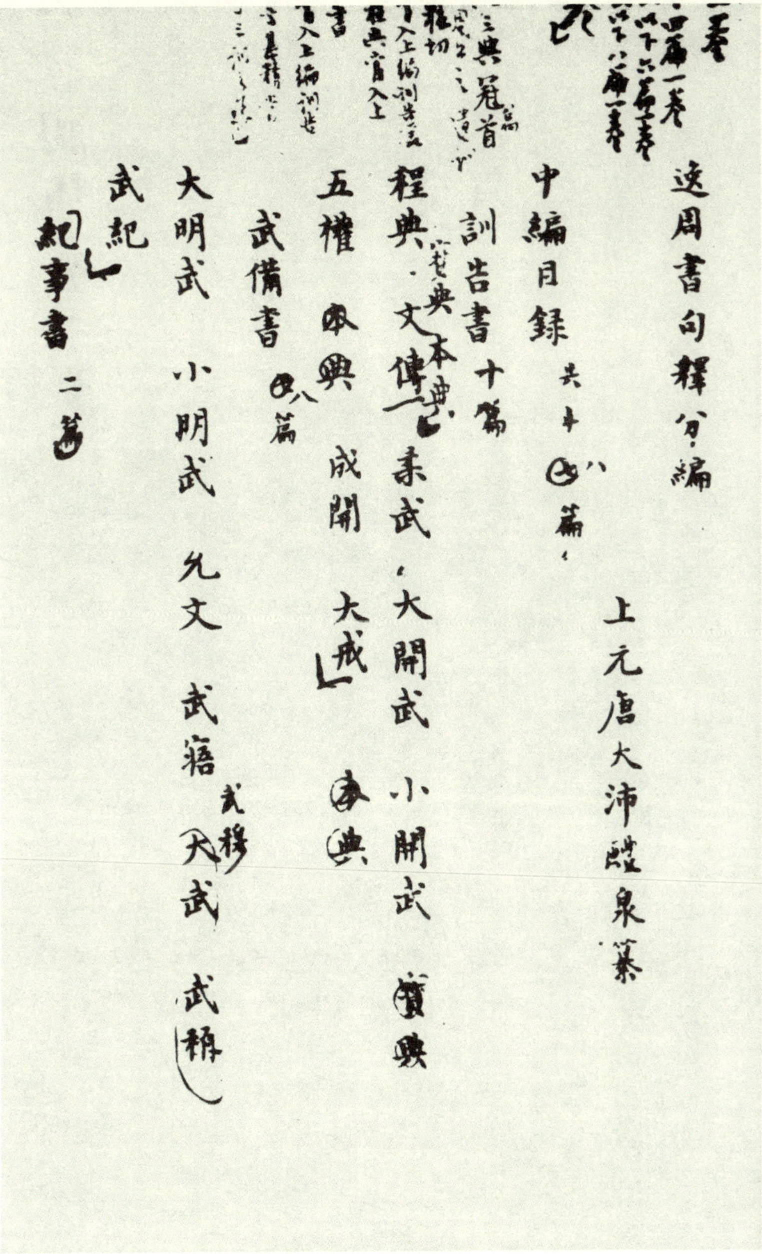

……卷
……四篇一卷
……以下六篇一卷
……以下八篇一卷
……已

逸周書句釋分編　上元唐大沛臨泉纂

中編目録　共十八篇

訓告書十篇

程典、寶典、文傳、本典、柔武、大開武、小開武、寶典

五權　本典　成開　大戒　本典

武備書　八篇

大明武　小明武　允文　武寤　武穆　大武　武稱

武紀

紀事書　二篇

「殷祝」

「太子晉」

[illegible]

程典解第十二

維三月既生魄文王合六州之侯奉勤于商孔注三分天下有其二以伏事殷也。盧云伏與服同。陳商王補注六州荆梁雍豫徐揚也奉勤服勞王宗也。用宗讒震怒無疆孔注宗衆疆境也。盧本謝云宗不當訓衆六州即化安得衆人讒之當是商宗之人耳程榮本宗下作方圖蓋亦疑之。陳補注衛業宗讒作衆讒解亦可當紂之時文王既不語事左右崇侯左體之筆羣起謠諑故曰衆或曰古崇字作密此宗即密之誤蓋即指崇侯虎實怒無疆言紂怒不可測文于是有牖里之囚業程典作於帝辛二十九年文王歸程之後此蓋追叙前事緣起也。沛案文王遷于程據紀年在帝辛三十三年而此云帝辛二十九文王歸程亦本紀年文未遷程何以云歸程前後亦不符矣總之今所傳紀年非真古書其年數多不足據也諸侯不娛盧云一本作虞亦同。孔注娛樂也逆諸文王文王不忍孔注不忍從諸侯即王位所以為聖德。盧本

孟子言仁國無敵
夫文王言助予
[illegible]云不輸其意在彼
通云不知則文王
之實行愛民之
禮此處可想。

圖下皆另提

蓋云雷是諸侯勸文王叛商於上下文俱協若作勸即王位思非特文王不為諸侯亦不敢為文王言之也。陳補注逆諸文王即竹書紀年帝辛二十九年諸侯逆西伯歸程之事。沛棠正文本自明白諸說皆為辭費正文蓋謂文王為西伯率六州諸侯勤勞王事當是時商王信讒屢有譴怒是以諸侯不樂勤王事與文王之意稍違而文王則服事之心始終不怠正文思字蓋息字之訛也息字與上文勤字相應不怠即勤也亦因訛作思字遂生出許校葉其本文並無勸即王位之意亦無勸文王叛商之意且與釋牘里之因諸侯逆文王歸程之事無涉故沛謂諸說皆詞費也

乃作程典以命三忠 忠當作惠。孔潮與常也。盧云注舊作宰典也係誤倒謝改正又復校云惠半農云三忠即三公文弨案疑本或作五惠國策臣作惠占字也。沛業惠云三忠即三公文王為西伯不得有三公蓋三卿也。盧疑忠作患為是 曰助予體民無 體愛庶民雖小事無不敬謹 小不敬 如毛在躬拔之痛無不省 孔注 毛以喻小也無不省故宜敬小也，毛謂毛髮省猶知也文王視民如傷之心此喻最為真切 政失患

作作而不備死亡不誠此夫則民怨民怨則生亂故禍患作禍患既作毋來

能據備不虞則近于誠在往來事孔注以往事備之慎用誠將來

死亡而不知誠懼也

舉備之思用盛本及各本皆作備思地三字文

道當遵慎備思慎地義不明必有脫誤陳補注據下文

有慎地二字殺改正文為思備慎地文義明白今姑從

之。沛業下文言慎地文言慎用疑此處正文當作思

備慎用思用慎地今盡備改正。必足食足兵故慎財用財用出

於地有土此有財有財此有用故慎土地如此說乃與

後文相應若只作思思地慎制之法為制思制慎人宜有民人思

猶慎地義尚未周匝

君子先慎乎德慎德孔注開通言德合也。沖

人慎德有德此有人也德開業德開當德慎德德開盡

古人寫書於重文每作二小畫於旁漢魏以今圖開乃無患

未石刻可證寫書者不曉文義故訛落耳

德既開通則上慎德必躬恕躬行恕道推恕以明德作當

下同心故無患已以及人

躬恕以明教。正文明德下各本有德當天而慎下六

字紙係校者旁記此六字寫書人不明文義誤合併正

蔣案

本篇今删盡正文愆以明下款一字後人慎補德字校
書者知不應添德字故旁記曰德當添而慎下因下文
者和而順句文不成義故云德字當添在而順字下又
以正文作而順故又記云慎同謂古字順與慎同也本
自明白易曉後人不曉文義改添為天逆令文義貞不
可曉矣今删此六字正文既明孔注亦正相合矣○又案
正文愆字上當求上作躬愆明德當作明教孔注可證
也陳補注云當天者達天也慎下者接人也鄭書燕讀
可發○孔注以慎道教天下・沖業注下為上貸賫當作仪
一笑○當云以恕道教天下恕訟作慎
沖業仪字古文作俗以形似訟作貸貸與俗同肖而貸
又訟作貸也今讀為仪仪以孔注知之○孔注以讓為仪
○上以恕教下故民仪力競以讓讓德乃行競他也
於謙是下為上仪也注作與
行爭以禮讓為先讓德之所以行也陳補注以積貸解
上文貸字則與此二句全不連屬矣○以且上五句言慎
德慎下必翼上慎下即慎人下僭臣下殷自○孔注翼敬也上中立而下不比爭
殷不字
當作下不比爭○沖業盧本以上中立而下比為句非
是觀下文比事無政則比當訓偏黨豈有上中立而下

偏黨之理盧蓋以比為親比之義然與比事無政不相
合矣據鄭見當以上中立而下不比爭為句事正文脫不
字當讀上既中立不倚而臣下化之以禮讓相先不偏
比亦不爭韓如此說下文自易解盧以爭字合下文者
字為和當作私○沛棠上文校者云德當
句非省和而順德添而慎下故○據此增德字使文義明
自又棠和字乃私字之訛常訓篇推動有私私意無等
兩私字皆訛作和是其證也首擊也繁已私而順德化
也如此○讀與上文相屬義亦了然盧本以和而順為
句非○孔注中立謂無比也○盧云而順下舊有慎同
二字乃校者之辭誤入正文今刪○沛棠盧說殊可疑
前德當天而慎下六字為桂者之詞無疑○又案此句
順不必讀作慎篇中慎字十順字四皆各從本義太有
以順讀慎者校者謂慎同非也○陳補注謂中立有調
專兩可之意謬矣又以慎同二字作正文而强解之更謬
攜乃爭攜離也心不合則爭謂各持意見也
和乃比和當作私○各任具私情故有偏黨
比辜無政居官者以偏比行事則無公平之政
無政無遷無政由用人不知遷善
無遷民乃頑
頑乃害上孔注無爲

選之士在官故頑民害上。民蔑于官無良故選官吏故民不服教而頑頑甚則作亂以害上

明訓頑民乃順選良吏在官以明訓教民乃知禮義而順上。慎守其教

小大有度度謂制度以備菑寇慎守五教小大之事皆有禮度之節用時足備蓄年與寇賊。孔注小大㘝吉凶也。菑業注誤文當是謂守寇盜莫大於祭凶禮莫大於喪然祭有祥諱喪有中則於禮為小注以小大之事約略言急故曰謂吉凶也。此上皆言慎以協其三族三族父族母族妻族也固其四援固國結也援救助也音院音語為四鄰之援結諸侯之信注所舉援以為助也明其伍候盧云左氏昭廿三年傳明其伍候賈服王為董皆作五候王肅曰五候山候澤候林候川候平地候也杜預以部伍候望解之非是以習其武誠武誠武備之訓誠習學習也依其山川通其舟車利其守務依山川之形勢通舟車之往來以利其防守之務易曰地險山川邱陵。孔注修文教誠也王公設險以守其國。武備聖王之事士大夫不雜

于工商孔注使各專其業商不厚工不巧農不力不可以成治孔注必善其事治乃成也○沛案商不厚四句舊本俱屬之孔注細審之係正文悞寫入注中者前賢皆未經別出沛審文義及孔注正別出之確無可疑以下文例之成治上當有以字今補○盧云注商不厚趙云當作不愿舊本巧作朽成作力皆悞今訂正○沛案愿亦謹厚之意似不必作愿士之子不知義不可以長幼士之子恒為士然不知義者不可以入學而與士齒○孔注有士行之義方為士工不族居不足以給官聚族居肆業乃精事乃成斯足給用器於官族不鄉別不可以入惠惠與慧通謂智巧也別以鄉則宗族親戚在焉聲音同傳授易乃可啟其智慧○孔注族謂羣也不別其鄉雜以行其惠也○盧云舊作雖不別其鄉所以行其惠也語意相反非是今訂正○沛案注舊本固悞盧訂正亦悞觀上兩節正文反言者注以正說解之此節亦應知是舊本雖字[illegible]誤不類義所字不悞當云惟別其族所以行其惠也與前兩節文法同○又案

注行其患亦似快解為上不明為下不順無醜孔注言國無恥醜也○鄭

云醜當訓類注似誤解○沛謝云當訓頗是也上國明國下國順國類地否則失其類矣輕其行

言慎斷

多其惡不智孔注不重其行自多其惡何智之有○盧云正文不智舊本多作不習今依卜本改

慎地必為之圖以舉其物盧地圖以舉所生之物物其善惡注孔

別其地所生物之善惡也度其高下高原下隰利其陂溝陂障水澮通水愛其農

時不違農時是愛之也脩其等列田有上中下九等賦亦如之務其土實孔注

勤樹藝也○盧云舊本藝悞範今改正差其施賦施予及賦入皆有差等設得其宜

慎地

宜善也設主得法故善宜協其務所宜與農務相協務應其趣所務與趣時之義相

應慎用必愛[物]各本皆無物字沛棠下文言百物注愛之之字即指物言知此句當有物字不

然文義不足今擬補物字工攻其材百工飭化八材商通其財商賈阜通財貨百物

鳥獸魚鼈（長育）無不順時長育皆。孔注順時所爲愛順其時。之也。注爲謂通

生穡省用不濫其度孔注濫過也。百物春生秋穡至秋穡既順其時而用之則有

禮宜着不度宜濫也津不行火津當作澤。王雜志引之曰津非行火之地泮疑當作澤草書相似

而誤也管子輕重篇齊之北澤燒火光照堂下尹知章曰獵而行火曰燒是澤為行人之地藪林不

伐斧斤以時入山林。注非時不火不伐也扎牛羊不盡齒不屠孔注老不任用食之

土勸觀不極美盧云土本作上。觀當作觀以形似而誤。謹案柔武篇有曰土觀章時政匱不疑土勸疑當作土觀即觀臺也蓋土爲之故謂之土觀否則土或臺字之誤爾雅釋宮觀謂之闕注宮門雙闕疏雉門之旁名觀又名闕三輔黃圖周置兩觀以表宮門登之可以遠觀故謂之觀左傳僖五年公既視朔朔遂登觀臺以望註臺上構屋可以遠觀者也。不極美崇儉也舉臺觀則宮室可知矣美不害陳補注解土觀慎

用此或近美亦不害財用用乃思慎凡用財即思謹慎□備不敬不意

慎用

多[ ]此三句皆有闕文義未詳欲强通之則鑿然任其
闕字則又不便於讀姑以新意度之備上闕字疑
是無字無備不敬與上文無小不敬句法同亦即上文
慎備之義備者備財以備用也多下闕字據孔注疑當
作多用意當與億通料度也國有張施之事自當
多用然不能預為料度也●孔注多用謂振施也用寡
之親如有多用之事則府庫之財存者寡矣財用雖寡
然所厚者不可薄也故用財先親後踈所謂立愛
自親
始也用勝懷遠如無多用之事則府庫之財有餘矣財
用既勝其施也由親及踈使遠人亦被
其澤所以懷遠也陳禎
注解此二句義未合遠格而邇安孔注格至也●遠
人被澤而來歸邇
近之民其
安可知於安思危雖安也常
若未安於始思終既始之則
思終之於
邇思備恐政失患作
而無備也於遠思近思亦者近之
有備無患也於老思行
不備備居也恐所行有缺失也是時文王當
春秋高矣三臣亦皆老臣故有是言無違嚴戒共
棄之○孔注必有忍乃有濟也終謂終其義也格至也
此三字今已移作上文注○謝云注必忍句引用無謂

疑正文有脫句文弨案注終其義下宿衍之字今從卜本刪又楷至也當是上文注

[illegible]

寶典解第二十九

維王三祀盧云唐書引作元祀二月丙辰朔王在鄗召周公旦曰嗚呼敬哉朕聞曰何修非躬躬有四位九德孔注言脩身以四位九德也何擇非人人有十姦孔注凡人所不能免者。盧本謝云十姦當作十干古字姦作奸奸與干通用後人誤作姦何有非謀謀有十散不圍我哉孔注圍禁也。盧本無云圍讀曰禦何慎非言言有三信信以生寶維信貴故可寶寶以貴物惟可寶故貴于物物周為器孔注所用之為器。信可寶貴如器之周于用也美好寶物無常維其所貴人所貴斯寶之寶無常也信無不行雖信以為寶則周于用而無不行行之以神內則行之至誠如神振之以寶振救也藏于身以為寶順之以事循而施之以成其事三之字皆指信

大武論亦為之論不可作靜行時謂

書明叢以備改□以膚二句義未詳。明衆似謂求信于衆注用字似釋膚字訛

字似訛誤。孔注（政寶）（疑治之誤以治寶釋之）言治寶以器用庶格懷惠惠陳補注云惠當作忠以忠與膚韵協也沛疑惠當

作惠以惠與備韵協也陳清懷忠者止信之行淨謂信孚于民民懷其惠庶衆也格感格也

四位一曰定四位皆以心體言之脩身必先正心故定正靜敬為治心之要脩身之本也定謂心

有定向善惡之辨了然於心則心一於善而有定向二曰正正謂心無偏私蓋情之所用易偏故心之

位宜正三曰靜靜謂心不妄動無纖毫私欲擾于心故靜四曰敬敬者小心翼翼之謂

隨時隨地心常主敬則至定至正至靜之中心不流于塵寂而凜然敬以作所為敬位丕哉中也

言四者之盍敬為聖學之要自古帝王之學不外一敬字故贊之曰敬之為位大矣哉孔大也（正文非言當為衍注）靜乃時

非孔注時非特時不動。張氏惠言曰當為而。陳補注時非宜從張作時行或曰非乃作字之訛與宅

叶亦適。沛案注及諸說皆不切心體之靜病謂時有伺察之義如論語時其亡也之時心體至靜無所擾乃

皆家是與非雖心已定已正而唯恐稍有差謬忘於清
靜中察之乃見故曰靜乃時非如此說似與心體之靜
相合且與上下文相
貴始識管見存參
正位不廢心之位居中不失其比如忿懥恐懼好樂憂患
之無所於偏是也心正則心存否則心不在
爲視不見聽不聞食不知味是廢心之官也
定得安宅心有定向者物不得而移之
以此宅心如居之得安宅矣

九德一孝子畏哉從懼也乃不亂謀謀謂圖謀子懼父親故守分而不敢亂謀

二悌悌乃知序知長幼之序序乃倫倫謂倫紀。陳說倫字上脫有字

倫不騰上騰上猶言陵上。孔注不騰不越不相超越王雜志念孫棠騰上當爲上騰騰與崩爲韻。淳棠孔注以不騰連文知正文原非誤倒此與下句兩上字相承與上兩序字相承一例況倫與爲韻叶句不須用韻王說非是

上乃不崩不崩猶言不替也

三慈惠舊慈惠下有茲字謝云因上慈字而誤衍今刪曰慈愛幼者使得遂其長

知長幼云慶

知長幼既知長幼然後

念親恩。陳補注以此句為行文而刪之，失其旨矣。

樂養老 念親恩故曰忠恕樂于養老

是謂四儀 風言大極 意定不移 三句義未詳。孔注：儀，言也。沛案：儀無訓言者。釋名：儀，宜也，得事宜也。四疑事字之誤，又以聲同又涉上句四字而誤。風當讀作諷，即辯言也。令姑就此解之，似言忠以待己，恕以接物，是謂得事之宜。雖隨抗以誣我者，經言不可而本忠以行恕之道在我，既得其宜，故真定而不移也。如此解似屬可通。

写字

五中正 是謂權斷 中正不可執一，資權以為斷，乃得中又正之準。命訓篇曰謂臨之以忠，中忠古字。道用行之以權，又曰權不法，忠不忠，又曰以權從法，即此旨也。

補損知選 補損猶言損益，度訓所謂立中以補損，補損以知足是也。此句上可脫以法從權四字，誤入下文，當移正。蓋惟以法從權而得中正之道，故能損益合宜而知其數。孔注：選，數也。

六恭遜 是謂容德 容德猶言德容，恭遜之容德所著也。以法從權 陳補注此句當繫是謂權斷，是謂容德下疑脫一句。沛案：陳說是也，宜從之更正。

安上無慝 孔注：慝，惡也。惟有恭遜之德容以居安上

啟足以安上往而無過患

七寬弘是謂寬字宇謂器宇准德以義貧大之德准之以義非姑息也是以受福

樂穫純嘏孔注純大也嘏大也謂之大大之福八溫直

是謂明德溫和孚也直正直也明德謂光顯之德喜怒不鄰孔注鄰間也沛業鄰與

淥同喜則溫和怒亦正直無偏私誑無間隙也主人乃服主字疑誤或是匡字亡有溫直之德喜怒

不擇人情乃悅服之九兼武兼用威武是謂明刑書曰明于五刑惠而能忍

能愛人者能忠人刑有罪是能忍也尊天大經天討有罪五刑之用皆大經也經常也猶云法彼天

常命訓篇惠不忍人亦奉天討之旨九德廣備九德悉備于身則身無不備矣次世有聲

次世猶言世世德脩于身是以聲名洋溢于無窮也〇孔注長有令聞

十森盧本引謝云森當作千移錄于前一窮[約]于靜紫下缺一字空圍疑是約字分拆擬補

〇凡飾偽者皆千求名譽之人周人者不可不知其偽也身居窮約[illegible][illegible]排世心於窮約者必外邀[illegible]靜之名

鈙曰于靜二酒行于理陳補注酒乃酒字之誤謂洗滌其行以自表見此飾外以欺世者○神案陳說阿長從又案玉篇理正也道也于理蓋于方正有道之名三辯惠于智惠與慧通原無深識而情辯言小慧以于智者之名四移潔于清孔注實少而名多曰移也矯為廉潔以于清譽五死男于武原無武略而男于赴敵雖死不悔欲使律以于武功六展允于信虛本惠云外傳云展而不信韋昭云展誠也誠謂復言非忠信之道○爾雅釋詁允信也郭注允信也使人似信○硜硜小信以于然諾不欺之譽七比譽于讓陳補注比阿也此互相標榜以謙退弋名者八阿眾于名阿諛眾人使稱己之善九寡愚于果冥冥決事自示果斷十懷孤于貞恃懷才居孤高自固命以示堅貞○孔注十者皆不誠之行故曰姦

十散一廢□□與行乃泄蓋謂謀泄也二、□□□□□□

□一以上共缺十二字無可據以補者三淡薄閒瞞其謀乃獲乃復疑當

作不發乃字涉上下文而誤。其讒淺薄其親閒聽此愚賊之人與之謀事安能有所勝哉荀子非十二子篇楊倞注聽閒目貌書閒聽者親為閒迭閒目書囗忠讒見潛薄者往往有此情狀究之聽謀不察也故不獲囗。孔注閒聽不察謂所謀也。虞云所謀一作聽謀 四說咣神棠作聽謀是也聽字俗寫使似所字故誤

輕意乃傷營立虞云文弨案說當即侊侊皆謂不摩童。神棠虛說是也侊侊輕意者不能慎重其事故謀之不感而所營立者不成

五行怨而不顧帝憂其圖謂不憂慮其所圖謀也上句疑有誤陳補注謂不顧行怨不能喻諸人與下句義亦不貫以願讀之似願亦顧字之說亦怨似民怨之歟無可証據不敢臆斷也然

六極言不度其謀乃費虞云極言不度謂汗漫也。費大也謂大而無當

七以親為疏其謀乃虛疏其所親而與疏者謀必不以實告故虛

八心私慮適百事乃僻心不公而慮專主于一凡謀事必派」偏僻

九愚而自信不知所守自信而好自用昧以謀為知所守

十不釋太紈　見利忘親上句義未詳此句不須解○孔注適單也言十者皆散汝
戒　三信一春生夏長無私信即中庸所謂誠也誠者物之始終如天地之生長萬物順應時
氣化之自然無私心之偏愛其道至公而至顯　民乃不迷民知王者之德化如天地之無私乃戴德
而無所違貳　二秋落冬殺有常秋則草木彫寒冬則草木枯槁亦順氣化之自然而有常
期也王者法之刑罰有常是之謂信　政乃盛行法天地以為政政之所以盛行也　三人治
百物百物兼人與物言盡人性以盡物性使凡物無不得其所者　物德其德是以物物感王
者之德而德其德非天下之至誠其孰能之　是謂信極孔注言其信至○信至即誠之至也極至
也而其余也盧云四字趙疑衍○沛業趙疑衍非也而如古字通見經傳者多矣王伯申先生釋
詞徵引甚博如具者說言之詞　信既極矣既以至誠待物　嗜欲所在欲下闕文疑是所字
今姑擬補　在不知義[illegible]心之嗜欲或有所偏則昧于理而不知義是誠與明不能兼至也　欲在

謂信極語說

美好有義信是美好之物而又濟之以義是誠與明兩盡之道也以是謂生寶孔注以義為寶。沛案孔注非是上文云信以生寶此言生寶仍指信言。但信中有義為權衡耳非以義為寶也蓋誠之至者明亦至可以感天地動鬼神格豚魚是信之為物天下至貴之物也在我既信植而又有義是我身心中自生之寶物莫若信矣武王意在以至誠感天下故以信而有義為寶

周公拜手稽首興曰興起立也臣既能生寶未設言之。恐未有信

陳補注未有下疑脫義字。沛案舊本未有下原無空圍而陳疑有脫字是也今從之若謂舊本脫義字則[illegible][illegible]是蓋武王欲以義濟信信如論語言信以成之必有言言義以為寶不然硜硜小信何足道哉故武王言信又言義以明大誠非小信也其大旨總在以信為寶物周公更端發論其言既能生寶已含義字在內若復云恐未有義則無謂矣故知陳說非也然則缺者當作何字耶竊以下文例之疑當作仁字非與下句復下句語承此句仁非指君德言上文春生夏長無私則仁蓋仁育萬物之德已包在信字中矣不必復言若德之仁蓋仁與人言字

盤庚見于經傳者多矣觀孔注於下文仁字亦指賢人
言莘格君德言也周公所慮者信以生寶寶以貴物圖
有然矣然有此寶物正須世世保守傳之勿替此非國
有人爲以輔助君德不可缺曰恐未有人以相與國守
此寶子孫其敗子孫無賢人之輔。孔注有[ ]注有此行將敗其所寶空圖則正文自敗
耳字可知恐有寶而子孫不能有以致治
也。虛云舊本注脫孫不二字趙增既能生寶未
能生仁仁同人下並讀作人。此緊承上文恐未有人句中說恐無後親恐後來無可親
信而任之者王寶生之王以信義生寶而無可親任之人將誰爲王會計此寶即恐失王
會道維其廢正恐夫王會計期寶之道不能傳之永久將柰之何。當會之寶孔注會所
王拜曰格而言格至也而洳也稍其所慮之周至維時余勸之以安位
教之廣廣字下疑有脫字或是患字與位字韻協不敢臆斷此句與上句法不稱其有脫字無疑
●時九也言信如爾言余雖是勸以安廣其位教以廣
舒仁政風數有以得人而致治也易繫辭曰履信思乎順信而

有義之謂曰又以尚●賢也則此節之旨○孔注安位謂信有得神業得當與德通用寶而亂

亦非我咎備哉以信義之寶用以治天下而天下不治是天未欲平治天下而不生輔治之人也其

咎亦不仁我上設榮祿不患莫仁然上設厚祿以禦天下之士不患莫人猶言不

患無人也○孔注言以榮營字疑衍祿祿□仁也闕文疑羨賢字則用是榮人也，神業注皆以人言則正文

五仁字適作人可如仁以愛祿人人以愛祿之故各安其位各盡其職所當為允維典程

允信與常程法也信能守此常法既得其祿又增其名凡為此下者既得厚祿又增

榮上下咸勸孰不競仁上以祿勸下下相勸以報上兼不強于為八者而何患無

名

人也詩曰無競維人無發語聲無競競也競于為人謂

爭為善人也與此競人同維于孫之謀◎寶以為常孟兼寶信學與寶貫言之●孔

諡仁人以愛祿為常法則人皆競仁欲愛子孫謀此為

常即謂業注仁人原本當是作人人故下文云人實飄

[illegible]幾及[illegible]且又使仁字彼改為仁人也而不知仁人二飄

字於義無所施當正之〃文宗武王意在至誠感物故
四信為寶国公用意在為天下得人即所寶維賢之意
雖語有更端而貴與
武王之旨相成也

本典解第五十七

維四月既生魄　王在東宮　召公陳補注東宮成王所居王在東宮蓋猶在七年保傅之內召如君命召之召公周公也盧本云衍召公二字似以召公爲召公吏矣失之。沛案當作召周公下當作告公曰文義乃順告周公曰嗚呼　朕聞武考述所聞武考之言不知乃問　不得乃學　俾資不肖　永無惑矣此四語皆武王之言資助也永長也陳補注謂不肖成王自謂言資武考之問學庶可以無惑矣其旨矣。成王如時武王以問學勉之聖人教子之道可想見焉夫不知而不問不得而不學愚不肖者所以終于愚不肖也聞古聖之言亦可以興矣學者其服膺之今朕不知明德所則　政教所行　字民之道　禮樂所生德謂倫常之德明光顯也書曰惟公德明光于上下所謂明德也猶言顯德懿德常德德之類朱子於大學謂以得諸天者言之偏矣則準則也政教所以治人者行謂所

[illegible]大學[illegible]可謂深切著明[illegible]讀此篇者宜參觀[illegible]讀大學者尤宜[illegible]

當行之道字樵字也猶大學言在親民禮樂必有所由
生生猶與起也惟天子建中和之極然後禮樂興焉四
者成王皆自謂不知其道非不念而知而當作不故問伯父故當作敬。王雜志念
孫案非不念而知文義不明當作非不念念而不知前
大成篇曰非不念念不知是真證故問伯父文選魏都
賦注新漏刻銘注齊故安陸昭王碑注並引作敬問伯
父是也下文又云幼愚敬守以爲本典，沛案正文當
如文戒作非不念念不知而字可者周公再拜稽首曰臣聞之文考述文考之言能求士者智也士字下盧本作空圍陳補注從楊本補材字沛案揚本或多以意補
不足畫據。王雜志念孫案能求士者智也與民利者
仁也句法上下相同則上句不當有闕文下文士有九
等皆得其宜正所謂能求士者智也其無闕文明矣與
實玉海六十七引此無闕文。智足知人故能求士
民利者仁也。陳補注與作興盧本作與是仁者愛人能與民同利也能收民獄者
義也義主能斷收拘收也能督民過者德也正己而後責于人督責也爲民犯

難者武也為民捍大災禦大患威武足以勝任智能親智仁能親仁

義能親義德能親德武能親武陳補注此五句言王者有如是之德則能以類召類矣

五者昌于國曰明智仁義德武五者之道昌大于國是有明德而為明君者也故曰明

明能見物物事物也物有善惡斯有是非有是非斯有可否明則皆能洞見之也

高能致物高有明之極處致與至古字通識超天下者於物理之究竟皆能推極之見物如大學所謂物格至物如大學所謂知至也

物備咸至曰帝萬物之理備全于胸中而皆能底于至善之地堯所謂允執其中箕子所謂皇建其有極是也如此則德同於天故曰帝白虎通曰德合天者稱帝書堯典疏帝者天之一名所以名帝帝者諦也言天蕩然無心忘于物我公平通遠舉事審諦故謂之帝也五帝道同于此亦能審諦故取其名

帝鄉在地曰本句義未詳疑有譌字闕疑可也陳補注以乾元資始解之[illegible]待本[illegible]字之意而帝鄉在地四字究[illegible]

本生萬物曰世萬物本于天天者萬

一至字亦韻　若作則不協　而則字亦協　有通協之

則未安也大本立而萬物生焉世世不變者也

世可則法曰至

虛本則字下作空圍陳補注據楊本補度字沛棠楊本蓋多以意補不及盧本據宋元本校定亦妥補字為是必欲酌量補之不如補以法字語法靜民則法曰皇中庸亦言行而世為天下之法下文知至以下亦世為天下則故據管見擬補法字並擬帝德同天其道可垂於萬世所謂世為天下法世為天下則者是也非其道不偏不倚無過不及克底于至善之地是以千聖百王莫能易之書言中言極大學言至善其理一也至即上文云物備咸至之至也

至德照天

照陳補注作昭沛棠昭照通集韻照或省作昭今仍從盧本。言至德光照天下

百姓不驚

驚字上盧作空圍陳補注據楊本補用字沛棠帝世之民不識不知順帝之則何驚之有陳以服教畏神釋之夫服教畏神亦非驚也陳誤矣竊疑闕文當作不字知詩言徒御不驚蓋百姓順其德從視為故然故不驚也始擬補不字。古音天鐵因切故與驚字韻協

備有好醜

備字義未詳好醜美惡也蓋彰善癉惡之意

民無不戒

戒警戒也

顯父登德　德降則信　信則民寧

此三句亦

見戒聞篇作德降為則則信民寧彼處孔注云則法信
民心也厪附注云顯父司徒之官三句亦見本典。登
上也進也登德即貴德之惠司徒主教降德者下德教
于民也德是感民政信之信則各安其分而為所當為
是以平寧。神業成開云德降為則和寤篇亦有此語
厪五法制皆本於德法制信于民民是以寧。憚德下
者為則二字義較此尤窮**為最為極**
民無淫慝長戒也即書言吝則戒之之慝極疑
與經適隸貴也洪範咸用六極極亦當與經適言夫
訓也此言為長為極國謂民有不率德教者則加以威
甚則誅之蓋明刑所以弼教是以民無淫慝淫過也慝
惡也陳補注云極中
也於本文義●不合
生民知常利之道則國強陳補注常利之
道農系是也重農桑
則民富故國強
序明好醜則必固其務處本醜字下作空圍
楊本作乃字陳補注謂楊本乃字是衍文逐刪之沛案
此空圍一不可刪但楊本補乃字不若補則字與上下
文一例今姑以意補則字。序明猶言分別好醜美惡
也固猶固也務本務也民各有其當務之業勤者為
勸之惰者懲之則民賞斷嚴厲而見固其本務矣竭勿

以利之則民安（分謂上下之分均平也所度訓爲教民決分之意各視其分所當得者以利之則民不趣分而相安矣）享用以資之財民樂（盧本用字上作空圍陳補注據楊本補享字今從之。享其財用使仰事俯育有資則民樂其生矣）明德以師之則民讓（德謂循帝之德師之猶言教之也章明德教則民知親其親長其長而爲讓之風行矣）生之樂之則母之禮也政之教之遂以成之則父之禮也（承上文總言之。陳補注生之樂之慈也政之教之遂以成之則慈而濟以嚴爲禮猶道也）父母之禮以加于民其慈惟博（惟博二字盧本作空圍二陳據從楊本補今從之。陳補注如是則有父之尊有母之親而天下樂其顧復矣故其慈惟博博廣也普也。詩曰豈弟君子民之父母此之謂也）古之聖王樂體其政（體猶親也。聖王樂于親政）士有九等皆得其宜曰材多（士指仕者上中下各有三等故曰九等士皆當其位則人材衆多矣）人有八政皆得其則曰

禮服常訓篇曰八政夫妻父子兄弟君臣則倫紀之則也服行也禮以正倫紀倫紀修則禮教行矣士

樂其生而務其宜禮樂者士之所宜講貴而習獲者也今仕者食祿于朝樂其生矣而務其所當務者

是故奏鼓以章樂樂有八音獨言奏鼓者樂以金鼓為重章明也

奏舞以觀禮舞有進退坐作之儀故可以觀禮

奏歌以觀和禮記歌者在上重人聲也書曰歌永言聲依永律和聲故可以觀和

禮樂既和其上乃不危禮樂既和則自朝廷以至草野熙熙皞皞盛世之氣象也故君上安而不危

王拜曰允哉幼愚敬守以為本典允信也幼愚成王自謂也敬守之以為治本之典彝

文傳解第二十五

文王受命之九年，時維暮春，盧云：太平御覽百四十六引同，今本詩正義作維暮之春。王雜志：念孫案：時維暮春，時維暮春，周書文無此例，時字必後人所加也。太平御覽所引已與今本同。泰誓正義引作維暮春，大雅文王正義引作惟暮之春，之字蓋後人依周頌臣工篇加之，皆無時字。沛案：首句蓋仿維周王宅程三年句而為之，卯維暮春三字，周書文亦無此例。但篇紀年紀月者有之，單紀月者亦有之，未有以四時分紀。此篇首叙述必非「西周」史臣之筆，召太子發云云，諸書引用多不同，蓋此篇必非原文，王召武王之辭，戰國時編次者雜黙叙語強派入耳。觀首二句已可知。

在鄗，召太子發，

曰：鄗，鎬京也；武王名發。嗚呼！吾語汝所保所守，守之哉！上當有守。

厚德廣惠，忠信志愛，人君之行。孔注：四者君德。盧云：玉海卅一引作厚德廣惠忠信愛人君子之行。沛案：盧本正文作嗚呼敬哉身老冥吾語汝我所保與我所守傳之子

尊卑辱寵而慶惠忘信而志愛人君之行與御覽八十
四所引同舊本正文與御覽一百四十六所引同陳補
注本仍從舊本不從盧本今所錄正文亦從舊本取其
而屬簡潔究之此數語乃後人[illegible]應非實錄文有煩
簡異同亦不定刪之。此下分數段[illegible]也。[illegible]
足重輕也[illegible]訶[illegible]也[illegible]

不為驕侈驕佚侈肆不為泰靡泰甚靡費不淫于美淫過括柱茅
茨為民愛費孔注言務儉也因就木枝曰括。盧云括與刮栝之刮同御覽即作栝注木枝俗本誤作不決亦從御覽改。陳補注括柱不雕也茅茨不剪也山林非時不升斤斧以成草木之長禮記王制草木零落然後入山林川澤非時不入網
罟以成魚鱉之長王制獺祭魚然後漁人入澤梁。盧云自在鄗召太子發至此皆依太平御覽卷八十四卷百四十六參校補正舊本吾語汝下作所保所守守之哉無下兩而字與御覽百四十六同川澤非時不入網罟御覽八十四作而慎天時水澤不內舟不麛不卵以成鳥獸

四下廿六字
低一格寫

之長麛麑子卵鳥卵王制豺祭獸然後田獵鳩化為鷹然後設罻羅○卵盧云說文引云不卵不蹪以成鳥
獸云蹪者蹪獸延也毆漁以時童不夭胎馬不馳鶩土不
夫宜沖案此節正文有脫誤今據御覽訂正正文以小字居中錄之毆獵以時不殺童
不夭胎童牛不服童馬不馳澤不行害土不夫宜沖案童不
夭胎文義不可通陳稽堂謂童字當在馬字上又於句
法不稱非是竊謂毆漁當作毆獵童字上脫不殺二字
夭胎下脫童牛不服一句馬不馳鶩當作童馬不馳此
下當有澤不行害句蓋此數句正文經後人刪節而御
覽所引乃其原文也然亦有誤今並訂正之○盧云御
覽八十四引此云毆獵唯時不殺童句牛字衍不夭
胎童牛不服童馬不馳不鶩不鶩衍澤不行害益其程
其澤不行大同義土不夫其宜萬物不夫其性天下下
字所不夫其時藝文戴繫亦引童牛不服童馬不馳土
不夫其宜萬物不夫其性天下下字衍不夫牧其字時
以成萬材萬材已成放以為人天下利之而勿德是謂
莫[illegible][illegible]為物不夭焉雜以不今多見下卷大聚解中

土可犯澤彙犯字說陳楷注以孤闕疑解之蟲環鼎謂犯盖化之訛也古文犯作卂與化字形似故化
訛為犯也犯謂化生也自無而有謂之化土不失宜
故可化生萬物或曰糞得宜瘠土可化為沃土亦適材
可蓄畜養也潤濕不穀低溼水湯之地不熟種穀樹之竹葦莞蒲竹與蒲葦
並舉蓋亦草名和扁竹錦竹之類不然竹性畏水下隰
非宜雖謂所以水生見淮南子俶真訓然竹究非水中
植也故疑是草之似竹者存參又案潤濕蓋謂水濱
之地如淇澳之綠竹最盛是潤濕宜竹之證淮南子俶真訓言
竹以水生是西鍰也葦大葭也莞苻蘺也並爾雅注今西
方人呼蒲為莞蒲江東謂之苻蘺蒲草可織席者也
礫石不可穀礫石土中有細石者樹之葛木以為絺綌以為
材用孔注所為土不失宜○盧云木一本作葛非絺綌為謂葛也材用謂木也注所為疑是所謂○沛業為
通謂所為即所謂也敬凡土地之閒者聖人栽之鼓為民利
陳楷註閒讀如閒田之閒土地之閒即王制所謂名山大澤不以封也注而不以封者與民同財不得障管聖

人戴之如上文所云是已是魚鼈歸其泉鳥歸其林孔注取之以時不夭胎殺。盧云是下疑有以字孤寡辛苦咸賴其生。孔注得飭生長材用陳補注窮民無力耕種者賴闢田之利得以養生山以遂其材盧云山下疑當有林字工匠以為其器百物以平其利商賈以通其貨。孔注無二德也陳注穆堂謂此四字疑下文出一曰神明下注。材多器足利平貨通合觀下文皆小民樂業之象王者之民所以皞皞如也工不失其務農不失其時是謂和德孔注和故不失。此段文皆用韻與孟子不違農時一段言王道之始義直相合古聖王仁民愛物之心千古如見土多民少非其土也民少則多曠土地廣如無土少人多非其人也地狹出穀不足養民民將四散是故土多發政以漕四方四方滙之孔注漕轉流歸言移內入也。盧云入舊作人訛。發政猶言發令使漕轉人民以實曠土四方之

貞誤襍遺于此土少安帑而外其務方輸以上文相校疑當作四方輸之文義

乃明。孔注外設業而四民方輸穀。盧云注當作外設業民而四方輸穀。汸業注當作外設業而四方民輸穀。陳補注帑妻子也安帑謂安妻子於家外謂出貴于外務事也。人多者取貴于外以易粟故四方之民輸穀于此

夏藏曰中不容利民乃外次孔注夏爲之藏戒書也利福業

次舍子田。盧云注舊脫利福二字又次舍二字倒今據玉海增正。陳補注中謂國中地小則生息薄故不容利外次謂逐末於外引以証安帑而外之義

盍閑望曰孔注閑望古書名也土廣無守

可襲伐土狹無食可圍竭二禍之來不稱之災

孔注故以人王相稱爲善也。盧云潛夫論實邊篇引周書曰土多人少莫出其材是謂虛土可襲伐也土少人衆民非其民可遺竭也是故土地人民必相稱也遺竭疑是匱竭之誤。陳補注衛業潛夫論盖抄變周書武文非文傳本文如此

塞天治。命有徽

天有四缺：水旱饑荒，其至無時（無時言倏而至，不能預測），非務積聚，何以備之（孔注：積材聚蓄穀蔬）。夏箴曰：小人無兼年之食，遇天饑，妻子非其有也（亦至離散）；大夫無兼年之食，遇天饑，臣妾與馬非其有也（勢必轉鬻）；國無兼年之食，遇天饑，百姓非其有也（此十五字舊本盧本皆缺，今據王雜志引羣書治要及太平御覽時序部二十、文部四、玉海三十一所引增補。孔注：古者國家三年必有一年之饑，非其有，言流亡也。盧云：御覽三十五引此作夏歸藏，訛。墨子七患篇引周書曰：國無三年之食者，國非其國也；家無三年之食者，子非其子也。胡廣百官箴敘曰：墨子著書稱夏箴之辭，即謂此也。陳補注亦據墨子、御覽、玉海補正文十五字）。戒之哉！弗思弗行，至無日矣（至上當有禍字。孔注：言不遠也。王念孫云：羣書治要作禍至無日，與今本脫禍字，則義不可通）。明開塞禁舍者，其取天下如化孔注變化之頭謂其病。舊本及盧本此正文十二字及注文七字並缺。今據王雜志引羣書治要所引增補。王雜志明開塞禁舍者正對下不明者言脫此則語意不完下文真如天下何本作真夫天下如化祇因上文及注皆已脫去後人遂不解如化二字之意而以意改之不知如化者言其速也上下兩如化相應改為真如天下何則失其旨矣武稱篇曰民服如化小明武篇曰勝國若化呂氏春秋懷寵篇曰兵不接刃而民服若化皆言其速也故孔注曰變化之頭謂真病羣書治要引正文並注不缺今據以補正并錄

不明開塞禁舍者真夫天下如化孔注不明謂失真撤。舊本盧本並作其如天下何今據王雜志改正

人各脩其學而尊其名聖人剬之孔注剬而業用衆人各務其業各以所長成名聖人則總而剬之故諸横生盡以養從生盧本謝云脫一生字。今據補從生盡以養一丈夫孔注横生萬物也從生人也一丈夫天子也言兆民養天

子也。盧云養字舊誤者，從趙改。無殺夭胎沛案此句有脫字，亦如上文童不夭胎句脫二字，當作無殺童無夭胎，文義乃明。無伐不成材，無憧四時憧與情同。四時樹藝，宜勤力秉時。如此者十年行之十年（非謂終之二十年也）有十年之積者王（屬上句）謂十年中每年皆有所積，非謂現有十年之積也。孔注通三十年之計也。盧本趙云三十年之通惟謂耕耳，此兼言庶物。如此者十年承上，即以貫下，但當就十年作解可耳，注非共。陳補注謂十年之積專指農言，下乃兼言庶物，解趙說非，仍當從孔注。沛謂趙云當就十年作解是也，本文只言十年，未嘗言三十年也。有五年之積者霸沛案此句當是後人妄為增入，周以前雖有霸諸侯者，然聖王垂訓，未嘗言霸術，況霸非富強不術數。謂十年中便有五年之積，固無此理，謂十年中僅五年有餘積，則所積不過年餘耳，以備水旱，尚虞不足，何能致富強。此句義理不足，疑是後人增入也。無一年之積者亡孔注通十五年之計有五年之積也。亡為無國家。孔注通十五年許，猶通三十年許也，何以別之為霸？其說非是。又案此節大義言蓄

理財畜生之有道用之有節使農民耕三餘一耕九餘
三以備旱潦統計十年每年皆有所積者此王者之道
也若統計十年一無所積者遇天饑民非其民
與亡國之道也原未嘗言及霸道下節亦此旨生十殺
一者物十重重再也猶倍也生多殺少故物十倍生一殺十者物頓空頓遽
也空虛也生少殺多成而物盡此極言之丹生一圓無從殺十然今世俗語猶然十重者王
頓空者亡孔注生多到重生少到空，沛案注兩到字當作則因草書形似而誤也
兵強勝人人強勝天孔注勝天勝有天命。沛疑即人力回天意能制其
有者則能制人之有能推制己所有土地人民則能先制人不能制其
有者則人制之孔注術自取之。土地人民將不為己所有故受制於人
令行禁止王始也盧云王始疑是王治。王雜志念孫案王讀去天下之王令行禁止
則可以王天下故曰王之始也今本脫之字則文義不明羣書治要正作王之始也前錄。沛案王謂令行禁

止可以王天下恐未必然從盧說作王治解可否則言羕令自王始亦可之字無關輕重出一曰神

明政自天子出威福獨御也出二曰分光分任大臣而出政君明則臣明是分顯君之光明也

出三曰孔注政有二名分君之明光亦明也。盧云注名字隨改作臣。陳補注案注當作二門管子

明法曰政不二門。潘案注疑作政有二出分君之明草書出字與名字形近故誤者君臣一德則出二猶出

一也非二門之謂若出三出四則誠政出多門矣出三曰無適異適專主也異疑當作翼輔

也言無專主輔政之人也陳補注謂政出多門國有異政則與無適意未合出四曰無適與

與猶從也政出多門民無所從即所謂一國三公吾誰適從是也無適與者亡孔注君臣無適

異民無適與不亡何待也。潘案孔注君字疑衍

柔武解第二十六

維王元祀一月既生魄孔注此文王卒之明年春也。陳補注引莊氏彥士曰漢人謂

文王受命改元武王十一年伐紂上冒文王之年不改元於是父死不葬之說起而再春大祥伐紂數十年來僃為一誤牢不可破違經誣聖莫此為甚今據此篇維王元祀一月下云文考之緒功古者生曰父死曰考曰文考則文王既崩可知曰元祀則武王即位改元未審上冒先君之年也而大祥伐紂之誣不待辨自明矣節錄。

沛案周書載武王時書二十餘篇柔武大開武皆繫之元祀小開武則繫之二祀寶典酆謀繫之三祀大匡文政繫之十三祀武儆繫之十二祀其自四祀至十一祀八年之中所作書皆無年月大小開武二篇同時所作而分繫一祀二祀武儆作于十二祀又列在大匡文政之後可知此數篇所紀之年不足深信也至若克殷大聚世俘商誓度邑等篇為西周時之真古書則轉無年月可知二十餘篇中真偽參半戰國時人編次湊合此書其年月原不足[illegible]據也武王嗣位改元稱元祀自屬周史之舊例豈知後世有漢人之[illegible]說哉晚出古文

尚書泰誓孔傳及疏「皆誤」前賢有辯之者亦不僅恃此篇為証也周公旦曰嗚呼維在文考之緒功在纂也緒業也維周禁五戒五戒不禁厥民乃淫孔注此成周也而謂之戒言五者不禁戒之道也○沛案注殆誤解戒字五戒之戒指兵戒言也

一曰土觀幸時土觀當謂臺觀讀見程典篇幸時謂因時遊幸也眈于佚遊則不修政故政匱竭而不知憂疑也政匱不疑二曰獄儺刑蔽獄儺猶言獄貨儺售也謂鬻獄也刑蔽謂刑蔽於私也姦吏濟貨孔注濟貨成其貨也・謂濟其寬貸而得貨或曰貨即貸字之訛觀注可見說亦通三曰聲樂[淵志]脫文二焉可據補姑以意揣此共淵志二字因取樂記淵志字姑補之以便于讀四曰飾女滅毋德後宮飾女則好色不好德而廢滅有德者也

維勢是輔維禱是怙孔注輔□怙恃「盤游安居皆害之術」○盧云輔□怙恃疑當作輔勢怙禱沛疑孔注只釋字義謂輔助怙恃也盤游安居孔注盤游安居枝葉維落

案：誠成意似字解成見，誠義相近，下句言誠也。

貨害之術。注：意益謂盤游無度，與安居簡出，皆害之
術也。人主好佚樂，譬之于木本，貫擬商曰枝葉，木有
害乎五者不距，自生戎旅。距拒同。不拒絶五者，戎旅自或召也。故必以德
為本，德以脩身。以義為術，義以制事。以信為動，信以接物。以成為心，成以同言。誠
具事居。以決為計，計事決斷。有以節為勝，勝在節制。有。○孔注言以德為
本以節為勝距戎之本也。盧云：正文以成趨疑是以
誠素注但舉首末兩語，亦有說，疑當作言以德為距戎
之本也。○沛素盧說甚有理。六者務在審時，相時而動。紀綱
皆所以距戎，而以脩德為本也。
為序，師出以律。和均[道]里，以匡辛苦。均下疑是道字枯補。之道里遠近計日而
行，不迫促，不參差也。戎行辛苦，有以匡救之。○孔注匡正
也。辛苦，窮也。○王雜志：念孫案：匡，救也，說見文酌篇。
見冠[奮]戚，靡適無[下]。沛素：戚上缺字，無可攄補，以意擬補奮字，使文義略可通。戚
斧也，見詩干戈戚揚注。奮戚猶言奮戈男往之意也。
令攄王雜志補下字。○王雜志：靡適，適與敵同。無[ ]

無下缺字

忿悁業關文當是下字靡適無下著無猶不也見薛綜
東京賦注餘詳釋詞此承上以德為本云云而言如
此則靡敵不下也下與序若鼓武下為韻允文篇靡適
不下亦與語武所戶宇輔土為韻以是明之。沛索靡
適無下句緊承上句王未審上句缺
字故統言承上以德為本云云也
勝國若化（勝敵國如變化）（二速也）不動金鼓（不交兵也）善戰不鬭（句見大武篇王訂本）故曰柔武（以柔）（允剛也）

四方無拂奄有天下（孔注拂違也言感也。扈云奄宋本作掩謝云當作）（奄注言感也元本作言感也）

敬天命成
西王益勸
三年決討也
知七失疑
勝有之敘曰
言為大武篇
當以李之開
[illegible]
綱訓之旨也

大開武解第二十七

維王一祀二月武王即位之元年王在酆周邑名密命訪於周公

旦曰孔注密人及商紂謀周大命。盧云密如君不密之密注以為密人非也。沛案盛說是義哉事濡

秘不敢外泄也嗚呼予夙夜維商維圖維也密不顯謀慮甚密未敢顯露誰和

誰則與我合志武曰。誰和疑當作誰知孔注言欲以戣送之商密告歲之有秋沛疑告字

是若字之誤興下文若農之服田句類今予不獲其落若何獲與穫同收也及時不收

複零落奈何。虐代大歸曰落成也言歲已有秋而我

不得享其成乃自反之意非急於伐商也。案此說亦

通祐錄之存參。孔注和稍萬物而商密欲擴我周不

俘其落恐將亡。盧云文弨案此蓋以田事為喻也後

云秋而不獲正是一意。篇中無一語及密人序云武王

邑商亦不及密上云密不顯誰和蓋云茲事密不顯誰

其與我合意者注乃云欲以毀送之商密聖人豈有此

意哉毀而徼懼毀其足以亡人國乎甚矣注之謬也

周公曰：兹在德敬在周。陳補注以爲在敬爲句，云德敬即召誥所謂敬德。沛案如此讀句法似不稱，且敬德字何必倒。竊疑周字是君字之訛，篆文相似致誤。言兹事在德，敬德在君，唯有德者能受天命也。

其維天命，王其敬命。此中有天命，爲王其修德以敬命。孔注言天命在周，當敬而已。

無遠戚，陳補注遠戚無字。沛案陳說是，今從上讀。遠親戚也。無干和，盧本作施。氏壽士曰十干之訛。沛案施說是，今從改。干犯祥和也。無再失，言毋一失復失。維明德無佚，無佚猶書言無逸。孔注所親近踈遠也。再惟明德之君則然。失者復失也。盧云注爲當作謂。

佚不可還，不敬則心放佚而難回返矣。

維文考恪勤，恪恭也，勤勞也。戰何敬，沛案何當作祇，涉下文何字而悞，今據改正。盧本作何敬。戰戰恐懼兢小心翼翼祇敬德也。何好何惡，謂羞好所思所當。陳補注猶言無有作好無有作惡也。

時不敬，殆哉！時是也，殆危也。孔注言一佚不可還，故念文王所敬。沛案注意如此，文當於敬字截句，鈔本讀不悞。陳疑何敬是衍文，非。

王拜曰：允哉！允，信。

既是取他書而之間指點貫宜删之而直以之首段至以下已

也予聞國有四戚五和七失九因十淫非不敬不知陳補注四戚五和見大武解又見小開解九因亦見小開解○浡案四戚五和九因俱見大武四戚五和之目與此篇小有異同若九因則大武云政有九因合四戚五和而謂之九因也非另有九因之目也此篇則更詳其目與大武異今本大武篇脫政有九因四字故陳不知九因亦見大武而言九因見小開其實小開云周有九因因有四戚五私則亦合四與五而為九也小開亦未詳其目○又案四戚五和等名目乃古兵家之言心另有成書而編緝周書者往往不顧上下文義而牽意攔入且妄撰教語連合之不省其雜而不倫也如此篇周公答武王大旨以教字為主若心戒五和七大九以十淫周公不須瑣瑣為武王告也惟前其修德敬天以戒文考之功緒身政浡於此篇極愛今而言維格孔注而汝格至其前後之文而中間則直欲删之已

而有九因之目以言四戚五和七下上與遠戚無與再失言之其淫蓋徧書者無濫入也

也予非廢善以自塞塞閉也維明戒是祇祇孔注敬之是周公拜曰盍順天順天命莊非孫天降寤于周指太姒之夢程廬本趙云蓋即程降因

于商丁𪈿𪈿書事因以知商之衰也商今生葛生葛蓋所商庭生蔴之謂詩曰葛生蒙棘葛右有周孔注言天右周以和商謂商朝生葛是祐助周也維王其明用開和之言言孰敢不格孔注可否相濟曰和欲開臣以和則忠告之言無不至矣。沛棠閒和者名見武儆篇今武儆無孔注孔蓋未之見故亂定義作訓。

四戚一內同外𪈿大武篇作一內姓此本作內同姓外字蓋誤二外婚姻大武篇作二外婚三友朋官同師同受師傅大武作三友朋四哀同勞同勞相恤大武作四同里。沛棠北堂書鈔武功部引大武匱篇作四同盟盟興附韻協洪書鈔是

五和一有天維國注天治國大武篇作有天無惡二有地維義因地制義大武篇作有人無郄三同好維樂樂所好大武篇作同好相固四同惡維哀哀所惡大武篇作同惡相助。五遠方不爭謂不勤師于遠大武篇作遠宅不薄亦此意。孔注以文德來遠

公不違下究 [illegible]
趙云立在廢
在所廢也廢
廢者在所敎
不可曉○許案
訛脫

七失一立在廢（新立者應廢者）二廢在祇（祇者可教也所教者）廢三比在
門（比偏黨也）四諂在（內諂媚悅也）五私在外（私人有權在外）六私在公（私人干與
公政）七公不違（公廷轉不敢違此七失者無道之君進小人退君子其用人往往如此下文九因十淫亦
惟無道之君有之蓋為有道之國用人行政豈有此失
周公何必嗷嗷為武主言哉故知此篇中間一段是錯
周書者妄。（凡注立所廢則功多廢所敎則不見疑）|__|
為篡入也。（此論近公私于錯公鉏不能違之所謂失）
九因一神有不饗（神不歆）二德有不守（德不修）三才有不官（不舉）
四事有不均（不均勞）五兩有必爭（兩相爭）六富有別（義未詳哉）
（不相合之意）七貪有匱（蓋謂多藏厚亡）八好有遂（遂其嗜好）九敵有勝（有時）
勝（孔注此皆因其事而以謀彼國也○盧云本）
敵（趙云因乃因利乘便之因無謀彼國意）
十淫一淫政破國　動不時　民乃不保（乃字舊脫陳補注據北堂）

書鈔補今從之政征書字通疑此亦當讀作征蓋注於征戰動不以時故足以破國而民不保者作政令解
亦可適二淫好破義　言不協　民乃不和淫于嗜好不合于義故拂
令不合協民情而衆不和　三淫樂破德　德不純　民乃失常淫于佚樂
則傷君德德不全于上則下化之而民失其常性　四淫動破醜　醜不足　民
乃不讓醜恥也淫于舉動無所羞愧民亦不知恥而相爭奪　五淫中破禮　禮不
同　民乃不協過中失正破壞禮法不能同風俗故民情不協　六淫采破服注目
華采服色　服不度　民乃不順淫于華采服色不度故民不順從　七淫
文破典　典不式教　民乃不類作聰明亂舊章棄文壞法不足爲式民乃
習于不善類善也　八淫權破故　故不法官　民乃無法權謂權宜
故謂成憲屢有權宜而不得中則官不遵成憲而民無法守　九淫貨破職　百官令

不承（貸當與代同吏代也官職不時更代故官不承令）十淫巧破用　用不足
百意不成（作為淫巧以破財用故財匱而庶務廢。陳補注意藝也）嗚乎十淫不違
危哉（陳補注違去也）今商維茲（孔注言商紂所行如此十者之所蔽）其唯第茲
命不承殆哉（其唯第茲以謂商豈惟但如此也且不能承天命故危自王拜曰以下至此疑皆非
本篇原文因原文中間殘缺故攔取他書以資之而連
綴其辭耳古書不可盡信亦不可不辯。孔注不承天
命則危殆也。陳補注此正文九字疑有脫文或曰第
字當作商言商紂有此失德而民不能順天受命是責
福而要于禍矣故殆）若人之有政令　廢令無赦（廢令則獲罪）乃廢天
之命　訖文考之功緒　忌民之若　不祥（孔注廢政令罪不赦）
（而乃廢天命父之業忌民患是不祥也）若農之服田　務耕而不耨（耨芸
草也）維草其宅之（宅居也）既秋而不獲　維禽其饗之（盧云正文

不獲沈政不獲四（?）政○陳麟注聲當作食人而獲飢食與宅叶注作斁食之可據下文飢之叶云誰衰之孔注草居之是農不修也斁食之是飢也已自取之是時務之父業之遵○盧云正文云字舊誤去今訂正注是時疑當作有誰又父業上疑有脫文蓋即胃牆胃獲之意周公欲武王纘承文考之功緒也王是以拜受其言○沛棠注斁字當作禽字父業之遵疑當作言父業當遵　王拜曰格乃言格至也　嗚呼夙夜戰戰　何畏非道　何懸非□陳補注懸去聲何患非下疑有空圍後人傳寫脫去遂與是字接連矣是不敬猶上文時不敬也○沛棠陳說甚有理今從之非下添一空圍　是不敬殆哉孔注王心以周公言為之敬拜也

夷谷字韵協

宜移寫

小開武解第二十八

維王二祀一月既生魄，王召周公旦曰（王武王也）：嗚呼，余夙夜忌商（忌畏忌也思商圖已），不知道極（道極謂道之極至處極中也），敬聽以勤天命（敬聽汝言庶有以勤奉天命）。周公拜手稽首曰：在我文考（述文王所行），順明三極（三極之道順序明之），躬是四察（是當讀作寔心察切于身當寔辯之觀下文孔注云必察真偽可知是當作寔），循用五行（五行相生相剋循其序用之），戒視七順（七順無一可違檢戒以視之），順道九紀（九紀皆紀天道與人事合順而道之天人相應。孔注）。

文王所行也

三極既明（明於天地人之道），五行乃常（五行之用乃安其常不至汨陳矣），四察既是（四察本躬既寔究之），七順乃辯（七順之理乃能辯析），明勢天道（陳補注勢字當作執九紀本乎天道），九紀咸當（既明天道所紀當辯其當），順德以謀，罔惟不

行順天人合一之德以圖天下之・孔注言化歟無有不行者所謂道極是也。道大行也
三極一維天九星孔注九星四方及五星也。盧本患云文選注引周書王曰余不知九星
之光周公曰星辰日月四時歲是謂九星文昭業文選
注三十六所云乃九紀也孔以經緯釋九星甚當他說
皆不足取。陳補注衡業九星乃三極之一九紀另是
一項文選任昉宣德皇后令注所引當是逸周書亡篇
中語惠說本困學紀聞不足據。沛業盧云孔以經緯
釋九星甚當是也五星為經四方朱雀元武青龍白虎各七星為緯
二維地九州九州見禹貢與職方三維人四左孔注四左疏附禦侮
奔走先後是也。盧云四左成開解作四佐上言文考
故注引詩為釋。沛業四左即王者之四輔若武順篇
言心有四佐指手足四枝與此異陳補注取以釋此非
是蓋聖王仰觀天文俯察地理中得人材三才之道具
矣致云三極。又案成開篇言三極之日與此同旨可
以參看三極一天有九列別時陰陽惠云九列即九星
二地有九州別處五行三人有四佐佐
官維明案佐以官職言不指四枝可知

四察一曰察維極（極謂準極洪範三曰視[五事]視曰明明作哲此其旨也）二耳察維聲（聲音之道與性情通洪範四曰聽聽曰聰聰作謀惟聰故能察）三口察維言（人心之動因言以宣洪範二曰言言曰從從作乂從順也乂條理也）四心察維念（念謂意念心初動而為意念其幾甚微然其中有善惡之辨為不可不察洪範五曰思思曰睿睿作聖[illegible]睿者通乎微也哲者智也此云心察維念正是君子慎獨之功與。凡注四者當所必察大學誠意之旨合其言最精真為。沛案注當所必察疑倒字疑衍）

五行一黑位水（此序五行與洪範合黑位北方也天一生水故序居先）二赤位火（赤位南方也地二生火故次之）三蒼位木（蒼位東方也天三生木）四白位金（白位西方也地四生金）五黃位土（黃位中央也天五生土。居孔氏穎達曰五行先後以微著為次五行之體水最微為一火漸著為二木形實為三金體固為四土質大為五。五行有聲色氣味此言黑赤蒼白

資五行之色也。孔注言其所順而動。盧云勤疑當作動

七順一順天得時七順蓋皆言用武之道順寒暑之序故得時二順地得助順山川之險故得助三順民得和順民情所欲故得和孟子所謂人和是也四順利財足順資生之利故財足論語所謂因民之所利而利之也五順得助明盧本洪云疑是順助得明。潘業謙說義亦難通疑得字古與德通蓋謂順承有德者則聽不惑故可以助我之明六順仁仁字疑當讀作人古字通人謂在位之人用武則將帥是也將帥得人故無失無失七順道有功伐暴安民王師之道也順王道故有武功。孔注順天時得天道順道有功得人功

九紀一辰以紀日九紀本洪範五紀而增以四時洪範日四五紀一日歲二日月三日日四星辰五日歷數。辰者十二辰也地支干二配天干十而成甲子故日辰紀日二宿以紀月宿者二十八宿也宿宿歷二次故以紀十二月十三日以紀德日陽也陽剛為德故紀德四月

方三字誤

以紀刑月陰也陰條為刑故紀刑。孔注日月之會曰辰甲乙十者於四方以紀日。宿次十二紀十二月次日為禮月為法也 五春以紀生春氣發生 六夏以紀長夏氣長養 七秋以紀殺秋氣肅斂殺 八冬以紀藏冬氣斂藏 九歲以紀終孔注四時終則成歲 時候天視可監孔注天視言視天時。監察也 時不失以知吉凶辰宿日月歲時不失

具占驗之法可以知吉凶。陳補注此占驗之義淮南天文訓丙子干甲子諸說是以文干論吉凶春秋繁露治亂五行篇火干木諸說是以五行論吉凶月令春行夏令諸說是以四時論吉凶在周禮已有馮相保章氏之掌。沛案時候天視可監二句語自明白。陳改為天視可監時候不失似不必

王拜曰允哉 余聞在昔訓典中規訓典先王之書中規中法度也

非時罔有恪言日正于不足孔注謹以受。盧本惠云恪即古文格字。時是也

◦沛案此篇蓋古兵家之言未必是周公告武王之辭而編[illegible]者叢默首尾强屬之武王周公耳與前篇大開

[illegible]篇題

武相類焉大開武贊尾尚屬古書殘篇只中間雜（摻）入兵（九巳十四字）家之言耳此篇則取洪範之緒餘為兵家之要道大旨不外天時地利人和故以三極為綱四察則專言人道五行則言天道而兼地道七順則言人道而合於天地之道九紀則專言天道以占驗言之後世遁甲之書皆本古兵家時日支干之術此篇觀他篇以詐術言兵戰為純正而得其要矣若武王夙夜忌商與前篇夙夜維商同旨周公之告當與前篇王其敬命一意相承而乃泛言兵家之道亦無謂矣故知此篇首尾皆叢雜之詞不足信也

此篇尚在疑信
若果武王之言則
頒命也當周
定天下尚未平
且少主即位人心
猶懷武王之顧
頼於天命雖
難保惟切體
託周公輔政乃
日情事如武儆
周未知所憂不知
他勝不敢望云云
蘇也惜其儀篇
甚多僅存數
此篇言敬言
真千古帝王相
道而三機五權
政言治道不及
之言為切至也
篇尚有可疑

五權解第四十六

維王不豫于五日（王武王也不豫有疾也）召周公旦曰嗚呼敬之哉昔天初降命于周（天眷有周降之大命）維在文考克致天之命（文有聖德承致天命）汝維敬哉（敬天命）先後小子（先後猶輔佐也小子太子誦也）勤在維政之失（在察也勤察行政之失）政有三機五權（目見下）汝敬格之哉（格辨也）克中無苗（克用中道苗陳補注謂通作貓不知何據沛案苗一音貓或本是繆字以音同致誤或通作貓說文引周書曰惟貓有稽今書呂刑作惟貌薛季宣書古文訓作貓大抵是旄然斛紗之意）以保小子于位（王知疾不起故托孤於公）

三機一疑家（機者動之微當先辨之疑家謂至親有可疑者）二疑德（德有可疑者）三質士（質士義未詳○陳補注士與事通質謂斷質）疑家無授衆（陳補注武已料管叔必變）

疑家卽祖曾叔無授衆謂不可予以國大權也疑德無舉士德有可疑毋舉而仕之賢士

無遠齊陳補注言求之遠也當吁敬之哉陳補注武益逆知流言必出于骨肉故教公慎

防之吁敬之哉嘆而復儆之也天命無常敬在三機天無一定之命得失未可知可

不謹于其機哉

五權一曰地地以權民陳補注度地居民也二曰物物以權

官陳補注物事物也權官量能授職也三曰鄙鄙以權庶陳補注鄙野也庶農也權

庶計口授田也四曰刑刑以權常陳補注刑者五常之數策權常飭紀陳綱也五

曰食食以權爵陳補注食采地也權爵班祿定制也

不遵承括盧云章本作奉括食不宣不宣授臣此正文十一字有訛脫義未詳

陳補注正文删此十一字今仍錄之

極賞則濫　濫得不食盧云業濫與屆同荀子宥坐篇言水洸洸乎不濫盡似道楊倞云濫讀為屆竭也家語三恕篇正作屆盡極。沛案正文得不字疑倒屆竭故不得食極刑則仇

仇至乃別虐民則民離之故別圖他適鄙庶則奴　奴乃不滅二句義未詳。陳補注庶侈也治野無法則民習于侈而陷于罪故奴滅絕也奴乃不滅犯法者衆也。沛業陳說似未合。戴曰鄙民太衆無田可授則必為人奴役奴役有不能成家室者乃至絕嗣如此說則正文不字為衍文此似可通尔恐未合

國大則驕　驕乃不給國大則君驕常若匱下不足給使令而官因以衆官庶則荷　荷至乃辛盧云官庶舊作官無庶趙云無字衍今從刪謝云荷與苛同見漢書酈食其傳文弨案辛疑丵字之訛說文叢生草也讀若浞於苛細煩碎之意為近且業字从丵則聲當亦相近上所用韻亦協

與物庶則爵乃不和盧云惠於乃字旁校云宋作構趙疑物庶則下尚脫一字梁處素云構疑櫱字之訛說文引商書庶草櫱櫱是也櫱字當重文文弨案和字亦必誤

●陳補注聶和當作秋

地庶則荒，荒則聶 盧云案聶當如爾雅守宮之聶聶宵炕之聶合也胣其滿音閒寒而不能跡適是之謂聶 人庶則匱 匱財竭也 匱乃匿 盡謂迷匿 嗚呼敬之哉，汝慎和稱五權 陳補注調而能一曰和輕重不失曰稱 維中是以 惟用以中道 以長小子于位 長猶保也 寔維永寧 國家久安長治之道

成開解第四十七

沛案此篇述文王時政教皆切究於君民上下者洵王政之要也篇中閒有錯簡及訛脫處不能盡解惟五示顯允明所望七字今校正之者和集以下十二字則真不可解闕之耳

成王元年大開告用孔注周公大開告道成王用之也。盧云文弨案篇中云今商尊競時道播以輔則在來東征之前舊作九年非也今從趙改。沛案注云大開告道猶云大開言路也

周公曰嗚呼余夙夜之勤勤謂勤政今商尊競時道播以輔孔注言商餘紂子祿父競求是道迹播迷越之人以自輔。沛案注道播迷越當作道迷播越

余何循何循何慎沛案何循不當重文疑衍二字否則首二字或是何循古循循字相似言我何所循治何所遵循何所慎所備乎陳補注直刪去重文似不可王其敬天命無易天不虞孔注當敬天命備不度者也。蓋謂命不易祿天難諶不可虞度也

四俗閒本作八元本章本

在晉文考，躬脩九〔五〕典〔脩治五官之典〕，勉茲九功〔勉與免同，功與攻同。免去攻也。釋也。攻擊也，伐伐也。言犯此九者，必致人之攻伐，當免去之〕。敬人畏天，教以六則、四守、五示、三極，祗應八方〔孔注：祗敬。八方，四方兼四隅〕，立忠協義乃作〔孔注：協和。沛案：忠當讀作中，古忠中字通用。言當立中道而協于義，乃可起而行之也。作，起也〕。

三極：一、天有九列〔盧本惠云：九列即九星。陳補注：衡案三極已見前小開武解，小開武言九星，此謂日月所行之九道，故曰九列〕，別時陰陽〔陳補注謂寒暑也〕；二、地有九州，別處五行〔木東、金西、火南、水北、土中央，分別處之〕；三、人有四佐〔孔注：四佐謂天子前疑後丞右輔左弼也。陳補注：四佐謂四枝。沛案武順篇心有四佐，孔注云四佐脾腎肺肝也。此言人有四佐，自當指四枝言。人者，統詞也，不當專指天子言。然注意以王者之政言之，故因天而治曆明時，因地而

辨方正位因人而設官分職三者皆有大中至正之道極中也若以四極言似國與極字義未合佐官維

明陳補注五官耳目口鼻心也。沛棠謹孔注則庶職精明之意

五示顯允明所望沛棠此二句當在衆和乃同下誤倒在此孔注亦當在下或經後人移易蓋三極下詳五示之目自當列五示一明位示士云云不當有此七字竊謂正文五示五乃士字之誤應當作士示顯允正文明字上據注缺當字應當作當明所望有位者民所望也此二句中言明位示士之義正當在衆和乃同句下不然下文德以撫衆衆和乃同只中言明惠示衆而於明位示士句則缺矣故知此二句當在衆和乃同下無可疑也正文誤一字脫一字當正之。孔注當明謂五示示於民也。沛棠注誤二字衍一字蓋云當明謂當明示於民也

五示一明位示士居其位則各司其事當明辨之士者事也

二明惠示衆謂惠惠命訓篇云撫之以惠大戒篇亦云使衆之道撫之以惠

三明主示寧孔注主明則民安之

。主蓋謂一家之宗長　四安宅示孥。孔注安宅則妻子寧安宅謂民肖定居　五利用示產孔注利用則產業衆。產謂恒產民所常生之業也　產足不窮承利用句中言其致　家懷思終承安宅句終長久也　主爲之宗承明主句　德以撫衆　衆和乃同二句承明惠句施民彥士謂衆和乃同言明位之敷非也二句相承忘中明惠示衆之義與明位示士不說相涉也德即惠（悳）衆情和則有同心叶止與上句相連說下施說誤矣。孔注言五示之義同謂和同也○虛云正文不字脫。趙據文義稱撫舊作輔。又衆字不重。惠據衆本政增。沛彙此下正文當有士示顯允當明所望八字以申明位示〻之義今本誤入在前當移在衆和乃同句下孔注當明云云亦當移在同謂和同也下。顯允二字見允夫篇曰叔用顯允顯明也允信也

四守一政盡人材　材盡致死孔注任人盡其材則死力效致　二士守其城溝城溝即城池也　三障水以禦寇陳補注障水壅水也寇至則決以灌之。蓋須

候 見大明武

濆障水器以為守禦具 四大有沙炭之政 句義未詳。孔注大沙熾炭可以攻適人也。盧云注攻舊訛政今改正適人即敵人也。沛案正文訛誤難曉据注意推之大字疑是大字之訛。沙字亦疑誤沙細小石也囊沙可為堙谿之用但興炭字似不倫古者禦敵有障水之法又有火攻之法故大明武篇曰因風行火障水水下此處上句言障水則此句言行火可知況孔注有熾字可證沙炭之政政令也蓋為此令以預備行火之具為守禦計也如周禮夏官司爟掌行火之令彼以四時言此則守禦之令也

六則 一和眾 和輯羣情 二發鬱 鬱滯積也 三明怨 蓋即南風解慍之意慍怨也

四轉怒 轉移也謂轉移而平之也 五懼疑 民有疑貳則懼以法 六因欲 因欲從民所好也。孔注鬱謂穀帛滯積者也怨則轉之懼則疑之欲則因之此文王所以尅紂也。沛案注懼則疑之當作疑則懼之誤倒耳

九功 功當作攻 一賓好在笥 孔注在笥謂貴幣於笥無節限也。陳補注謂吝而不予也。

神業孔注是

二淫巧破制百工作為淫巧以壞蕩制

三好危破事行險徼幸以儌事

四任利敗功貪財利以敗事功

五神巫動眾信禱巫以動眾之惑

六盡哀民匱孔注盡哀送終過制也。匱謂匱民財用

七荒樂無別荒樂謂荒于逸樂。孔注無別亂同也

八無制破教無法制則教不立

九任謀生詐孔注任謀謂權偽也不犯此則成功也。盧云文弨案古功攻同此九功當謂九攻孔注似曲

和集集以禁寶有離莫遂通其盧云此十二字難曉下本遂刪之亦非也。陳補注衛業此十二字上下絕無連屬亦全無文義卜本刪去未為無見今從之

五典一言父典祭 祭祀昭天 百姓若敬孔注言祭祀見享受福民乃化

二顯父登德 德降為則 則信民寧孔注則法信民心也。盧云言父顯父如書酒誥之稱圻父農父宏父也文有尊之之辭此言父蓋宗伯之屬顯父司徒之官正父

汪衡案襭父即
之圻父圻與畿通
雅之圻父圻讀作
畿圻父薄違違
薄違與左傳奉違
登失六義也弟錄

司馬之官襭父師氏保氏之職所闕一父當司空之職
也顯父三句又見本典解患半農據以改此作德降爲
信信則民寧文昭案與注不合前和寤解亦有德降爲
則語蓋法制皆本於德法制信於民民是以寧患所改
非也
三正父登過 過慎於武 設備無盈 孔注使正舉事過於
前無自滿○蓋謂使正父舉所行之過以告武成也言
當慎于作威但設備而無過制耳○沛案陳補注以正父爲
司寇登過以下爲平獄訟
之事其辭甚由不可從
四襭父登失 脩【　】【　】官 此句
疑當作脩 官無不敬 孔注使刺譏之士舉此
其庶官 之失其官官無不敬矣 五【　】【　】【　】
【　】 此句以上文例推之只闕一字似 制哀節用 政治
當作【　】父登制下文制字緊承
民懷 孔注懷猶歸之也○司空掌邦事制哀節
用衰荒之事也盧以此係屬之司空是 五典有
常 政乃重開 孔注重開
言無爽也 之守 盧云二
字衍 內則順意 順疑當讀
作慎古字通下同內則
外則順敬 小則慎
而敬其事慎于意念之微 內外不爽 身心如一

也是曰明王

王拜曰允哉允信也維予聞曰何卿非懷懷人惟思懷永念也永念先人之道惟當深思之思若不及禍格無日若忽于思而忘遺訓則禍至無日矣○孔注格至式皇敬哉孔注式用皇大余小子思繼厥常○以昭文祖定武考之列陳補注思繼厥常繼序思不忘也昭文祖覲耿光也定武考揚大烈也列與烈同嗚呼余夙夜不寧不敢安也

互錯簡

大戒解第五十 沛霖案此篇言用人之道而歸本二人君德文有訛脫頗不盡可解

維正月既生魄王訪于周公曰嗚呼朕聞維時兆厥工 非不顯 朕實不明 孔注兆始工官言政治維是始正其官○盧云說文引逸周書曰朕實不明以俟伯父俟完也胡因切今此書無下句說文所釋亦難曉○王輯志念孫案兆厥工三字文義未明孔注曰政治維時始正其官据此則正文兆下當有正字○非不顯言非不顯揚之但簡任之道朕實不明耳 維士非不務 而不得助 助謂輔助 大則驕 驕傲 小則懾 懾懼 懾謀不極 孔注言務求士而不得助如此之難極中也 于重位與輕服 服謂章服 非其得福厚用遺 遺即饋遺之遺○孔注重所重在於重位輕重所立非大德而重厚福用之是求益之言也○盧云注誤難曉趙云似言授之位與服誠冀助我而共得其福耳非然者胡為厚遺之若此乎○沛霖案趙說是從孔注末句悟入已略得其大意矣但注云非大德而厚福用之明是以福厚連

文非以得福違文也且非夫德三字猶云非其德也害
得德字適夫猶其也正文其字是其字之訛趙云共得
真福與注不合殆猶未細繹注意耳沛謂正文輕字疑
衍言于重位與服非以其人有德胡為以福厚遺之乎
蓋爽具有助於求也故注曰是求益之言也此句最有
意味然得其旨陳補注不違此旨而曰服如服官政之
服福祿也非其得福位不當也厚用遺則絀而退之耳
此說謬甚。注重所重以下十一字重復錯誤故盧云
注訛難讀然大意蓋謂言所重在於位位
所主非夫德而厚福用之是求益之言也
庸止生郝孔注
止容也。盧云郝止字作卻。沛案注
意蓋謂容止之間常生嫌隙卻與隙同
庸行信貳孔注常信
貳則難得中也。沛案注意蓋謂庸常也貳疑也平常
所行之事每於可疑者反信之則所行者必失中道此
群政之所以不輯也。陳補注引張氏惠言曰庸用也
止無事行有為也無事則隙有為則貳不得助之患如
此沛案此說似屬可
適然與注意則不合
眾輯群政眾職所以輯和群政不輯自匿匿吉
與愚同惡也政不輯
和必不能善是惡也
嗚呼予夙勤之夙下疑脫夜字盧本無陳補注有不

職字從元本

知據何本增無或告余非不念念不知孔注我雖勤之無有告我者徒
知而不得明知也。沛案注徒知似當作徒念
周公曰於於嘆美辭敢稱乃武考之言曰孔注言汝之武考有是言微言
入心微至之言入人心腑夙喻動衆夙早也平音教喻足以感動群情大乃不驕
大臣偶君之德教自以其驕心行惠於小小臣執以恩惠小乃不懾小臣感君之惠不至
懾懼而不敢言矣。盧云次小字從宋元本俗閒本作衆連官集乘同憂若一
孔注連官則同憂職集衆事則同憂濟。沛案孔注義自明白蓋官則各有職連官則同憂其職事各有事集衆
計事則同憂其事之濟所謂同憂若一也陳補注乃云盧
本注連官下衍則同憂三字而妄删之遂使注文義不
明可謂謬矣又訓乘爲事亦悞考字書無此訓。盧云
集乘疑是集衆始因注而疑又以草書乘與衆相似耳
其實正文不誤乘治也詩豳風亟其乘屋又計也周禮
稾人乘其事謂計其事也正文集乘當是集衆計事之

[]謂爵祿
芳堂

義戠曰集乘戠作治事解亦通謀有不行孔注謀胥不行書必行也○沛棠謀有不行猶云謀有不行者乎故孔注曰言必行也陳補注不達此意乃曰同要若一則謀宜濟矣乃有不行則未得盡其志耳謬甚○此上述武考之言已畢下乃周公所言○盧云注言字舊脫從趙增

予維重告爾重再也周公又申言之以告成王也○盧云予字從宋本俗間本作茲元本無重字

庸厲[]以餌士權先申之明約必遺之上二句字有訛脫陳補注改作庸厲以餌之士權以申明約以遺之蓋無所據而以意改也今仍從盧本○沛棠庸用也厲[]疑當作厚祿即中庸重祿所以勸士之旨餌即勸誘之意有位斯有權祿具權斯能行政故先申之中興仲同言使之得展其才也約戒約也遺以明戒使知居官有法不得妄為也遺之猶言予之如詩政事一埤遺我之遺

其位不尊其謀不陽言當使不厭於卑位得以揚言也陽揚通我不畏敬

材在四方孔注言當畏敬賢者尊其位陽其謀也在四方言□○沛棠注末不只缺一字○盧

云來四方言野多遺賢貳且以資獻無擅于人塞匿勿行孔注擅人專己塞匿陰忌
。孔注專己意謂毋擅人之權而專于己陰忌之而使其謀塞匿不行也惠戚戚服孝悌
乃明孔注惠順戚近巳。惟順之近之戚服其心則士得施政教于國而孝悌之道乃明矣
明立戚恥亂此五字於上下文義似無所施疑有脫誤。孔注鄙恥其亂則思治矣
使衆之道撫之以惠自使衆之道至下文衆匿乃雍一百五十餘字疑非此篇之文
乃他書殘缺者誤入於此不然何以與上言用人之道不相承接也今宜分別觀之或此百五十餘字原是大
戒殘篇而周公訓成王之書亦名大戒故誤合之歟今書刪此百五十餘字使前後文義承接似覺了當姑存
此說以俟知者內姓無感盧云感古憾字外姓無讁孔注內長同姓同宗外姓異姓讁過
人知其罪上之明審孔注上明則不隱情故曰知罪教幼乃勤勤于教子
弟貧賤制陳補注制上疑脫有字□設九備陳補注空圍疑是教字乃無亂

謀陳補注：知所戒也。九備：一、忠正不荒異好○方不作焉忠正即中正，荒謂貴怨。孔注：順人心，明察則民化而善。盧云：正文脫二三段。浮棄上文明主威恥，亂疑即此下脫文。四□說

聲色憂樂盈匱說上缺文疑是怡字。人情樂極則憂，即樂盈憂匱之意。五、碩信

傷辯曰費□□六、出觀好怪內乃淫巧孔注：碩大，怪異。

七□□謀躁內乃荒異八□□好威民衆日逃

九、富寵極足是大極陳補注：是下疑脫曰字。盧云：逃字從元本，卜本何本作洮，字書無。內心真離孔注：室也。□九備既明我貴保之應

協以動遠邇同功孔注：應協以動，動必以和。盧云：協亦作恊。謀和適用

覆以觀之上明仁義援貴有備孔注：上謂君也。盧云：正文用本亦作同。陳補注：貴疑是責字之訛。聚財多□以援成功克禁淫

謀衆匿乃雍孔注言閉塞不行也。王雜志念孫案匿古慝字說見管子七法篇慝惡也言衆慝淫謀則衆惡皆塞也順得以動得與德同言身之舉動皆順乎德也人以立行人惟順德故百行立。淨案此二句可疑孝弟乃明句下明與行韻協也而中間百五十餘字直可刪去下文亦與篇首義合輯佐之道上必盡其志然後得其謀孔注言和輯求助當先順人也。篇首言士非不務而不得助又言衆輯羣政不輯自匿故此言和輯羣臣佐助之道必上能盡其心志以得士然後連官集衆同憂若一無不得其謀而用之也此歸重于君之詞無輯其信雖危不動王雜志念孫案闕文是輯字輯者移也上守信而不移則下親其上雖危而不可動矣孔注曰輯移是釋正文輯字也下文曰上危而輯下乃不親正與此文相應。孔注輯移貞信以昭其乃得人王雜志念孫案闕文是貞信二字此承上文無輯其信而言雖不輯故曰貞信以與己同上之貞信己昭則下莫不為上用矣孔注曰貞信如此是其證○風鏤○孔注貞信如此得其用也○沖業王說雖今據以補闕文上危而轉　下乃不親孔注上危而下不親之不足信故也　王拜曰允哉允哉　敬行天道天疑大字之訛

[illegible]

大明武解第九

畏嚴大武（四字疑是篇名）曰維四方畏威乃寧（畏嚴天誡此道四方畏威乃寧之也。盧云寧之言安之）天作武（作興起也）脩戎兵（修治也）以助義正違（孔注正順其義。合義則助之違命則征之。正當讀作征）順天行五官（孔注五官舉大官之言。盧云此五官當即曲禮所云司徒司馬司空司士司寇也注之言疑倒。陳補注五官五行之官也左昭廿九年傳蔡墨曰有五行之官是謂五官盧說與武略無涉）官候厥政（政謂軍政）謂有所亡（孔注亡無也。沛案謂字疑誤或是未字殆言無不備具也）城廓溝池（孔注謂敵人所處也）高厚是量（量謂度量）既踐戎野（盧云各本戎作戍今從吳本。戎野謂敵境）備慎其殃（是敵字之悞歟）（孔注言當明耳目遠斥候）敬其嚴君乃戰敕（句有脫悞疑敕下脫一字疑是敵人與上下文韻協嚴君蓋謂主將敵人猶言勝人）十藝必明加之以十因（藝因目見

下靡敵不荒孔注荒敗也。言雖强敵亦敗陣若雲布周密也侵若風行
迅速也輕車翼衛輕車戰車也羽翼護衛中軍在戎二方戎我車也指中軍言方當
讀作旁言翼衛之輕車在戎車之兩旁也即左右翼是。孔注奔敵之陣如此我師之靡
人不剛孔注知敵之强乃剛勇也。盧云文弨案此即韓信為背水陣以破趙者也注非是。孫子所
謂陷之死地然後生亦此意也。沛棠此文通篇皆韻語不應中間詳十藝十因之目使韻語間斷也
故以此下正文目之為原注 原注 十藝 一大援似當謂大陣援兵陳補注引考工記注獲
直外也忍非二明從明疑當作朋從隨也盖指從征者言如左傳悉率敵賦以從是也三餘子餘子見羅
匡注餘衆也盖帥大夫之衆子在戎行者四長與長盖千夫長夫長之類也百五伐人
義未詳。陳補注謂即孫子所言其次伐兵之義忍非六刑餘孔注刑餘救役七三疑盧云
三當為參。盖疑兵以誘敵也為八間書間書間謀也孫子有用間篇九用少孔注用少

者有貴十與怨（孔注與怨離構也）與怨十因一樹仁（立仁政）二勝欲（孔注勝欲以義勝欲）三賓客（集謀士）四適旅（是貨購）五親戚（睦戚屬）六無告（恤窮）民七同事（同勞王事）●八程巧（有技巧者）九□能（有才能者）十利事（相械而動利于我事。孔注凡事皆有因也）藝因伐用●是謂強轉（伐疑當作民 王雜志轉當為輔字之誤）

也與下文韻協輔助也言用此十藝十因以伐人則戰必勝攻必取矣為我軍之强助也

應天順時

時有寒暑（孔注言四時有寒暑分當）（司馬法日戰道不違時又日冬夏不興師）風雨飢疾民乃不處（不安居也）移散不敗農乃商賈（敗疑收字之誤以上四句似指敵國之民言之）

言民不安處迷散四方國不收恤農乃遠適異國如商賈然是則邦本不固矣故因而伐之似當如此解而陳補注云移謂移避水潦散謂散軍歸戍不敗謂主于不敗之地故農得以盡力田畝而具利乃比于商賈似於義未妥

傑勳

妾以淫樂賂以美女（孔注謂扇動之使沈溺也）主人若杖

孔注杖謂堅也。主人蓋指敵國言杖蓋謂堅守城池也

兵至城下臺圖疑是兵字今姑以意補。至城下者攻其城也高堙臨內日夜不解言攻城之法高為土阜以臨城內日夜攻之不解方陣竝功云何能禦孔注禦當也。盧云功與攻同渠處素云方陣之陣當作陳。四方皆陳攻具合。併攻之雖易必敵是謂明武雖易攻猶不敢玩是明於用武之道也

城高難平堙之以土孔注堙謂為土山以臨之也。盧云此堙字與下堙溪皆填塞之義亦與堙通用左傳并堙木刊以水堙之傳于堞以土「闉之之字疑衍」闉之以走路儀傳器櫓盧云闉之之字疑衍。趙云傳當為傅音附著城也。於堙土處各開走路。盧云素儀傳似當作蛾傳音蛾附墨子書有備蛾傳篇。陳補注引凌曙曰儀當如桓二年公羊傳儀而可以為其矣之儀何注儀者[illegible]謂須臾之閒制得之頃也蓋闉之走路旋復以器櫓傳城要截之且銳其歸路也

因風行火隨風用火攻障水水下決水灌敵軍以攻惠用元

元　文誣其寡孔注言務□恤刑也。陳補注元元衆庶也文誣其寡如漢高約法三章之類

旁隧外權　隱城湮溪陳補注旁隧謂於偏僻處穿道以攻其不備權與權通外權謂於城外數舉烽火以亂之也隱城攻其瑕也湮塞平其隙也　老弱單處　其謀乃離孔注單處謂無保鄣。盧云離舊本作雜今依患幸晨突為離與上漢協注謂無舊亦誤倒今並改正。離散也

既克和服攻城既克服而舍之　使衆咸宜孔注咸皆。使民得其所　竟其金

革　是謂大夷竟終也。孔注夷

小明武解第十

凡攻之道必得地勢山川形勢以順天時即前篇應天順時時有寒暑之
義觀之以今觀今之時勢稽之以古考古人之法○孔注兵由器戰產事故以群順
之稽考也○沛案注意蓋謂時日支干孤虛旺相之屬
當以吉祥順之詳與祥通吉也案司馬法謂冬夏不興
師所以兼愛其民也自是順天時之大端攻其逆政政不順以虐民故攻之毀其地阻
恃山川之險阻敵毀之立之五教以惠其下孔注五教五常之教也○陳補注管
子兵法曰教其目以形色之旗教其身以號令之數教
其足以進退之度教其手以長短之利教其心以賞罰
之誠是為五教○沛案下文五教允中枝葉代興管子
所言五教乃是枝葉非其本也孔訓為五常之教本之
舜典自是正解矜寡無告寡為之主矜與鰥通●此承上惠下言之無告之窮民尤
仁政所當先者也○孔註為之君五教允中枝葉代興允信也五教信合中道○

孔注聚衆謂衆善政也。盧云正文代與當是代舉，方與上下讙協與雖可與中。協然猶二句開隔非是。王雜志念孫案舉字古通作與說見經義述聞禮運匡謬而為與。沛案與舉同義此篇多用仄韵亦間用平韵如篇首以時協勢下文以禎協祥則此處何妨以與協中況義亦相同若謂此二句不應間隔平韵下文祥旗相協非間隔乎似當仍作與字為是

國為偽巧叶下言亂國所為以明可哉為詐作也詐偽工巧之術皆是亂政

後宮飾女為華靡精巧之服以飾後宮溺于女色也

荒田逐獸田獵之所荒于田獵也

游觀崇臺泉池在下耽於游觀也。崇臺淺池皆廢民力

淫樂無既百姓辛苦淫于佚樂無有已時是以百姓財殫力竭辛苦無告。

孔注言凡有此事皆可伐

上有困令乃有極[甍]困令舊民之政也極下缺文雖可以意補

蓋大抵民不堪其苦之意

上困下騰上行困令以病民民乃騰沸不安其分

戎遷其野戎遷其野聲罪致討也

敦行王法濟用金鼓孔注濟成也言以金鼓濟其伐。教

頌姑擬補
漁予請

說文訛也詩曰王赫斯怒爰整其旅行王法以正其罪也

齊國金鼓 孔注濟成也言以金鼓濟其戰。兵以鼓進以金退

降以列陣

無悅怨□ 盧云文弨案悅與懦濟同當訓為憤怨字是韻與上下協疑所脫字在上句。陳補注降歸也列行列也陣戰陣也列陣見周禮夏官大司馬。正文脫字當在無悅怨上。沛案陳謂缺字當在無悅怨上是也東都賦有士怒未滅句疑正文當作士無悅怨無毋適戒之也蓋以爲兵易敗

接道攻卷

無襲門戶 孔注言不赦有罪怨伐無辜襲掩也。盧云漢武帝封韓說爲案(按)道侯本此。陳補注按通作安知安國安都安成安陽安衆安郭之類與此無涉。又云接道攻卷出以律也無襲門戶怨過伏也。沛案陳說與孔注不合孔蓋以門戶指百姓家言故云怨殺無辜

無受貨賂 防用閒以讒我

攻用弓弩 用弓以射

弩上下禱祀

靡神不下 孔注先以祈禱而後攻戰也

具行衛備

懷戚思終

左右憤勇 振以長猴陳補注衛衛卑

轒雲梯衝攻城之具轀長旗慶幸年也

懷戚思終

左右憤勇 同懷憂戚思終其事

激憤勇爭先無食六畜　無衆子女士卒毋搶擄掠害民也　摩振若雷
遣于城下憤勇迅速以圍城　鼓行參呼　以正什伍部署士卒行列
足權。孔注言士卒之奮厲也。雜虛云元本何本若雷棋作若雹。　上有軒冕　斧鉞在
下孔注軒冕所以為賞也。陳補注軒冕以待有功斧鉞以待有罪賞罰明則士用命上用命則無敵矣
勝國若化　故曰明武浡棠文傳篇原本有其取天下如化句孔注變化之頃謂其速
兹云勝國若化亦言其速也

武稱篇一例寫
篇下戰勝之
安民之事
大小明武二篇
皆兩與人心際
後事宜以安
為首務觀此
篇條至詳且●
愛民之心切見
篇次大小明武前
四四天言條[illegible]

允文解第七

思靜振勝思語詞靜謂戢兵振收也以靜收既勝之功允文維記記陳補注謂當作紀是也允信也文文告也既戢兵以文告經紀之路告周行周行路也大維旌所在旌旌旗也即武稱篇所謂既勝人舉旗以號令之義陳補注謂發表有德非是。孔注以靜規勝康文紀武又云旌旗治亂所在收武釋賄孔注收其戎器不取賄無遷厥里俾民安處里居不遷官校屬職因其百吏孔注因其官吏無敢改。因仍也公貨多少振賜窮士府庫之財量其多少分恤窮士救瘠補病散財以恤民賦均田布周官九布在國曰邦布在市曰征布總謂之曰布賦均則不病民矣。孔注主施救布政也命夫復服用損憂恥救其罪還其命服以蠲除其憂恥也孤寡無告獲厚咸喜窮民得意故喜。孔注損除憂恥謂赦罪振窮救大患也咸問外戚書其所在

當民既被澤矣而又訪閭外戚錄其所在之地

遷同姓氏位之宗子

雖誅其君俾其地然不可絕其宗祀也故於彼同姓中遷其長且賢者立為宗子以主其祀。孔注誅其君為之主及壘臣

宗主

率用十五。綏用士女

舊本士女作安今從盧改正。盧云文昭業夏小正綏多女士此當是綏用士女與韻協作女士亦協。十五與什伍同統率戶口以什伍編之民數可稽此保甲之法也綏安也使民安其室家也

教用顯允若得父母

顯明允信也教民與行道在光明信實民被其德信實受恩於父母者然。

如寬以政之孰云不聽

孔注懷其德政也

政者正也教不迫求於民孰不聽信書所謂敬敷五教在寬是也

聽言靡悔遵養時晦

其有聽言不知悔者循養是闇昧之人以俟其悔過不遽誅之也養蓋如孟子中也養不中之養詩周頌曰遵養時晦毛傳云遵率養取晦昧也。孔注養時闇昧而誅之沛疑注脫不字若非作不誅之則與下美注意亦不貫

晦明遂語

於時允武

尚晦者明而自悔遂復論教之悉是其人畏法而信咸時是也

允信也武威也。孔注使昧死思復生生思復所當罪
者修明而遂告以信武也
死者思矜全而復生之其生人知不棄愛守正户知人
者思各安其業而復其所
不見棄於上亦知自愛不肯自棄（孔注人守正户言不逃亡）上下和協靡敵不
愛守正户而由之正户猶言正路
下上蔽愛下下知親上上下之情和協王者執彼玉珪
之所以無敵于天下也故曰靡敵不下
以居其宇孔注彼謂亂邪之君。沛業陳補注因注意
遂謂執彼玉珪奪其爵也不知王師卽誅其
君矣豈止奪其爵哉竊疑執彼之彼猶詩云瑟彼玉瓚
之彼彼語詞也不當訓彼謂亂邪之君也孔注蓋非
庶民咸畊童壯無輔陳補注無輔當作是輔。沛業
無輔義不可通陳作是輔可從
無咈其取通其疆土以上六句蓋謂王者執玉珪以
鎮撫其地但見庶民樂業而畊
童壯相與輔之利其所利取之無咈通達疆土民之望
使同力合作爲卽詩所謂徹彼疆土者徹通也
兵若待父母忠民如此故凡無道之國民望王師之征
伐如待父母者然書所謂傒我后后來其

蘊是也

是政天下一旦而定有四海有字上疑脫奄字適篇皆四字句不應結尾作長句且下與海韵協。此言沛業通篇皆有天下甚易耳一旦極言其效之速也。用仄韻周書[illegible]中僅見此篇其寬以政之執云不聽政與聽為韻凡二句為韻而助語之字一有一無古人之文多有之如公劉之詩何以舟之維玉及瑤舟與瑤為韻載見之詩以介眉壽永言保之壽與保為韻桓之詩於昭于天皇以間之天與間為韻莊子則陽篇不馮其子靈公奪而里之子與里為韻皆二句為韻而獨用一之字者也

武寤解第三十五

王赫奮烈 王謂武王赫然奮伐紂之烈 八方咸發 諸侯皆帥師助伐也 高城若地 指紂都言克城之易 商庶若化 商之庶民歸順甚速文傳篇具取天下如化孔注變化之頃謂其疾見王雜志引。孔注言士卒應王之奮烈視高城若平地若化恐怖也。盧云若化如蒲盧待化而成之化。沛案恐怖固不切化字盧云待化亦非不如解為變化之速 約期于牧 王與諸侯約相期會于牧野 案用師旅 此時王師與諸侯合師旅可謂盛矣而究之為用師旅乎案與安同即為字意荀子書常用案字 商不足滅 商之臣民離心離德故不足滅惟不足滅故云為用師旅 分禱上下 惟禱祀天地鬼神靈降監丹。孔注於牧野將其實商之無道滅之甚易也。戰克禱天地也 王食無疆 王食萬方故云無疆 王不食言 食言見左傳言吐復吞謂之食言謂不能踐言也王則不然 庶赦定宗 王在西土嘗言商百姓無罪其惟一夫又嘗告商民曰無長寧爾也王必不食

政言庶戮有以赦罪而定民之宗主也【本】【注】尹氏八士
○孔注言當赦其罪人定其宗主不食言也
八士氏尹而族別南宮太師三公皆率師伐紂之臣咸作有績皆作起有功績神
無不饗孔注言羣臣皆謀立功而神明享其禱○盧云績舊本訛作續業注云皆謀立功則當作續字
注言羣臣舊本訛倒作羣臣言今並改正王克配天功德巍巍克與天配合于四海合四
海之民心惟乃永寧惟厥故乃永久安寧也○孔注德合四表
沖業此篇頌美武王之功德似周頌疑是周頌逸篇
又案篇名武寤與本文不合疑周書原有武寤篇
亡矣後人妄取此十八句以實之耳故與篇名不
相涉也

此武穆篇錯武
之後寫了
以

武穆解第三十三

沛案此篇述古用武之道正大簡要蓋周先世相傳之法也序謂與武順同時作而文法則不類至謂周將伐商作此以訓乎民恐未必然

曰若稽古 曰粵通曰若發語詞不必從漢儒者訓順稽考古道如下文所述云云也

曰 陳補注刪曰字非是

昭天之道 命訓篇天有福人有斧鉞以斧鉞當天之福是用兵之道所以昭明天道也

熙帝之載 熙廣也帝謂天子載事也征伐自天子出諸侯賜之弓矢然後征是諸侯之得專征伐者所以廣大天子之事也虞書熙帝之載帝指帝堯此則泛言天子陳補注謂帝指上帝則與上句意複似非

揆民之任 古者寓兵於農車甲牛馬芻種之屬皆民任之約八百家出車一乘揆度也歲有豐歉民力有厚薄不可不度其所任也

夷德之用 孔注夷常□夷與彝通故孔訓夷為常送將士必用有常德者小開篇曰何擇非德又曰維德之用即此旨也

總之以咸 咸字衍

殷 孔注咸皆也殷盛也

背切總之也。神素注當云殷盛也以法總之也其興咸皆也當在下文咸康于民句下因正文誤衍咸字後人移咸皆也三字於此又以法總之上添一實字恐皆非孔注之舊蓋正文刪咸字文自成義有咸字則轉不成義殷眾盛也以一單言萬有二千五百人為單可謂眾盛矣而伯以上各有以總之

等之以□

此空圍宜刪

禁

自伯而佐而右而正而卿而辟總師者各有等而皆當嚴其禁令。淨素禁字上疑本無闕文因上句誤衍咸字校書者覺句法不稱故上添一空圍其實可刪也

成之以□

此空圍宜刪

和

上下同心同德則武功有成故曰成之以和。此上三句皆四字為句與上下文一律命訓篇撫之以惠和之以均云云常訓篇勤之以發之以文云云句法與此同也

則咸康於民

咸皆也康安也武以伐暴安民故曰咸康於民

鄉格維時

格維時三字義未詳或曰格至也蓋不敢輕動之意。武順篇三正一長曰卿蓋凡單將皆命卿為之卿統一單

監于列辟

武順篇三卿一長曰辟監視也列辟猶言列侯謂君也蓋卿之眾動皆聽令於君故曰監于列辟朋鄭家職自專也孔注既訛誤盧說又泛今錄于

下。孔注視古公列辟以爲師也。沖案注字有譌誤，公字疑書之譌，師字疑師字之訛，注原文蓋云視古者列辟以爲師也。武順篇三州一長曰辟，孔注亦卿萬卒舉令之世君辟君也，與此節注同義。盧云列辟周上世之賢君也，子孫臣民所當取法也。舊本列下衍也字，又本并古公列三字刪之，則又與列辟不相應矣。沖案盧不審孔注字誤，故爲此說，緣悞解古公爲太王耶。

敬惟三事，永有休哉。三事皆用武之要道，當敬圖之。永，長也。休，美也。

三事：一倡德 倡謂倡率 二和亂 和謂和解 三終齊 齊疑當讀作濟，謂事終有濟

德有七倫，亂有五遂，齊有五備。

五備：一同性路 此句陳補注云疑脫一字。沖案下文衍要字，疑當在路字上 以撥遠

通 撥，度也。孔注同性路謂□遠之也。沖案注有訛脫 二明醜要友德 陳補注謂正文要字衍，刪之。明醜見度訓，又見命訓，皆言別善惡之類。友德蓋即尚德意 以衆爾庸 庸，功也 三明

辟章遠辟法也章明也以肅民教法主嚴肅四明義倡爾衆陳補注謂爾字衍刪之為是教之以服孔注教之以服先王法服也○盧本趙云服行也○沛棠注非五要權文德此句疑字有訛誤不畏強寵謂恃強恃寵者

五遂一道其通以決其雍此下義皆難曉姑以意測之似謂政亂于上民亂于下上下之情壅塞不通宜闢道之而決其壅也○盧云雍與壅同元本即作壅二絕□無赦不疑無赦似謂無赦其罪不疑言決也三挫銳無赦不危似謂挫亂國之銳四闚兵無用不害似謂和亂之道無取戰爭兵難闚而不用不為害也五復尊離羣不敵似謂復其君之尊離其小人之羣則莫與我敵也○孔注離羣故不敵也

七倫一毀城寡守不路孔注路通○陳補注謂疲弊之國不于此假道說似可通二通道不戰義未詳三小國不凶不伐凶謂暴虐四正維昌靜不

疑義未詳 五睦忍寧于百姓孔注中厚忍辱。沛棻注中與忠同 六禁害忢濟民禁害民之事 七一德訓民民乃章孔注明於教訓。陳補注令民不二三其德也章明也 欽哉欽哉 余夙夜求之無射射厭也。沛棻五備五遂七倫所條列者不盡可解故不敢強解

兩言用武三項
之法……數明因
此常者者不足算

武稱解第六

大國不失其威（威可畏）小國不失其卑（卑遜以事大）敵國不失其權（權謂權勢。）（孔注此卽所謂稍也）岨巇伐夷（盧云距巇與距險同。夷平也）并小奪亂（兼併小國奪取亂國）[以]強攻弱而襲不正（強上空圍古學彙纂引作以強未知所據或以意補今姑從之襲掩取也不正謂國無政）武之經也（孔注經常）伐亂伐疾伐疫（乱與疾疫彼兵必謂乘間以伐之）武之順也（順時勢也。孔注武道逆取順守故曰順也）賢者輔之（輔助也）亂者取之（政乱則國危故取之）作者勸之（振作者勸誘之）怠者沮之（怠情者懲而沮抑之）恐者懼之（心恐者懼以害）欲者趣之（有欲者趣以利）武之用也（武之用不同因人而施耳。孔注武以為用事也）美男破老（美少年進則老成人棄奕陵敗壞也）美女破舌（舌當作后。盧云今戰國秦策引此二句破舌作破少唯高誘

所注本與此同。王雜志念孫案美女破舌於義亦不
可通舌當為后美男破老美女破后猶閔二年左傳內
寵並后外寵二政也正當讀為正謂正邪也說見經義
述聞隸書后字或作舌與舌相似而誤段氏若膺說文
注曰舌后字有互譌者如左傳舌庸譌后庸周書
美女破后譌破舌是也。美女在御則正后失職淫圖
破[則]古學彙纂引作破財武財是則字之訛陳補注謂疑具破典沛彙典亦則也今姑擬補則字取韻協
閑謀非正則壞典法淫巧破時作為淫巧則廢時日淫樂破正淫於逸樂則荒政事淫
言破義放蕩其言則害義理武之毀也毀敗也棄也。陳補注六者在彼有之則可伐在我
有之則宜儆。孔注凡行此事所以毀敵國也赦其衆遂其咎赦衆而遂其咎尤厚其毒
也撫其[民]陳補注疑是撫其民今姑從之助其囊撫民而助以資財謂以利也武之
間也凡此所以間敵國也餌敵以分孔注以分謂以分器土田餌之此術而照其
儲儲蓄也謂知其蓄積之數以伐輔德伐其輔德者則左右與人追時之權陳補注追

當作雄時是也。沛索陳說未必是。武之尚也用武尚此術春違其農使不得東作秋伐其穡使不得收斂夏取其麥刈取其麥食之冬寒其衣服孔注寒衣為敗具熱麻春秋欲舒舒緩也冬夏欲亟孔注欲寒冬夏寒暑甚敵疾之。盧云注疾舊作度業正文云冬夏啟亟亟疾也敵敗為疾武之時也用武當因時以毀敵長勝短史記李左車對韓信曰善用兵者不以短擊長而以長擊短是也輕勝重輕則便利重則拙滯直勝曲師直為壯曲為老眾勝寡寡不敵眾強勝弱弱不敵強飽勝飢伐飢以飽肅勝怒怒兵易敗先勝後先發制人疾勝遲兵貴神速武之勝盧云怨怒兵也古人謂敬可以攝勇與此肅勝怒意同趙疑怒是忿字之誤遲本或作徐武之勝也用武所由勝敵也。李氏兆洛曰長短輕重器也曲直理也眾寡強弱勢也飢飽力也肅怒氣也先後疾遲機也進戒無恪恪字疑誤恪敬也義不合疑恪是怯字之誤者近而誤武恪是愈字之誤恪本作悳者作慤與念字形近故悆訛作悆，悆即恪字，念无𢝽子本元經注合也。詒謂追戎者佚其力倦氣竭，不必邀與之合戰，作恔作念二義皆似可通，作恪字則義難通。

窮寇不格

孔注：格，關也。陳補注作格，云舊作格誤。格，擊也。寇窮則并命悉反，為所敗，故不格。

力倦氣竭，乃易克。

盧云：乃易克上疑脫一字，趙疑是敵字。陳補注從趙正文補敵字。言所追者憊甚，自易克也。

武之追也，

孔注：追敵之法。

既勝人，

王雜志案：自此以下皆四字為句，此句內疑脫一字。衡疑當作既勝敵人。

舉旗以號令，命吏禁略，無敢侵暴。

王雜志念孫案：取字文義不明，取當為敢字之悞也。若費誓之言無敢寇攘矣。引之曰：舉旗以號下疑衍令字，號即令也。下句又有命字，則令為贅文矣。且此以號暴為韻，下文以厥伏為韻，若號下有令字，則失其韻矣。命吏禁止掠民財物，與得伏暴閒闘也。

爵位不謙，

孔注：謙，損也。盧云：案謙當與減同。陳補注衡案：謙與歉同。疑孔注損也是訓虧字。

田宅不虧，

田爾田，宅爾宅，不虧損也。

各寧其親，

孔注：寧，安也。

民服如化。

民心悅服，感應甚速。

武

武之撫也安撫之道如此百姓咸服偃兵興德臣民歸服之後偃兵不用與起文德也偃如偃伯靈臺之偃夷厥險阻以毀其武服陳補注謂平其閒隘則彼無用武之地也如戍鄭虎牢之類四方畏服奄有天下四方諸侯閒而畏服則天下皆所有矣武之定也武功既成天下大定矣○孔注毀武謂毀服之○盧云宗注言戢武則正文以毀其服當作武且與上下句韻皆協惠云左氏傳楚莊王曰夫武禁暴戢兵保大定功安民和衆豐財者也七者皆具此篇中

大武解第八

業此篇譌脫甚多王懷祖先生據鈔本北堂書鈔訂譌補脫詳載讀書雜志今既據其訂正之本釋之仍照盧本正文錄一通於前

武有六制政攻侵伐搏戰善政不攻善攻不侵善侵不伐善伐不搏善搏不戰政有四戚五和攻有四攻五良侵有四聚三斂伐有四時三興搏有三哀四赦戰有六厲五衛六庫五虞四戚一內姓二外婚三友朋四同里五和一有天無惡二有人無郄三同好相固四同惡相助五遠宅不薄此九者政之因也四攻者一攻天時二攻地宜三攻人德四攻行利五良一取仁二取智三取勇四取材五取藝此九者攻之開也四聚一酌之以仁

二懷之以樂三旁聚封人四設圖以信三歛一男女比
二工次三祇人死此七者倰之酌也四時一春違其農
二夏食其穀三秋取其刈四冬凍其葆三興一政以和
時二伐亂以治三伐飢以飽此七者伐之機也三哀一
要不羸二喪人三擯厥親四赦一勝人必羸二取威中
復三人樂生身四赦民所惡此七者捭之來也六厲一
仁厲以行二智厲以道三武厲以勇四師厲以士五校
正厲御六射師厲伍五衛一明仁懷怨二明智輔謀三
明武攝勇四明材攝士五明藝攝官五虞一鼓走疑二
備從來三佐車舉旗四采虞人謀五後動撚之無競惟

害有功無敗

依孔注改
書鈔一百十
■七制一曰征二
曰攻三曰侵
侵四曰伐五曰陣
曰鬭善征不侵
■善伐不陣善
善鬭不敗此
鈔善征不侵只
十

大武解第八

王雜志（念孫）云此篇文多譌脫又經後人刪改而諸家皆不能釐正今據鈔本北堂書鈔所引正之如左

武有七制制法制也一曰政政征通征之為言正也二曰攻攻擊也三曰侵侵漸進也左傳無鐘鼓曰侵四曰伐伐从人从戈執兵以殺伐也左傳凡師有鐘鼓曰伐五曰陳陳各有式軍師行伍之列也六曰戰左傳皆陳曰戰七曰鬭鬭交兵相爭鬭也。孔注政者征伐之政善政不攻率師往而征之服則不須攻擊也善攻不侵攻城既克不必潛師以侵也善侵不伐潛師以侵不必殺伐也善伐不陳乘機殺伐不待軍師成列也善陳不戰行列整齊先聲已足奪人不必決勝于交戰也左傳皆陳曰戰莊八年穀梁傳亦云善師者不陳善陳者不戰善戰不鬭兵刃既接見可而進知難而退不必兩軍相殺爭鬭不止也善鬭不敗勇於鬭者必先立身於不敗之地也。孔注言廟勝也政有九因（政征同因猶依也）因有四戚五和（目見下）攻有九開（開啟也）開有四凶五良（王雜志凶與良對文舊本誤作攻有四攻則文不成義）侵有七酌（酌謂酌量也）酌有四聚三斂伐有七機（機謂機宜也）機有四時三興陳有七來（來謂懷來也）來有三哀四赦戰有十一振（振謂振興也）振有六厲五衛鬬有十一客（客義未詳）客有六廣五虞（孔注此皆有義然後能致其攻）四戚一曰內姓（內姓則同姓）二曰外婚（外婚則婚姻）三曰友朋四曰同盟（孔注言所宜親也）五和一曰有天無惡（善謂天時順）有二曰有人無郄（郄隙同謂人心合）三曰同好相固四曰同惡相助（好善惡惡之情同政相固守相輔助也）五曰遠宅不薄（孔注雖遠居皆學之。盧文弨云柔戰國策黃歇說秦引詩云大武遠宅不涉當是引此文詩必本是書字之誤梁云大武遠宅不涉國策鮑吴兩注及史記正義所解各不同與此文不合似未可審連也。潘案鮑訓武為足迹吴訓武為成武辭匪不潤者吴云遠宅定之不必涉其地也則與鮑註義正合此篇云遠宅不薄即遠宅不涉之義也蓋薄之言爲迫也不迫近其地猶云不涉其地耳盧所引證本為韋連也史記春中君列傳正義言大軍不遠涉攻伐亦此旨。文案及和首言天時之和次三者皆言人事之和末言遠宅不薄與不涉遠之義無乖是亦和也

凡此九者政之因也合四威五和為九政曰凡此九者上文云政有九因政結云政和之因也後倣此。孔注言因此以成政也

四凶一曰攻天時以四凶之義推之蓋謂彼國天時有災也二曰攻地宜彼恃地險以守攻之使失其宜三曰攻人德彼之人心不和尚而攻之四曰攻兵利彼情兵甲之多我以利兵攻之。孔注攻謂尊其計使不成也五良蓋謂我所任用之人皆良也一

曰取仁　二曰取智　三曰取勇　四曰取材　五曰取藝陳補注仁智勇材藝五者皆國之良也良如秦有三良之良此專為材藝選將而富六韜曰將不仁則三軍不親將不勇則三軍不鋭將不智則三軍大疑故仁智勇三者取人之首要也材藝如公輸造雲梯墨子修守具諸葛亮造木牛流馬皆是○孔注所務求來而任之良當為求之誤也○盧云舊本作良孔注當為求求乃來之誤○陳又云五良攜孔注當為五來衛業當仍舊作良字為是凡此九者攻之開也彼有不利我善任人攻擊之道所由關也

四聚一曰酌之以仁予以恩惠也必先結民心聚二曰懷之以樂懷保之使樂得其所三曰旁聚封人所侵取之地封人以賞之誤四曰設圍以信闓其地而守之示民不欺此二句義晦姑就文義解之俟再酌

三斂一曰男女比所侵取之人民使安其室家無牝雞也二曰工次工居次舍三曰祇人死孔注祇敬○王雜志念孫案祇

眼抄在此

之言振也振救也見說文及月令哀公問注言救人之所
死非救死之謂也祇與振聲近而義同說字亦相通
錄
凡此七者侵之酌也侵人土地必並其人民取之則當圍愛其人民故四聚三斂皆
言愛民之事侵之所當酌量者
也。孔注言酌此法以戒侵也
四時一曰春違其農二曰夏食其穀三曰秋取其刈孫補注食其穀取其刈因糧於敵也。案隱三年左傳鄭祭足帥師取溫之麥
四曰冬凍其葆
秋又取成周之禾亦類此凍其葆蓋即冬寒其衣服之
謂葆與保通始謂戍兵保守邊鄙者陳補注謂葆與堡
通小城也亦謂守邊之地。孔注此皆所用以[ ]敵也
凍謂發露其葆聚。盧云舊本作此皆所用以敵之誤
疑當作以
發敵也
〔三哀一曰要不贏二曰喪人三曰損厥
親孔注哀敵人之困窮如此〕要當為惡損一作損
時而
二曰伐亂以治以治圖伐亂圖三曰伐飢以飽以糧足伐不足者。
政任同頫
孔注政所以行當是也

凡此七者伐之機也孔注機要也以此要求其伐也

三衰一曰要不羸王云今本羸誤作羸梁氏處素已辨之。沛棠要字訛標注當作患字

二曰喪民人王云今本脫民字則句法參差書鈔武功部五有民字今補

三曰損厭親孔注衰敵人之困窮如此要當為患損一作損。盧云文弨案所當衰者羸病者也失位者也六親不親不服叔卿者也正文要不字訛注亦難曉梁處素曰不羸當作不羸不足也下文必羸程榮本誤作必羸可知此字亦訛。沛棠盧云要不字訛注亦難曉予謂注甚明白易曉蓋要字當作患字也患不羸言無大過患可矜全者也喪民人謂民人逃喪者損厭親謂為親所損逐者皆可衰之人也或曰三者皆指敵國之君有困窮如此者故陳而不戰以招徠之目二句義晦不敢强解注亦難曉

四教一曰勝人必羸二曰取威信復

三曰人樂生身救其死四曰救民所惡救其刑。孔注羸謂益之復謂有之皆救救也

凡比七者陳之來也孔注所以懷來之也

文恨抄在此

很當有六[illegible]不可明呼[illegible]

鼓司

[illegible]然也不於[illegible]道

六厲一曰仁厲以行厲興勵通仁貴見諸行智二曰智厲以道智貴合乎道三曰武厲以勇用武以勇爲上四曰師厲以士行師最重甲士五曰校正厲御御以正馬爲政校正可以正馬御之道也六曰射師厲伍射師教射伍厲其行伍使卒必中也。孔注厲爲治政也□□「凡此十一者戰之振也王云今本無此九字」五衛一曰明仁懷怨明章明之也將帥明仁則衆懷其怨二曰明智輔謀章明智士之以輔助謀略三曰明武攝勇攝說文引持也又收斂也二義皆於本文攝字可通蓋明武所以收攝勇士而用之四曰明材攝士五曰明藝攝官有材藝者章明之所以收攝士與官也凡此十一者戰之振也用人得當射御得語才德之士衆收戰之所由振奮也。孔注皆所以試戰矣。盧云案向有六厲闕

六廣一曰明令令軍中號令二曰明醜王云明醜即明耻故僖二十二年左傳曰

明醜教戰求殺敵也忸醜者迫而義同敵吉多適用見漢書賈誼傳三曰明賞四曰明罰賞罰平允五曰利兵兵謂兵器六曰競竟競力以終事之五虞一曰鼓走疑未詳○陳補注審虛實也二曰備從來未詳○陳補注謹定而後戰也三曰佐車舉旗佐車副車也舉旗以號令也四曰采虞人謀盧云虞人趙疑與人○陳補注虞人當是山虞澤虞之類以其熟于地形故采其謀以為鄉導五曰後動燃之孔注燃從也皆求安道令之道○盧云注道令二字非誤即衍○陳補注廣雅燃續也王氏疏證曰逸周書大武解後動燃之孔晁注曰燃從也從亦相續之義也凡此十一者鬭之客也客義未詳無競維害有功無敗孔注雖強常念害則不敗也●王雜志念孫案爾雅功勝也周官大司馬君師有功若師不功鄭注與爾雅同燕策亦云轉禍而為福因敗而為功

[illegible]

武紀解第六十八

幣帛之間如聘問之類有巧言令色巧令作僞之人事不成不能成其好

車甲之間武事有巧言令色事不捷報勝曰捷如齊侯獻戎捷是也克[戎]事而有武色克下缺文疑是戎字姑以意補戎事捷而色襄矜非大勇也必失其德德謂勇德臨權而疑當權發令之時狐疑未定必離其災離罹同六韜所謂三軍之災莫過狐疑是也疑□□不捷智不可□□於不足三句缺文無可據補并於不幾則始而施幾而弗克無功以上數句義未詳○幾而疑與既而同○盧云弗克章本作弗克○不克敵故無功此語[illegible]

國有三守卑辭重幣以服之謂服從之弱國之守也善事強大所以守國修備以待戰修我備也敵國之守也勢鈞力敵有以禦備是善守也循

山川之險而固之（設險堅固以守）僻國之守也（邊僻之國關隘宜防）伐服不祥（伐服猶殺降也不祥謂必有殃）伐戰危（山敵相當未知孰勝故危）伐險難（山川險阻不敢遠入敵難）故善伐者不伐三守

伐國有六時五動四順閒其疏（彼疏遠之臣則離間之）薄其疑（彼所疑者則多方以迫之薄迫也）推其危（彼國危亂從而推之推如推亡之推）扶其弱（彼國微弱從而扶之示惠也）乘其衰（彼國勢衰因而伐之乘時也）暴其約（彼國窮約暴然伐之亦乘時也）扶之而不讓（扶助之彼猶不知退讓是彼未甚弱也讓如割地請盟之類）振之而不動（振恐之而國勢不動搖）數之而不服（數其罪過而彼不服從）暴之而不革（暴實犯之而彼不知改革）威之而不恐（加以威而彼猶不恐懼）未可伐也（此五者彼尚有所情未可遽伐也）此謂五動（動者撓動之以觀其強弱）立之害（推立之終）

為外患毀之利毀者摧挫之也摧挫之利于我克之易克勝之也其勢易并之能

并其土地力亦能以時伐之此謂四順加此於伐必有功順時勢也立之

不害　毀之不利　唯克之易　并之不能　可伐也

陳補注唯克之易疑在并之不能句下蓋主毀并三者俱未能而〔不〕唯必勝之勢在我則舉師以伐之可也

立之害　毀之不利　克之難　并之不能　可動也

立之未克有害而毀克并三者又不能可動而未可伐也動蓋衆恐之意静以待衆力不

與爭　權不果據　德不肆慽此四句義未詳陳補注讀力不與為句爭據不

果據德不肆為二句國字屬下文恐亦非是或曰待下

缺動字當讀作静以待動衆力不與下二句如陳讀溥

素如此讀上二句尚可解下二句究不

可解陳補注姑強解之耳闕疑為是　若是而可毀也

言可摧挫而數壞之也　地荒而不振土地荒蕪不能振作　德衰而失興君不倚德

內夫良臣之輔外夫鄰國之好無若而危矣陳補注謂不必有師旅之若而危已立見矣。沛素若字疑是害字之誤惟無與故無害也似覺直截

求之以其道[而][志]無不得以下文例之道字下自應有而字當補無字上缺字業文義姑擬補志字如欲求禁暴安民之類惟用王道乃能得志為之以其事而時無不成道所當為者各有其事如務農講武之類用力為之無有不成之時有利備利國之道豫為之備無患事斯無一朝之患寫于目前也時至而不迎凡事不可失時行事尤重時至而迎之乘時也否則坐失事機矣大祿乃還大祿猶言大福還從也既失事機則大福不可再得延之不道延謂延求也延求不以正道行事乃困以道則志無不得否則行事困塞而不通不以小[謀]動大缺小下缺字陳補注疑是事字沛疑是謀字祭公篇曰無以小謀敗大作蓋亦類此分取謀字擬補。言不以小人之謀致

國家之大害

謀有不足者三（謀謂先事圖謀）仁廢則文謀不足（非仁不足與文教）勇廢則武謀不足（非勇不足圖武功）備廢則事謀不足（非豫備不足籌軍事，事謂足食足兵之類）

國有本（本謂根本）有幹（幹謂枝幹）有權（權謂權勢）有倫質（倫理質實）有樞體（樞動體立）土地本也（土地宜固）人民幹也（人民宜保）敵國侔交權也（邦交相稱）政教順成倫質也（順理有成）君臣和一樞體也（和下欽文，沛衆文義。擬補一字，取咸有一德之義，言君臣相悅而一心）

土地未削（能守國）人民未散（能聚民）國未亡也，國權未傾（權勢猶存）倫質未移（政教猶舉）雖有昏亂之君（昏亂謂無道，國之大綱未壞，故不至于亡）

國有幾失居之不可阻體之小也此十三字不可句讀其中必有脫誤字不暴鄰家難復飾也暴未詳○陳補注謂爽約于前事則後期不與致難復飾也封疆侵凌為強大侵凌難復振也勢弱難振服國從失小國服事大國所從失其底難復扶也難見扶助大國之無養大不字小小國之畏事小不事大不可以本權失[ ]家之交陳補注本權疑當作大權失下缺文疑是邪字不可以枉繩夫鄰家之沛疑是臣字蓋謂不自持其權而失下交之道臣家謂卿大夫也交鄰家猶言鄰國枉繩不直也不直則鄰國惡其偽而交矣此二句似承上二句言蓋謂大不字小故小國疑畏不肯服事大國然小國必當有依助不可恃稍而失上下之交不可違直遣而失四鄰之好也如此說似覺脫屬下文語義不然則上不貫矣不搆直以約不自搆抗直以為約信不戲體以張不戲己德以其猶于人不可虞而奪也虞料度也料度而奪其地不可筞而

策取之使服事不可親而侵也親近而侵削之不可摩而測也揣摩而測其意

不可求而循也求疑來字之誤書中求來字每互誤蓋謂招來而撫循之也此段文義古與不
甚可解此五句似承上文說蓋謂國雖小弱而不失所
與不恃抗直不陰行媚悅此必其君之賢而能固守疆
土者欲虞而奪之不可策而服之不可親而侵之摩而
測之來而循之而皆不可也以其適之根本猶固也如
此說似屬可通然亦不敢必其為是也○陳禎注虞度
也策謀也虞而奪策而服如晉取虞虢之○謂親而侵謂
外雖親附而包藏禍心如鄭殺關其思以滅胡趙簡子
以坤嫁代君而取其地殺其身是已摩揣摩也摩而測
謂揣摩嗜好以娛其心志如越以美女獻吳之類求而
循謂先以卑辭下之使不設備而隨以兵襲其後也如
秦以五丁伐蜀之類此皆詐偽之師非堂堂正正之舉
數不可○沛衆陳說似未免以自己意見強古書來就
我耳恐亦非是
姑錄之存參

施度於體不慮費所施度于禮體雖費不慮事利於國不計勞苟利國家

雖勞不計失德喪服於鄰家若存虚費計勞之私心以致失德惠而喪事功於鄰國服事也
則不顧難矣則有患難而不知顧矣交體侵凌敵體者相[illegible]與侵凌則不顧
權矣權勢將傾不顧矣封疆不時得其所邊境不安也無為養民矣
無以養民而使之安矣合同不得其位共謀國事者不得其人而位之無畏患矣
禍患將至其誰與長之百姓屈急屈急窮蹙之親也無藏畜矣何藏畜之有蹟
社稷失宗廟離墳墓國鬼神殘宗族社稷宗廟墳墓
俱不能保以致鬼神國宗族殘禍敢如此無為愛死矣雖不死何為言當以身殉國也後世如陳
叔寶洵是無心肝者全卑辭而不聽卑順其辭不見聽[賂]財而無枝財上缺文
疑是賂字今姑擬補。枝與支同賂以財加事以皮幣犬馬珠玉之類後世歲鏻金帛若干亦此類無枝言財
竭無可支取也計戰而[不]足足上缺文疑是不字今姑擬補。敵與之戰而兵力不足以勝敵

近告而無顧忌近告鄰國之頎悔告過而不悔謝過於大國大國無愧心則仍未許
乎已請服而不得請服事之如附屬然亦不可得然後絕好于閉門受逼於大
國而無可告訴如此當此之時循由也由險僻
四鄰之好絕唯閉門以自守耳循險近國援近之路以
遁外說外援說如遊說之說使善說者求援兵於外國以天命無為外援之得不待
國
未可知國之存亡聽之是定亡矣如是之國欲厚自貽損以卿國吾圉而受
天命而人力無所為
逼于大國術窮無告外援亦未可必聽天委命鮮有不
亡者矣○以上二十二字原雜句讀結為句讀而解之
似係可通然不敢必其是也○陳補注以然後絕好為
自正文于字移在下天命上以閉門循險為句近說外
援為句說讀作悅以干天命為句移上文于字作干字
讚如干祿之干無為是三字為句如此句讀似未妥解
亦不免強
恐非是
凡有事君民守社稷宗廟凡國家有事於其國有軍旅之事君與民與守其社稷宗廟而光哀

亡者（不能勝敵〔自強〕而先王衰亡）皆失禮也（皆由平日失禮之故禮以經國家恤民人定社稷守宗廟國之所以長存也夫之故至衰亡）大事不法弗可作（國之大事在祀與戎此謂戎事法先王之法作起也）法而不時弗可行（雖合先王弔伐之道而時猶未至則當待之）時而失禮弗可長（時至可行又必慎始敬終無失細紀乃可長久）得禮而無備弗可成（合乎禮而選將厲兵及一切軍需皆當具備功乃有成）舉物不備而欲立大功於天下者未之有也（非然者舉物不備安得立大功於天下乎。欲下缺文陳疑是成字沛疑是立字皆可通今擬補立字）勢不求周流（周流猶言周遍經營國勢不能事事皆到則于成功有始無終其究也必至敗亡。陳補注以勢不求周為句流字屬下文讀非是）舉而不幾其成（七）（舉事而不）薄其事而求厚其功亡（輕薄其事而妄冀大功必至大敗亦敗亡之道）內無文道（文道謂文治）

外無武迹武迹謂武功迹與續同往不復來者往賊鄰國而不見答是輕我也有
悔而求合者亡姑相背後乃悔而求與相合為圖存之計凡此者皆勢微而將亡也不難不
費而致大功古今未有未有不艱難不費財則而成大功者
據名而不辱據美名而不愧辱應行而不困應行之事而不困塞唯禮動唯

惠、章、本、

臨事而敬慎備失亦無大咎誤亦可通似改為有咎

合于禮也得之而無逆順理得之失之而無咎唯敬「無當作有」王雜志念孫○
案無咎當為有咎敬則無逆不敢則有咎故曰得之而
無逆失之而有咎唯敬今本有作無者淺人改無逆而
誤成事而不難序功而不費唯時事功之成就而有次序未有不難不
費者然亦有不難不費者則時為之也蓋天人交贊適逢其會耳勞而有成難勞而非無功費
而不亡唯當雖費而不至財竭惟事當其可耳施而不拂施于人而不拂其情成
而有權成其事而中乎權宜久之而能[守]陳補注疑闕文是守字今姑據以補○久而不

変也唯義唯宜以義制事耳

不知所取之量取諸人有限量不知所施之度施諸人有度數不知動

靜之時當動當靜因其時不知吉凶之事召吉召凶視其事不知困達之謀

致困致達視其謀疑此五者未可以動大事此五者皆不可不知道若不知

而有疑則事機不能須辨安可妄舉大事

恃名不久恃名自豪名必不久恃功不立恃功自伐功必不立虛願不至虛願

莫償故不至妄為不祥妄為召禍故不祥

太上敬而服太上言最上者也聖人自敬修其德而天下服從其次欲而得其次德化

少進亦能從欲而得不以兵爭其次奪而得又其次以兵力奪取人國其次爭而克

又其次兩敵相爭而能勝之其下動而上資其力其最下者眾舉事妄動于下上資

其力為王書驅除計耳

凡建國君民建立邦國君其人民內事文而和治內之事敷文德而和平外事武而義治外之事修武功而義正其形慎而殺形刑通慎用刑而不失之過嚴其政直而公其政令正直而不失之偏私本之以禮禮主嚴肅用武之本動之以時相時而行武不妄動正之以度整齊之使進退有度師之以法訓練之使師出以律成之以仁成武功所以安民也安民必以仁德此之道也此武紀之衆道也

逸周書句釋分編

上元唐大沛醴泉纂

下編 共十四篇

訓告書 八篇

酆保 大開 小開 文儆 和寤 大匡 文政

武儆 □□□ 以上卷十一

紀事書 二篇

殷祝 太子晋

政制書 三篇 序一篇

文酌 諡法 器服 附周書序一 以上卷十二 終

十二篇宮 [illegible]

逸周書分編句釋卷十一

上元唐大沛酬甫纂

酆保解第二十一

沛案此篇首尾戰國時人偽作中間則雜取兵家言以實之四蠹五落六容七惡尤為詭詐蓋即戰國時用兵之譎計曾聖王時而有是哉首段已謬戾疊見必是戰國時庸妄人所為無疑也今亦不須詳釋之

維二十三祀庚子朔文王二十三祀是歲為帝辛十二祀九州之侯咸格于周六州歸伏亦文王末年事此時安得有此王在酆昧爽立於少庭帝辛三十五年文王自程遷于酆是文王四十六年事也未遷酆時必未建酆宮安得有少庭少庭者燕寢之庭也王告周公旦曰武王同母弟八人管叔蔡叔成叔霍叔皆周公之兄據度邑篇武王有天下年未過六十周公必少於武王十餘歲故度邑篇武王謂周公曰汝幼子則是周有天下時周公才四十餘歲耳由克商之年逆數至文王二十三祀正四十年許以時周公不過數歲而謂文王告周公旦且問以

吾何保守何用行妄人為文何謂至于此嗚呼諸侯咸格來慶辛苦役商

吾何保守何用行言來慶又言役商語不倫保守界行問之幼子何為旦拜手

稽首曰商為無道棄德刑範欺侮羣臣辛苦

百姓忍辱諸侯莫大之綱福其亡亡亡亡疑當作云亡

人惟庸王民功曰庸人以王有功其祀禮德純禮其上疑脫王字明允無二

卑位柔色金聲以合之觀此數語文筆卑弱庸手所為也王乃命

三公九卿及百姓之人文王為諸侯安得吾三公九卿曰恭敬齊潔

咸格而祀于上帝文王未為天子安得祀上帝妄人謬何至此商饋始于

王似謂商有饋賜于文王因饗諸侯似謂因饋以饗諸侯重禮庶吏出送

于鄭似謂禮諸侯之庶吏且送諸侯出鄭樹昏于崇崇蓋崇侯之國樹昏義未詳內備

五祥六衛七厲十敗四葛外用四蠹五落六容七惡此目有九疑皆雜取他書以實之者○王雜志容字疑是客字之譌自游言以下六事皆謂散游害于敵國以陰取之也故曰六客客與蠹落惡為韻若作容則失其韻矣上文亦以衛厲敗葛為韻

五祥一君選擇謂擇賢二官得度度法也三務不舍務事也四不行賂賂賄也五察民困困謂貧乏

六衛一明仁懷恕以下五句解見大武篇略同二明智設謀三明戒攝勇四明才攝士五明德攝官六明命攝政

盧云案此六衛與前卷大武解有相同者明智設謀前卷作明智輔謀又明戒攝勇戒本或作武明德攝官本或作明藝法官疑皆後人以前卷改易此文也趙云明戒以攝其勇則知方而不妄明德以攝其官則在官者皆以實心行實政矣○命謂號令

為武兆與兆蓋即匯八意陳誠言口之未合也

七厲（厲通勵）一翼勤厲務（翼精也精勤勞以勵事務）二動正民（動必以正）

三靜兆厲武（義未詳）四翼藝厲物（藝技藝物事也）五翼言厲復（復踐）

六翼敬厲衆（治衆以敬）七翼知厲道（訓道以智）

十敗一佞人敗樸（佞巧者敗壞質樸）二諂言毀積（似謂諂言無資積善者反為所毀）三陰資自舉（似謂陰有所資為進身之階）四女貨速禍（女色貨財皆足速禍○盧云文弨案此即左傳叔向之所云女富溢尤也）五比黨不揀（盧云不揀下如所擇也）六佞說鬻獄（鬻獄呂刑所謂惟貨惟來是也○盧本謂云亦即左傳叔向所云鬻也鬻獄）七神龜敗卜（卜與人事合乃言若專信龜卜即文酌篇三稽所謂龜從惟凶是也○盧本趙云此如詩所云我龜既厭不我告猶也）八貧祭推穀（推穀義未詳）九忌言自辱（反脣相稽故自辱）十異姓亂族（蓋謂似亂宗）

四蔿陳補注蔿義不可解武曰蔿取斬斷之義一蔿其農時不移二費其
土慮不化三正賞罰獄無姦奇四蔿其戎謀
族乃不罰一蔿條目不盡可解大意似謂農時一定不可移土慮失宜物不化賞罰正（戎）則（無）姦奇之獄
大謀不逞則宗族安而不罹于刑罰如此說亦未見切
當從再為理會。盧本涉處素云姦奇即姦邪文詔素
奇當如奇請它比之奇。陳補注衛棨奇請它比見漢
書刑法志師古曰奇請謂常文之外主者別有所請以
定罪也它比謂引它類以比附之
稍增條律也據此說于蔿義尤合
四蠹一美好怪奇以治之以下皆言毀敵國之術如木生蠹則壞。治蓋謂攻治之
二淫言流說以服之使之信服三羣巧仍興以力之耗其物力四
神巫靈寵以惑之惑其心志
五落落蓋敗落之意一示善貞以移其名貞正也二微降雪霜以

取松柏似謂略作嚴威以觀其不阿曲之意三信蟜萌莫能安宅虘本惠云周禮
占夢舍萌于四方眡祲掌安宅敘降。陳補注衛棗惠蕃舋取萌與安宅三字爲解與文義不合。此句義未
詳 四厚其禱巫其謀乃獲似謂貳以惑神 五流德飄枉以明其
惡義未詳此五落條目原不可解欲一一解之則鑿矣
六容容當作客 一游言 二行商工 三軍旅之庸 四外
風之所揚 五困失而亡作事應時時乃喪 六厚使
以徃來其所藏六客條目亦不盡可解據王說皆謂散游客於敵國以陰取之之意陳補注謂
容具防隱遊內強釋之恐非是
七惡一以物角兵 二令美其前而厚其傷似謂誘敵小勝而致
大敗 三間於大國 安得吉凶似即弱小在強大之間存亡將由之之意 四交

其所親　靜之以物　則以流其身　五率諸侯以朝賢人　而已猶不往　六令之有求　逆以生允（似謂令獻國有責于我因以生間隙）逆　七見親所親　勿與深謀　命友人疑（七惡條目多不可解大抵皆詐術也。自四䜴至此雖不甚可解而其爲詐術無疑豈聖父所告聖子者哉）旦拜曰王孫其尊（孫同）遜　天下適（適字衍）無見過過（過字衍）一適無好自益　以明而迹（王雜志此文本作無見過適無好自益以明而迹三句各四字而以適益跡爲韻適讀爲謫無見過適者無見責于人也）嗚呼敬哉　視五祥六衛七厲十敗四葛不修　國乃不固　務周四察五落六容七惡　不時不允（時是也）不幸不緩（盧云緩或作綏或作緩皆訛疑當作）驕反以自薄　嗚呼深念之哉　重維之哉　不深乃

權不重　從權乃慰　不從乃潰　潰不可復　戒後

人其用汝謀此豈人子父之詞哉對王曰允哉盧云沙潰字舊本作潰沈云當作清

又舊本復出復戒後人四字係因上誤衍

大開解第二十二

沛案大開小開二篇別以大小者以字數多寡別之也大開武小開武亦同後世大經小經之名即此例大開原文字數必多于大開今反少于小開則原文之殘闕者多矣此篇亦鄭保之類原是後人湊合之僞書而又殘闕過半不足取也

維王二月既生魄此二月當承前酆保二十三祀歟但既不紀年數則王字可疑王在酆立於少庭兆墓九開王雜志謂兆墓當作兆基是也謂九開當作大開詳見雜志本書今不具錄但謂九當作大恐非開厥後人八儆五戒

八儆一□旦於開　二躬脩九過　三族脩九禁　四無競維義無競競也　五習用九教　六□用守備　七足用九利　八寧用懷□九過九禁九教九利後亦不詳其條目闕文無可考

五戒一祇用謀宗　二經内戒工　三無遠親戚　四
雕無薄[ ]　五禱無憂玉王非志謂憂當作愛是也及爲人盡不足
此句文不成義與上下文不接王拜　儆戒後人　謀競不可以藏之不
叔義又有訛脫戒後人具用汝謀維宿宿夙適　不悉日不足

伯申拜望
誤為[illegible]陳
[illegible]乃拜月
[illegible]施代拜其
[illegible]交以淺說
快甚矣不討
一之也

小閒解第二十三

沛棻此篇因災而忍懼偕省合於聖王之道惜篇中文多顛倒訛脫後段不盡可句讀亦不盡可解陳補注移易正文多強解之殊失之鑿○

維三十有五祀丙子至無時七字疑當在此下王念曰多□闕文疑或是士字或子字○陳補注移王念二字於下文日嗚呼上而刪曰多□三字非是丙子拜望食無時沛疑拜是朔字之訛望是日字之訛拜與朔形近草書望字與日字略相似故訛春秋書日食為災不聞書月食也無時蓋謂不應食而食或分數多蝕後明遲也汝開後嗣謀汝謂多□曰嗚呼于來後之人于來上疑有脫誤陳補注移汝開後嗣謀五字于嗚呼下以謀字屬下句非是余聞在昔曰明明非常維德曰為明陳補注刪曰字以維德為明為句○沛棻陳以維德為明四字為句是也而刪曰字則非曰乃日字之訛當屬下句讀誤倒于此蓋謂懸象著明莫

大乎日月備有非常之變惟明
德者足以弭災此二句是古語食無時上文曰字乃日字之訛疑當在
食字上言今者日食
無時當知儆懼也汝夜沛棠二字不成句亦無義陳謂夜與旋通太鑿蓋此句殘
缺故不成句疑或如大開武篇夙
夜戰戰何畏非道云云文法一例何脩非躬何慎非
言何擇非德修身慎言擇用有德之士皆無時不當如是者嗚呼敬之哉言當
匡災而懼也汝恭聞不命賈粥不售謀念之哉陳補注不讀作
丕恭聞丕命如商賈粥貨不售可不謀念之哉。沛棠
陳說未明暢且此數句中連用八不字皆一例未有作
丕字解者陳說非也。又棠書甘誓汝不恭命疑此正
文當作汝不恭聞命言汝不敬聽我之訓言是我之言
曳如賈用不售矣汝尚謀慮不索禍招無曰不免謂蓋
而念之哉如此說似可通
不思索招禍之由毋曰禍至不不庸不茂不次蓋謂不用力不
能免蓋不招禍自能免禍也
茂勉不循次則不知所以人畜不謀如是則人畜不謀而至迷弃
修身慎言而擇有德矣

非人乃昏迷不悟暴弃自甘是自取窮戾何與于人乎。墨此蓋終上文云何脩非躬何慎非言之
義

朕聞用人不以謀說此下至寒秋維欲無鍾嘉皆申言何擇非德之義用人不以謀說即
論語所謂君子不以言舉人也說惡諂言屢六諂音叫疑也或作諂亦通。涉素作諂言是也俗寫
諂字每誤作諂。諂言無貴阿意由從故可惡色不知適適不知謀二句義略
難曉似謂動于色不知其意之所之適猶之也適之爾
雅並訓往意之所之不知其深謀之所在言當察之于
微也陳補注所解鑿而晦不可從謀泄汝躬不允泄與渫同慢也如孟子武王不泄適之泄
與寢徽篇謀泄哉之泄不同義蓋用人欲與共謀謀事
欲其允當若急忽所謀于汝躬則所謀必不允當言當
敘所謀不可慢也故下文足成其義陳補注解誤嗚呼敬之哉後之人六字作一句讀
是倒裝文法以足成上義。陳補注以後之人三字移在下文伏而無窮上郡喜
朕聞曰謀有共辦辦推

巴謂輂車也說文反輂車令有所付也謀有如乃而舍
共輈者如兩人共輂一車有相輔而行之義
鍾本以如乃而舍為句不誤陳補注以謀有共輈四如
乃為句以而舍人之好為句則誤甚而又曲為之解義
不可通也。盧本惠云如讀若而讀曰。沛棠惠蓋云
如讀而而讀曰盧本寫慣何也如與若同義如不須讀
若也惟而如古字通義則異故惠云如讀而也如讀而
而讀曰王伯申釋詞註搏悉詳。言謀以共相推度而
乃曰舍之而獨斷乎二句古語人之好佚而無窮人之好三字舊本屬上句讀盧本亦然沛
棠當屬此句讀蓋好佚二字明其連文人字直貫至鮮
矣若以人之好屬上句則好字義無著落矣好佚則情
情則窮此人情事勢所必然者也貴而不傲富而不驕兩而不爭
貴易傲富易驕而易爭也聞而不遂聲聞之傳易及乎遠遠而不絕遠則情疎疎則易絕
窮而不廣者鮮矣貧窮則易濫此人情相因之勢則然豫防其流弊而下王此鮮有人矣
蓋謀必察於人情事勢而適於中汝謀斯何獨非翼
斯為允當故先以此概言之

斯語詞總往也翼輔也蓋汝謀之何往不資人之輔謂維有共枳枳取藩衛之意以喻臣下枳木名多判可為蘺落維有共枳與謀有共朝同旨枳亡重大害小不堪柯引句二義晦難曉大意以謂枳有大小如自卿上以至庶人皆可詢謀之人也若為藩籬者以枳之長大者為重而於細枝小條則芟害之謂其柯條不堪引而為籬則惑矣亡毋通柯枝也引導也詩曰先民有言詢于芻蕘書曰謀及乃心謀及卿士謀及庶民凡有謀皆有共枳之義毋以人廢言也維德之用用皆

在國惟言之有合於德者則用之是用言在國之無小無大皆所以圖治也謀大鮮無害若徨與左右大臣謀之而棄眾職庶民之言不取則所謀鮮有不害於政者。陳補注於此節解頗文雖讀亦多悞如讀枳亡亏為句大害為句小不堪柯為句引讀別屬下句或何文理而為之文雖其說謀大訓矣圖謂覬覦天命是何說耶讀既譯解亦謬矣嗚呼汝何敬非時時是也何擇非德擇人擇言皆惟德之用德枳維大人此承上枳字而廣言其義大人者君上之稱也大人

枳維公　公枳維卿　卿枳維大夫　大夫枳維士　盖云
章懷注後漢書引此作周書呂刑篇舊文脫者今據章
懷注補正注云枳者言上下相維遞爲藩蔽也陳補
注衛集盧盖據汲古閣本作呂刑誤今據大德板後漢
書改正作周書小開篇末竹𥳑經義考亦引作呂刑失
之登登皇皇　陳補注登登猶烝烝也魯頌泮水篇烝烝皇皇毛傳烝烝厚也皇皇美也
君枳維國　盧云舊闕君字今從沈補　國枳維都　都枳維邑　邑
枳維家　家枳維欲無疆　自國而都而邑而家亦遞及藩蔽者也維欲無疆句義未
詳。濬案小開篇殘缺不全疑文止于此下皆缺盖後
人編書者妄取他書殘缺之文以續之不審其義之不
相承也且此下文多訛脫不
盡可句讀姑就原文錄之
動有三極　三極目見小開武　用有九因　陳補注因當作政　因有四戚五
和　陳補注和舊作私悞今改。四戚五和目見大武又見大開武　極明與與有長勸

七字訛脫不可句讀汝何異非義　何旻非世　何勸非樂　謀
獲三極無疆　動獲九因無限　務用三德順攸　奸
[ ]言彼翼翼在意似脫悞不可句讀時德春有生　素草藺蕑疏
數滿盧云肅本或作蕭施氏彥士曰數當作藪夏育長　美柯華　務水潦
秋初藝　不節落　冬大劉　倍信何謀本[ ]時歲至
天視脫悞不可句讀嗚呼汝何盛非時　何務非德　何興非
因　何用非極　維周於民　人謀競不可以後戒後
戒宿脫悞不可句讀不悉日不足

文儆解第二十四

澍案：此篇似有殘缺，義亦難曉，方正學譏之，不為無因。

維文王告夢，蓋告程寤之夢。懼後嗣之無保。庚辰，詔太子發曰：汝敬之哉！民物多變，民情向背不一，當思難保。民何嚮非利，嚮謂意所向也。養欲給求，皆思利其身家。利維生痛，不得其利則哀痛生。或曰痛疑作庸。痛維生樂，哀與樂相因，順其情則轉哀而為樂。或曰民功曰庸，有功則得其利，故樂。樂維生禮，衣食足然後禮義生。民樂其生，自樂循禮。禮維生義，禮者人事之宜，樂循禮則事合宜。則義維生仁。知大義所在，則愛戴君親之心油然生矣。嗚呼，敬之哉！民之適敗，適，至也。上察下遂信，上奇察下，遂信之。何嚮非私，意向所在，何者非私。○陳補注：私與利相反。澍案：得曰利，據曰私。獨私維生抗，利欲獨據，故與人相抗衡。抗維生奪，相抗則相爭奪。奪維生亂，相爭奪則禍亂生。亂維生亡，亂生則民逃亡。亡維生死，逃亡無所依則

察也遂遂私文何順非遂見一〇澤案注當字之誤以聲假下文讀下上文嚮非利以為同

死而已。此承上文而久言之言在上者當公
其利而棄可導以私也陳本注無數。之私言之害說得痛快嗚呼敬
之哉汝慎守勿失以詔有司以此道詔諭百官夙夜勿忘
若民之嚮引作一句讀民情所向當慎導之汝何慎非遂盧云何慎本倒今改正
逆時不遠 非本非標 非微非煇 壞非壞壞不高
水非水不流此六句文古義奧不可曉末二句似謂
上下相因之勢。陳補注標末也煇顯
明也非本非標非微非煇此中之相喻微實壞非壞不
高水非水不流言當以類相從也。沛業陳說於上下
文義似
未融洽嗚呼敬之哉 倍本者橋盧云倍與背同魏穎
后塘上行云倍恩者
若枯意亦本此。沛業倍疑當作
踏踏與什同即本實先撥之意汝何葆非監 不雖
一保監順時有脫誤不可句讀維周于民之適敗 無有時蓋
蓋字疑誤後戒後戒 謀念勿擇

和寤解第三十四

沛案：此篇殘缺不全，後兩節似取他書之殘缺者湊合于此。

王乃出圖商，至于鮮原，王乃上有缺文。孔注近岐周之地也，小山曰鮮。盧云汲郡古文曰帝辛五十二年秋周師次于鮮原。詩曰度其鮮原。沛案僞紀年不足據，疑即取之於此。召邵公奭、畢公高。王曰：嗚呼，敬之哉！無競惟人，無競，競也。人允忠。惟事惟敬，信能忠君，事無不敬。小人難保。孔注言王以多賢人為競，強保安之也。盧云注言王疑當作武王。后降惠于民，民罔不格，惟風行賄，賄無成事。孫孔注似當如此分句。孔注人之歸惠，如草應風，如用賄則無成事。王雜志念孫案惟風行賄文不成義，行下當有草字，而今本脫之。賄賄無成事字上仍有脫文，大意謂賄不可以致民也。孔注可證，節錄。緜緜不絕，蔓蔓若何，豪末不掇，將成斧柯此四句與上文義不相承。孔注此言防患在微也。盧云豪末不掇戰國魏策引作豪毛不拔王乃屬冀于尹氏八士唯固允讓孔注屬冀屬也尹氏八士武王賢臣也。盧云舊本注脱尹氏八士四字今補德降為則振于四方行有令問問同聞成和不逆加用禱巫神人允順此六句又與上文不相承。孔注言皆順成和志也

大匡解第三十七

沛案此篇文辭甚古大意以用人之道言之用人必先知人故於九則獨詳而八宅六位則略至末言大匡兼及中匡小匡而仍歸重俾君九則蓋用人之道古訓有如此而繫之於武王旅東隅之侯下則義不可曉疑編書者取周史匯管叔監殷服東諸侯旅諸事數語冠于首而下乃取此訓以附之未可知也篇中詞古義晦不盡可解疑則闕之耳。謝金圃先生云前已有大匡此不應又名大匡蓋因篇內有大匡字也不能定其訛錯之故

惟十有三祀王在管管叔自作殷之監東隅之侯咸受賜于王王乃旅之以上東隅

孔注東隅自殷以東旅謂使各陳其政事者也。盧云注各字本作名似作是。各作名言旅是晉謁之名宋本似是。陳補注王方議監殷之命而管叔情親而請據武王以不得不從之勢故曰自作。沛案陳解自作二字甚是蓋管叔自命為殷

監之後東方諸侯各以舊封受賜于武王也王乃使旅詔以陳政事而尊尚東隅之侯也。陳補注旅祭也祭東隅之山而為壇以告諸侯與管叔也上升也張忠言日旅尊禮也上長也禮管叔命為東方牧伯。沛案陳說固屬文離張說與注不合似皆非是

用大匡順九則八宅六位孔注古大匡有此法。盧云古本一作言

寬儉恭敬夙夜有嚴孔注言當嚴敬思順也。沛案二句上無王曰字是勉詞是贊詞義皆無所屬不敢強解據注是承上順字說陳補注謂是總肯之詞似皆需勉強

昭質非樸樸似質而非質故昭質非樸之謂也樸有不明樸陋者多愚明執於私惟不明故明藝于私心私回不中私則回邪不合中道中忠於欲義未詳。孔注忠於欲謂忠於絕私欲也思慧醜詐思慧足以明理則恥惡者之多詐醜恥也。沛案九則扶一自此以下計八條詞古義晦不盡可解陳補注逐句詳釋恐亦未能盡合取以參看可也

此在首句下

昭信非展，展盡不伊。孔注展柀信而非伊，伊排也。盧云注本或作誹也。沛案注蓋訓伊為伊誹，然於文義不可通。陳補注疑伊當作尹，尹正也，謂言不合義，必期于踐，則不能盡出于正。據陳説，則正文當國云展不盡尹，誠似可通，然未知是否。

伊言於允，思復醜譖。伊言陳作尹言，解謂當正。○復踐言也。譖陳補注子念切，與僭通。言以求具信，不信也。詩大雅譖始竟背，箋本亦作僭，又覆謂或僭。傳：僭，不信也。本亦作譖。○案譖訓不信是也。

昭讓非背，讓為謂讓，讓不遜受也。非背弃不取之謂。背黨雍德，義未詳。陳述注背則嫌情類物故，朋黨相激，而有德者咸引嫌自退矣。雍與壅同。○案此説似近穿鑿。德讓於敬，思賢醜爭。以德讓而本於敬，是賢也。思賢者之讓，則恥與人爭。○孔注讓以待之，非弃背也。

昭位非忿，義未詳。○孔注位所以行道，非以息忿，忿起也。○案注亦不明。忿非[ ]直。

直立於眾，思直醜比。人所立為位，直則特立於眾之中而無阿比之意，故思直醜比。

昭政非閑。閑非遠節孔注政以道民非禁閑之也故貴得節也。沛索閑為焉作有禁止之義使不得越也政以道民非禁閑之謂也禁閑之非遠大之節節政於進節制政事當止而止也不必進求恐害民也思止醜殘思行所當行即止所當止恥以苛政殘民

昭靜非窮孔注仁者好靜窮非取樂窮居非意窮居失志非意所欲意動於行意之動於行驗之思靜醜躁行有靜躁思恬靜則恥躁妄

昭潔非為為疑當讀作偽。真能自潔者非偽飾廉潔以取名為窮非消若偽以窮約自高非真能不屑不潔者也消潔於利消與狷同。孔注消潔于利不以自汙思義醜貪消潔者非義不取故思義則恥貪貪則不潔之甚矣

正文利舊作令案注改正

昭因非疾疾非不貞二句義未詳疑字有訛誤貞固於事貞正而固也易曰貞固足以幹事思任醜誕思任事則恥妄為。孔注疾||。陳補注張惠言曰昭因不可曉案

文政曰有九■（行）一仁二行三讓四信五固六治七義八意九勇以此合之信讓二者是矣仁當昭貫行當昭文治當昭政義當昭潔意當昭靜固當昭固而缺昭勇一條衛業因當如張說作固疾非不貞非字疑誤。沛棠不字疑誤

昭明九則　九醜自齊齊一也　齊則曰知　悖則死勇孔注明此九法則所醜義成九法咸沛棠咸當作悖則苛死于勇不知節。盧云棠上所陳九則九醜尚少其一段疑昭貿非樸一段有脫文。沛棠孔注於勇如害上正文兩則字作虛字解是補注指九則非

則不登于明堂盧云如與而同舊作知誤左氏文二年傳引云勇則害上不登于明堂。明堂出政之所不升用此人也登升也　明堂所以明道明政事之道　明道惟法孔注惟以法度仗人　法人惟重老重老成人　重老惟寶孔注言所尊重者老人乃政之寶也

嗚呼在昔文考　戰戰惟時　祇祇汝其沛棠當作汝其祇祇言文

考附忍懼敬慎者惟是道時是也汝其祇祇然敬用是道才。孔注文王唯敬是道汝其用之汝諸侯也•用塵云正文。汝其下疑脫一庸字注乃字舊說及今改正謝云戳戳推時祇祇當句汝其當連下夙夜濟濟。沛棠戳戳惟時祇祇六字為句似不成句注若以汝其依下文讀似可陳補注以在昔文考戰戰為句汝其下從盧

譛扁字似可不必

夙夜濟濟 無競惟人 言濟濟然在朝者惟以賢人為強惟

允惟讓 允信賢讓謙遜也 不遠攀正 不邇讒邪 孔注言當近正士遠讒人。即親君子遠小人之意是文王之道其如此也

汝不時行 時是 汝害于士 士事也謂害于政事。孔注汝不行

士惟都人孝悌子孫 不官則不長 陳補注張

惠言曰任事者惟都人孝悌子孫汝不官之則不能長人

官戒有敬 孔注官以長官所戒惟敬則八

宅矣

順官□ 陳補注疑空圍是師字沛疑是府字 朝道舍賓祭器曰八宅 沛棠

官朝道舍皆以地言故曰宅宅居也、、、三者何以言宅疑有誤字

綏比新故外內貴

賤曰六位孔注安之比之各以其道則位順也大官備武小官承長孔注承脊。武威也備武蓋有威可畏之意。盧云正文承舊誤作成今依注改正大匡封攝外用和大孔注和平大國。盧云正文封字舊本作隸不成字今從宋本。封攝義未詳中匡用均勞故禮新孔注士大夫及賓客小匡用惠施舍靜衆孔注靜安也禁請無怨順生分殺不忘不憚三句義未詳。孔注不計分部不失其理。沖禁孔注難曉陳補注詳釋之彈其穿鑿今姑錄之。裨補注言凡有所禁凡有所請總無結怨於民而於其善者則順而生之於其惡者則分別而殺之事有所必謹故不忘法有所必神故不憚俾若九則生敬在國國咸順順維敬敬維讓讓維禮孔注言周大臣使順九則生其所敬於國國人皆順之以敬讓之禮也。盧云舊本作生敬在國國咸敬沈案注文改今從之辟不及寬有永假義未詳。

孔注不及言同假於王道。沛素注難曉陳補注文似穿鑿亦姑録之。陳補注辟法也辟不及寬火烈民斯畏也假與嘉通民知畏法則不及罪故能長享其福也

文政解第三十八

沛案此篇言政以九紀數九九八十一條目古書中罕見者也周書亡篇有九政九開未知與此篇是一是二竊疑文政即是九政故以九紀數數篇首主循王十四字及篇末嗚呼下十四字皆非此篇原文乃他篇之脫簡編書者寀取之以裝點首尾耳故文義不相承也嘗疑周書古簡蓋每簡十四字故脫一簡錯簡其數相符說見周祝篇此篇首尾各是一簡其摭拾之迹可見八十一條中缺二條脫落訛誤不可解者不下二十條其餘可解者皆切實備常日用之道謂為文王仁政之遺史臣紀之以傳後世者亦未見其不然惟首尾二十八字直須删之不必附會而為之說也

維十有三祀王在管管蔡開宗循孔注管管叔之邑二叔開其宗族循鎬京之政言從化也王盧本謝云王字當屬上文以開宗循王為句

禁九慝慝惡也禁防之昭九行身所行曰行昭明之濟九醜所耻醜者救止之大臣篇昭明九則九醜自齊濟作齊或義亦相通尊九德德當尊上之止九過過當止而改之務九勝務用力也傾九戒所戒者當知其傾危固九守守當堅固順九典典常當順之。孔注九人所茂政也濟謂濟其醜以好也順此戒也。沛棠注九字下疑脫者字其訓濟字謂濟其醜以好好醜對言是醜即惡也惟其惡是以可耻故醜亦訓耻濟也者以好救濟惡也

九慝一不類類善也二不服服從也蓋謂不服教化三不則則法也蓋謂不循法則四□務有不功蓋謂作為無益五外有內通六幼不觀國七闇不通徑八家不開刑以上四句不甚可解觀國二字必是訛誤或親逆二字之訛草書略相似徑小路也不通經義難曉刑與型同蓋謂家無教法。或曰古者男女不通問所以嚴內外之防失此禮是慝也九大禁不令路徑孔注刑法也不令不宜令也。王雜志念孫案

大禁不令下不當有路徑二字路徑當為徑路是釋經
字乃注文非正文也。國有大禁犯者獲罪當再三中
令以此條以韻讀之則類服則為韻功適為韻
曉之。顧若觀國是親遊之訛則遊徑刑令為韻

九行一仁二行沛疑行字誤九者皆行也不當行、居区其一大抵九行不外五常之德曰仁曰
讓曰信曰義自當言智竊疑行字是知字之訛草書知字上稍缺便似行字三讓四信五
固六治七義八意九勇孔注意於思道也。沛案正文意字是志字之訛觀下文
思意醜變意亦當作志言主志貴不變也若意心之發豈能不變惟在心為志則貴持之不變草書志意二字
相似易訛況證以孔注益信孔注蓋云志於道也今本訛作意字耳若知訛為行亦以下文證之可見下文云
思行醜禎禎者愚昧不明之謂正與智字相反不與行字相反也

九醜思勇醜忘陳補注果於行為勇李兆洛曰忘當為妄衛案忘妄一聲之轉二字俱收二十
三漾左傳哀二十七年注言公之多忘釋文忘本文作妄莊子盜跖故推正不忘即釋文忘本又作妄又易家

上傳物與无妄虞注妄忘也則忘妄二字古本通用妄

消虛妄忘訓亡失二字俱與另義相反。沛棠忘有平去二聲義同思意醜變意當作志思義醜□舊脫此句盧本增大匡篇作思義醜貪

思治醜亂思固醜轉轉謂移易思信醜奸奸謂詐偽思讓醜殘

孔注殘謂殘禮義也思行醜頑行疑當作知思仁醜豐豐義未詳。豐與釁同謂釁隙也

豐字疑誤。盧云業九醜即倒承上九行舊本上四信訴四言六治訟六始此又脫去思義醜貪□一句今俱增正

九(遒)德一(視)忠(民)二(傚)慈忠不欺也慈撫愛也三祿四賞穀祿賞賜五民之利疑脫

興字似當作興民之利六工商受資資謂資財七祇民之死祇敬也八無

奪農疑脫時字當作無奪農時時與上下文利資死財為韻也九足民之財孔注敬死勸葬

也足民之財也。盧云正文之財本亦作之則注同注末句上疑有脫文。沛棠注財字下有脫文

九過　一視民傲傲慢也　二聽民暴暴虐也　三遠慎而近頻王雜志念孫案尔雅慎誠也頻同親孔注周祝篇曰親謂無實是親與慎意正相反言遠誠慤之士而近虛誕之人也虛謂頻與親同失之前錄　四法令□亂疑或是紊亂　五仁善是誅誅責也君子獲非　六不察而好殺不察不明也　七不念□害行陳疑缺文是而字）白不思念而姦行故害　八□思前後　九偷其身不路而助無漁二句有訛脫衍字義未詳

九勝　一正文缺四字　二正文缺四字　三同惡潛謀　四同好和因同害同好義謂與己同好惡者故與之密謀與之相依因依也　五師□征惡　六迎旋便路似謂道路徃來便利　七明賂施舍施舍謂振窮蓋　八劫于移成　九迪

右書新孔注潛謀潛密之謀也移成謂者子曲教也臨君之子書而新用

九戒一內有柔成 孔注柔成善柔謟人也 二示有危傾 陳補注示當作宗
三旅有罷實 孔注言□困窮暗也。盧云暗一本作晴字書無考暗亦疑訛 四亂有立
信。五教用康經 孔注康逸也 六合詳毀成 孔注合詳無德而信也 七
邑守維人 孔注邑守無備特其人衆皆危道 八飢有積兆 九勞休無
期 勞于役者休息無期口九戒之日不可解者過半姑闕之
九守一仁守以均 均平無偏私也 二智守以等 等謂有次序 三同守以
典 典常也 四信守維假 孔注維假言立信常至于義也 五城蒋守立 盧云信守
維假二句似有訛 六廉守以名 清潔之名 七戒守以信 八競守以
備 競强也備謂豫備 九國守以謀 謀謂圖治
九典一祗道以明之 祗敬 二稽賢以賞之 賞之稽賢 三典師以

教之孔注典師謀，各隨所能而教之也。四四戚以勞之虛云四戚四字疑本是空圍。五位長以遵之孔注遵行
陳補注四戚謂內姓外婚朋友同里見大武解。沛案陳說牽扯
之以戒教。王雜志位長當作伍長下文什長以行之什
之事也。長與伍長文正相對玉海六十七引此作伍
長，可錄。六羣長以老之七羣醜以移之移徙之取其變也八
什長以行之九戒卒以將之孔注將之軍旅行陳也
嗚呼充虛為害孔注陰陽無謂之充國無人謂之虛也
。沛案孔注難曉竊謂充塞也虛空也
極備儲極無由不通無虛不敗此三句與上文殊義
無皆凶不相承不知何書錯
簡附綴于此陳穆堂
亦疑是脫文錯簡

武儆解第四十五

沛棠此篇次于度邑之下亦真古書也惜殘缺不全字多訛脫不盡可解釋耳故列之下編

惟十有二祀四月 王告夢 蓋即度邑篇所云云神授朕靈期之夢 丙辰出金枝郊寶開和細書 蓋周家之典冊也 命詔周公旦立後嗣屬小子誦 誦成王名武王因周公不肯受傳及之命故詔公立小子誦 文及寶典 文立嗣之詔文也寶典篇武王三祀所作及者並此書亦授之

王曰嗚呼敬之哉 汝勤之無蓋□ 蓋字訛誤闕文疑是哉字 周未知所周 次周字疑誤或曰周至也言我周初定天下未知將來所至竟如何也 不知商□無也 也字疑是它字之訛它與佗他同言不知商之後嗣志果無他否也 朕不敢望 言若果安然無事固朕所願然不敢想望而必之也蓋已預料將來武庚有不靖之事但未顯言之耳 敬守勿

失服守訓言無失其道以詔寘小子盧云宵俗本作寘今從元本章本又作寘字。沛案盧本
寘作宵脩本作寘疑作寘為是寘寘也寘方之五權福
亦以保小子于位又云以長小子于位則此處似亦當
作以詔寘小子于位以字上必勤下
正文脫于位二字耳曰允哉有闕文汝夙夜勤當有
之字上文汝勤之及以勤之二字連文此句
亦當云汝夙夜勤之之之字誤倒在下文內耳心之無窮
之字當屬上向勤字下也字疑是衍字之誤此上皆
也武王命周公之詞詞有殘闕而大意可見其為後嗣
慮者至深遠矣夙夜勤之辭屬周公勤王室蓋云此
也心無窮哉有書不盡言言不盡意之恉。篇殘缺
不可讀也字
當是妄增入

論移寫于前

本注下要

當二、顆一格五、与他編

逸周書分編句釋　卷十二　　上元唐大沛醴泉纂

殷祝解第六十六

湯將放桀于中野孔注此事不然失哉者欲解之。中野地名士民聞湯在野用湯至中野相度其地將放桀于此皆委貸扶老攜幼奔恐桀居此被其虐故奔去也棄國中虛孔注言桀國中空無人又不然矣。盧本謝云湯之放桀亦如舜之封象蓋湯雖放桀猶躬至十野而安定其人民中野之民咸去桀歸湯國中虛者十野之地虛也故湯復為明之而士民致于桀之詞皆頗歸亳桀乃與其屬五百人屢從而至南巢也桀請湯曰國所以為國者以有家　家所以為家者以有人也　今國無家無人矣　君有人　請致國　君之有也君字上疑原有國字因上作二小畫為重文後人刪錄脫之。孔注此國為天下也。盧云以為當作謂。謂桀國謂王識之國據此則桀欲以王讓湯也然當日責則不然矣湯曰否　昔大帝作道　明教士民

孔注大帝謂禹明禹之事於士民也●作爲也爲聖王之道
今君王滅道殘政滅廢殘害
也
士民惑矣惑謂昏惑吾爲王明之明先王之道與政
士民復致於
桀曰以薄之居濟民之賤薄同亳。陳補注盧本作濟今按文義改齊民。
沛棠作濟民解亦可通今仍從盧本陳作以齊民謂平民也
何必君更孔注此士民辭也薄湯所居也
書與君更與桀從遷湯。沛棠何必君更猶言君何必更蓋謂民既歸湯則聽之而已君何必更之也
桀與其屬五百人南徙千里止於不齊沛棠尚書大傳作南徙千里止
於不齊謂作十里是也唯與中野相去不遠故士民可奔湯
民往奔湯於中野孔注不齊
祀名。盧云正文不齊下疑當有不齊士三字
桀復請湯
言君之有也盧云言下
亦當有國字
湯曰否我爲君王明之湯復辭桀讓不肯受
士民復重請之
復又也重再也士民再以桀之言請
桀與其屬五百人徙於魯孔注魯亦也名

魯士民復奔湯本不顧就桀而往奔湯桀又曰國君之有也桀又使人請湯于吾則外人有言彼以吾道是耶我將為之孔注言桀以此辭勸勉湯者也。沛案注意盖謂士民既歸汝必以汝道為是也汝何不為之湯曰此君王之士也君王之民也委之何湯使人復桀之辭湯不能止桀孔注必欲去也湯曰欲從者從君任桀之親戚臣屬從之桀與其屬五百人去居南巢孔注南巢地名、盧云舊本正文去字下注居南巢之地名訛今改正。沛案書仲虺之誥孔傳南巢地名孔穎達疏傳言南巢地名不知地之所在周書序有巢伯來朝傳云南方遠國鄭玄云巢南方之國世一見者桀之所奔盖彼國也以其國在南故稱南耳傳并以南巢為地名不能委知其處故未明言之。蔡沈集傳南巢地名今廬江六縣有居巢城桀奔于此因以放之巳。皇輿表今巢縣屬廬州府無為州。春秋地理今釋南巢今江南廬州府巢縣東北有居巢故城

湯放桀而復薄

三千諸侯大會（孔注大會於薄。盧云復薄李善注文選引作歸于亳）湯退再拜從諸侯之位（王雜志念孫案此文本作湯取天子之璽置於天子之坐左退而再拜從諸侯之位上言置璽於天子之坐左故下言退從諸侯之位今本脫去此十二字僅存湯退二字退下又脫而字則敘事不明矣鈔本北堂書鈔儀飾部引周書曰湯取天子之璽置之天子之坐左復（古退字）而再拜從諸侯之位藝文類聚帝王部二人部五太平御覽皇王部八人事部六十四所引並與書鈔同節錄）湯曰此天子位有道者可以處之（孔注讓諸侯之有道者）天下非一家之有也（盧云天下舊作天子今從趙改）有道者之有也故天下者唯有道者理之（理謂條理）唯有道者紀之（紀謂細紀）唯有道者宜久處之（孔注久處久居天子之位）湯以此讓三千諸侯莫敢即位（王雜志案類聚御覽並引作湯以此三讓三千諸侯諸侯莫敢即位今本讓上無三字諸侯二字又不疊皆寫者脫之）

然後湯即天子之位〔孔注：三千諸侯勸之也〕與諸侯誓曰：陰勝
陽即謂之變，而天弗施〔孔注：逆天道故不施〕；雌勝雄即謂之亂，
而人弗行〔孔注：雌勝雄，女陵男之異，逆人道，故不行為。○言此以喻君臣也〕。故諸侯之治
政，在諸侯之大夫治與從〔孔注：言下必順上，所以教治也。○盧云：與從，本一作
於從。○言大夫當從諸侯之治，
則諸侯之當從天子可知矣〕。
評：桀湯升師伐夏，見於商誓，實錄也。據書序，與桀戰于
鳴條，桀敗而奔走于南服荒裔之國，地名巢。昔湯不
迫之，桀因居焉，故謂之放，非湯放桀而置之於南巢
之地，如後世徙置禁錮之事也。此篇不言伐夏，而歸
征誅之事為揖讓之風，雖非實錄，然曲意摹寫民之
歸湯與湯之謙讓不違，可謂工于立說矣。竊疑作者
其有寓意，即依貽見武王誅紂之事，心不韙之，故借
湯放桀一事形容比擬，以寓古今世運升降之感耶，
亦可知也。●殷祝見儀禮士喪禮，又見既夕禮，蓋周
之祝官兼習商禮者，故謂之商祝。

太子晉解第六十四

謝云此篇誕而陋與諸篇絕不相類孔氏為注之甚矣其無識也。衡案謝說非也謝所謂誕者以太子晉預知死期耳不知古來神聖之人類能先知即武王亦云惟二聖告朕靈龜何說之有所謂陋者只太師何舉足驟及天寒足跼一二戲言耳不審篇中論古帝王皆有讓即歌詞詩亦屬雅音何陋之有竊疑此篇即師曠所自作故通篇韵語妙絕古今誠一種佳文也謝金圃先生殆草草閱過耳故既謂之誕陋又於序中謂之荒誕且云體格亦卑弱不根皆非確論也盧抱經先生積數年之力校定此書藉金圃先生之力刻成故以謝序冠首篇中凡謝說具載之其實謝說得失參半即抱經先生亦未必以謝說為盡是也

晉平公使叔譽于周見太子晉而與之言 孔注叔譽者大夫叔向也周靈王太子名晉也。平公晉悼公子名彪叔譽羊舌肸也字叔向周語羊舌肸聘于周攻于穀洛鬭之

後孟師靈王二十二年事五稱而三窮孔注五稱說五事。盧云三窮舊作五窮案潛夫論引作
三窮御覽百四十六同。陳補注唐武皇后昇仙太子碑亦云居叔譽于三窮逡巡而退其
言字
言不遂盧云御覽其下有言字陳補注據以增今從之。孔注遂終也。逡巡退踏貌歸告公
曰太子晉行年十五而臣弗能與言孔注告平公稱其賢才也君
請歸聲就復與田孔注聲就復與周之二邑名周衰晉取之也。叔譽請公歸二邑之田於
周若不反反歸還也及有天下將以為誅謂將來太子嗣位將以田故誅
責晉平公將歸之師曠不可曰請使瞑臣往與之言
若能憐予反而復之孔注師曠晉大夫無目故稱瞑憐覆也度謀還與臣也。
陳補注師樂。若太子言能蓋于侯臣師曠其名也反而歸田亦為晚也師曠見太子
稱曰御覽百四十六稱上有見字吾聞王子之語高於泰山孔注言高

□容孫某志乃七藏其度也其[illegible]覽人事部十百八引此皆無其

□實孫案自晉加□有始字義知加[illegible]而衍者[illegible]移在甚成一頁下

於泰山言無上也夜寢不寐晝居不安孔注不安至飢渴也不遠長道

不以長道為遠而求一言皆師曠謙詞王子應之曰吾聞太師將

來甚喜而又懼吾年甚少見子而懾懾懼也盡忘

吾其度度禮儀之度。皆王子謙詞。孔注其猶之也」懾而忘度所以為謙師曠曰吾

聞王子古之君子甚成不驕成盛也見釋名言王子育吾君子風雖甚盛不

以驕人自晉始如周行不知勞盧復校云始字疑衍。陳補注曠謂前此未嘗

至周故日始。孔注有成德不以驕易也。注成德猶言盛德王子應之曰古之君

子其行至慎謂慎重委積施關委積見周官小宰及大司徒鄭注云委積謂牢

米薪芻給賓客道用也又云少曰委多曰積皆所以給賓客。施弛同謂弛關覺禁道路無限適往

來無限隔百姓悅之相將而遠將持也與偕也見譜韻遠人來驩驩樂

句讀所下尚協

翼遠人疑當作奉翼與上文遠

雖所治一例言德

[illegible]遠人[illegible]而[illegible]之

德遠德其仁

德其仁也如遠

翼之德人[illegible]感化者也

也視道如恕孔注言己不及古君子恕術近。盧云矣積舊作天下恕作民皆依惠改。李恕與之韻協師曠告善善王子所言又稱曰古之君子其行可

則則法也由舜而下其孰有廣德孔注問舜以下可法則之君子也。陳補注謂下文溫恭敦敏及穆穆虞舜二節當在此條前。沖素文律不稱陳說非是。王子應之曰

如舜者天舜居其所以利天下舜無為而治其德如天論語恭己正南面而已矣此旨即奉翼遠人德及於遠也如鳥之羽翼育覆育之意皆得己仁己與其通

詩彼其之子一作彼己之子言天下皆得其仁澤。孔注言其仁合天道。或疑仁與人通古舜待人而治五臣等是也似亦可通。此節識別德協所下協天人仁協此之謂天孔注言其仁合天道

如禹者聖勞而不居以利天下勞於治民水不遑寧居以利天下之民

好取不好與當作好與不好取寫書者誤倒耳[illegible]書于義不可不正必反其正取與必合

者謂貪財利是外
取用謂矣

正道是謂之聖盧云謂之富如前後文作之謂●孔注盡力溝洫勞也貪財利篤其功合聖道也○沛棠注當作不貪財利如文王者其大道仁其小道惠分人以財謂之惠亦仁之一端三分天下而有其二六州歸化有歸民當眾敬人無方隨在皆然故曰無方服事於商謂服勞于王事既有其眾而返其身沛棠返當為違字之訛矣古與佚通史記韓非傳非吾敢横失能盡之難也前漢五行志魯夫人淫失於齊卒殺桓公並與佚同又荀子哀公篇其馬將失與逸同惟解正文原是違佚其身故孔注以勞謙恭儉日夜不息解之是孔所循之本原不誤也後人誤以違作返又不達失與佚同且不當注意故所解並誤趙云返當作反盧云返失其身似指四子美聖皆誤解也陳補注直以盧説衍之則誤甚書曰文王卑服即康功田功又曰自朝至于日中是不違暇食用諴和萬民即違佚其身之謂也○孔注以其仁德人惠懷之行無常唯賢所在勞謙恭儉日夜不息返失之也○盧本趙云注也舊作訛●沛棠注行無常行疑當作敎末句疑有譌脫當作違佚勤也

再祖本謳

此之謂仁，如武王者義，殺一人而以利天下。孔注一人紂也

異姓同姓，各得其所，是之謂儀。孔注儀善。盧云其所是三字舊脫，從沈增。盧復校是之謂儀，上云如武王者義，則[illegible]儀當從舊本作義，而注乃云儀善，故今從注作儀。以古義與儀本可通用故耶。沛案釋名儀宜也，得事宜也。由儀笙詩疏萬物之生各得其宜也。據此則儀與義並訓為宜，是古字本可通用也。義者宜也，宜者臬善也，故注以儀為善，是輾轉相訓也。下文孔注問其事儀，則儀與義通可知。楊用修本作各得其儀，儀因與義協，然本文用韻，下與所協同義字相協，自屬古人用韻之注。楊本好改字，始因注訓儀善，故改所為儀，改儀為義，殊不足據。

師曠稱善，又稱曰：

宜辨名命，名之命必有義宜辨明辨也。董子曰鳴而命者為名

異姓惡方，陳補注惡方疑當作異方

王侯君公，何以為尊？何以為上？孔注問其事儀。沛案注儀訓為義

王子應之曰：人生而重丈夫，謂之胄子。孔注胄□

「之士下本注胄」一字上與本有胄字」長

曰字衍北堂書鈔封爵部上太平御覽封爵部二引此皆無曰字

舊脫生字人物從御覽改正

。沛業胄嗣也人長也書舜典教胄子孔傳胄長也此注胄下闕字疑當作嗣胄子成人能治上官謂之士成人謂才德成就非既冠稱成人之謂治上官則非有司之事士蓋謂王朝之元士士率衆時作謂之伯羣衆職因時舉政百官之長伯長也是謂伯能移善於衆善政移於衆職使皆善與百姓同使百姓同好義謂之公此大公無私之人故謂之公。孔注作謂農功同謂畄好義。宋注作指衆功似偏公能樹名生物樹立聲名生養萬物與天道俱以大公之心與天道同其運用謂之侯陳補注白虎通侯者候也候順逆也能使順逆則與天道俱矣侯能成羣謂之君孔注立名生物謂化施於民也成謂成物庸謂之長也。陳補注君者羣也說見謚法解君有廣德分任諸侯而敦信曰予一人孔注衷厚也。予一人天子自稱曲禮朝諸侯分職授任功曰予一人善至于四海曰天子曲禮君天下曰天子達于四荒曰天王孔注四海四夷四荒四表。桼邕獨斷曰天王諸夏之所稱天下之所歸往故稱天王 四荒至莫有怨訾乃登爲帝 孔注訾數恨也合五等之尊卑而論事義以爲之名者也。陳補注四荒莫有怨訾書所謂協和萬邦黎民於變時雍也登升也帝則無以加矣 師曠罄然又稱曰 孔注罄然自藏整也 。陳補注罄然當知罄折之義蓋心悵王子之言而不覺其身之俯也 溫恭敦敏 溫和也恭莊敬也敦厚也敏聽也 方德不改 。孔注方正也 道開物□□ 孔注初本也。陳補注訓初為本則正文兩缺字有初字可知 下學以起 孔注起物義也 其上登帝臣乃參天子 登升也參承也 自古誰 孔注問最貴之人也。盧云自古誰下卜本有能字。陳補注據卜本補能字 王子應之曰 穆穆虞舜明明赫赫 陳補注穆穆恭已之貌明明赫赫光顯也 立義治律 立道義治法律 萬物皆作 作興起也 分均天財 天生財利上下均如其分有之 萬物熙熙 陳補注熙熙讙鼓顯之象含 非舜而誰能孔注律法也謂致其物也照照和盛言舜臣堯功德如此也。盧復校云能字疑衍誰字與上財照韻協。陳補注據盧說正文删能字、王雜志盧以能字衍是也寶典王子問答兩誰字正相應不當有脩字文選封禪文注引此無能字盧謂誰當照為韻則非誰於古音屬脂部財照於古音屬之部兩部絕不相通則誰與財照非韻也說見六書音均表此文以𨽻作為一韻財照為一韻而末句不入韻上文自古誰誰字亦不入韻也前錄。沛業能古音奴來反又音奴代反疑與財照為韻今盧與王皆謂能字衍而王之謂誰字不入韻想懷祖先主為韻學專家其言當不悞也

師曠東蹋其足曰善哉善哉孔注東蹋蹹也

。王雜志念孫案東蹋二字義不可通東當為束字之誤也束蹋疊韻字謂數以足蹹地而稱善也故王子曰太師何舉足驟孔注東蹋蹹也東亦束之誤北堂書鈔政術部四太平御覽人事部十三樂部十四引此並作束蹋其足

王子曰太師何舉足驟孔注驟亦數也師曠曰天寒足跔

是以數也孔注王子戲問故曠戲荅。盧云足跔舊作是蹋案說文曰跔天寒足跔也從足句

聲隆氏莊子釋文亦引作跔李登聲類曰偏舉一足曰跔今定作跔紀于求于二反王子曰請
入坐遂敷席注瑟敷布也注謂取瑟授之師曠歌無射孔注交言於堂
故叟入燕室坐歌此辭而音合于無射之律曰國誠寧矣遠人來觀陳補注贊
美之辭也修義經矣好樂無荒經有常也○陳補注戒勉之辭也乃注瑟
於王子王子歌嶠孔注嶠曲名也曰何自南極至于北極
極謂極星言南北極以喻相去至遠也絕境越國絕截也越過也弗愁道遠不以為遠
○孔注師曠作新曲美王子也王子述舊曲諫也○陳補注諫字誤當作謙○沛棠案謂注諫當作謙是也○
陳補注爾雅山銳而高曰嶠王子義謙言無德致此故言何自南極至于北極云云也師曠蹶然
起曰瞑臣請歸○孔注蹶然疾貌辭請返晉王子賜之乘車四馬孔注
禮為人子三賜不及車馬此賜則白王然後行可知也○沛棠孔據曲禮言之然此賜自出于王子不出于王

衍

豈又白子王哉孔說太迂可刪曰太師亦善還御之猶云亦善御乎師曠對曰御
吾未之學也王子曰汝不為夫詩猶云不為夫詩乎詩云馬
之剛矣轡之柔矣馬亦不剛轡亦不柔志氣
麃麃取于不疑以是御之孔注馬不剛轡不柔言和援也麃麃亦和援也
不疑和之心也。盧云志氣麃麃舊訛志之麃麃今依襄廿六年正義改謝云因左傳有國子賦轡之柔矣乃
足數語以飾之讀者勿為所欺。沛霖謂說非也此詩辭妙絕古今豈後人所能足成之者左[illegible]正義引此詩六
句末句以是御之非詩辭。左傳轡之柔矣杜注逸詩見周書義取寬政以安諸侯若柔轡之御剛馬。卜卜
引此詩意亦當如此師曠對曰瞑臣無見焉為人辯也唯耳之
詩而耳又寡聞而易窮諫辭王子汝將為天下宗乎孔注
辯別也為人有所別雖恃耳也宗尊也天下所尊則有明王者也。盧云注則有二字疑衍王子曰

太師何汝戲我乎　自太皞以下　至于堯舜禹　未有一姓而再有天下者 言不能再讀之意 夫大當時仍不代天何可得 二句有脫誤義未詳大疑木字之誤天字亦誤○孔注言自庖犧至禹其子孫未有期運當時斯不立矣言周衰未盡己必不立也 且吾聞汝知人年之長短告吾 盧云聞舊訛問今從章本下亦訛今從潛夫論訂正 師曠曰汝聲清汗　汝色赤白

火色不壽 孔注清角也言音汗沉木木生火色赤知聲者則色亦然○陳補注潛夫論相列篇曰人身體形貌皆有相類骨法角肉各有分部以著性命之期顯貴賤之表一人之身而五行八卦之氣具焉故師曠曰赤色不壽火家性易滅也 王子曰然　吾後三年　將上賓于

帝所汝慎無言　殃將及汝 孔注言死必為賓于上帝之所鬼神之□□則王子之事不欲令人知之也○盧云然字舊缺字殃字舊訛今從王符潛夫論潛風俗通殃作禍鬼神之下或脫

事叙二字師曠歸　未及三年　告死者至孔注未及三年并歸之年為三年則王子年十七而卒也。盧云風俗通此下有云孔子聞之曰惜夫殺吾君也潛夫論同。沛業孔子生于靈王二十一年師曠適周據國語推之當即二十二年事後二年王子死者如此孔子生方四歲安得有此嘆恐是附會之語

文酌解第四

沛業此篇序云上失其道民散無紀西伯脩仁明耻示教作文酌今篇中所言與序迥不相合疑古書文酌篇亡逸後人取古兵[illegible]以當之故與序所謂明耻示教之旨不相合因此篇文古義晦不可盡曉首節提明綱目與大武篇文法相似

民生而有欲有惡有樂有哀（四者皆人情）有德有則（即大雅有物有則之旨）則有九聚德有五寶哀有四忍樂有三豐惡有二咎欲有一極（孔注廣瀆其義也）極有七事咎有三尼豐有三頻忍有四教寶有五大聚有九酌（孔注人數陳也。陳補注案九聚九酌五寶五大四忍四教三豐三頻教目俱承接說下惟二咎三尼一極七事教目各異而七事後又中論一極疑有脫誤。）九酌一取允移人（允信也）二

每段行寫 八行

以貨官求其職所居也
明文鑒賓客
交易
一業累發美
識行篤

宗傑以親盧云舊本作以觀今據注改。孔注此言所酌為政之事美傑人當親之也三發滯以正民盧云趙疑當作振民。王雜志念孫案振正古不同聲則正非振之誤疑當作匡字形相似而誤也匡救也大聚篇云以匡窮困即此所謂發滯以匡民也節錄。滯謂滯留之業四貨官以屬五人[二]必禮六往來取此盧云趙疑取比言求其相稱也七商貫易資八農人美利九[二]寵可動此數句有說甚可解。陳補注加是則民樂就矣故九酌與九聚因也〇五大一大知率謀孔注率謀言為謀之帥二大武劍勇劍疑斂字之訛斂聚也三大工賦事賦斂也責取也蓋鳩工集事之意四大商行賄流通貨賄五大農假貸孔注假貸恤貧振施者也。假貸謂業未多人資其借貸。陳補注古者大農大工大商謂之三寶見六韜六守又加以大知大武則虎門不乏坐謀之才兔罝亦備干城之選所寶惟賢是其證矣故五大亦謂之五寶四教一守之以信以誠實不欺為本二因親就年親其親以長其長。孔注就年尊長年也三取戚免梏孔注戚近也免梏無恚也。戚蓋戚和之意爱乖氣致戾不如和氣致祥也四樂生身復義未詳樂生謂人樂其生。陳補注四者必思乃有濟故以數與以思通。沛業陳說太勉煙四教原與四思常伹不上四思與哀。亦不合疑正文哀有四思思或思字之訛哀則有思人情也因情以教使深思而力行之故四教與四思相因如此說似屬可通

三頻一頻祿質瀆盧云瀆字依宋本俗閒本作瀆。義未詳二陰福靈極義未詳三留身散真義未詳。孔注頻數也散失也

三尸一除戎咎醜二申親考疏三假時權要義並未詳。孔注尸是也咎罪也考成也時是也。陳補注尸無訓是者是乃定字之訛尸究也見爾雅釋詁涼上也醜如執訊獲醜之醜申升也考校也假嘉通宋一尺本了二咎其數不祥或曰前二咎當作三咎蓋戎醜不罰親

疏不明權要不尊三者皆不能無咎也

七事一騰咎信志　二援拔瀆謀　三聚疑沮事七事中人

此句明白可解。盧云忠案聚字說文引作桑云衆盛也所錄切

四騰屬威衆　五處賓身降　六陵塞勝備　七錄兵免戎七事除聚疑句恐並未詳其義

陳補注一一強解之今不錄。孔注騰勝也錄謂不備兵。陳補注不備兵不字疑衍。盧云卜本戎作成

一極惟事昌道開蓄伐一極疑當作七極上文一極亦當同極至也中也故孔注以中

正訓極字。孔注言事事皆以忠政行之則吉昌之道開而征伐之道蓄之也。盧云忠政疑謂當作中正。

陳補注此本不可解而孔氏妄為解之鑿矣

伐有三穆七信　一幹二御　三安十二來孔注言征伐之道必

有此事可也。沖案此承伐字說下又立許多名目與篇首絕不相蒙疑是編書者取兵家言備合于此耳

三穆盧本惠半農云三穆即所謂穆卜一絶靈破城。義未詳疑有訛字孔注絶靈不淫祀也二筮奇昌為義未詳。陳補注筮蓍也奇如奇耦之奇昌大也為動也言筮蓍之法必視陽神為用而後可動。案此說似可通三龜從惟凶孔注不正而卜雖從而凶。陳補注惟凶作兆凶云龜卜也兆朕兆也卜從兆凶者卜必斷以理蓋以義謀于未事之先而後可獲吉若龜從而卿士庶民但以逆則違卜可也靜則吉動則凶故不可從

七信沛案信古與中同易繫詞往者屈也來者信也觀孔注以信明之為訓可知信同中一仁之慎散仁富散財於下慎始逆于吝欲二智之完巧大智淬謀僅以巧術為完全之計則小矣三勇之精富大勇斂武精于技富于力自謂餘勇可賈亦小勇也四族之寡賄五商之淺資六農之少積財賄寡資本淺積蓄少三者皆貧乏之象國不富不可以伐人七貴之爭寵爭寵則爭權四大臣不和未可伐人國也。孔注七者所宜信明之也。陳補

注信謂有成法無疑政也非是

一幹勝權輿孔注言有權無不輿。虞本謝云注謂幹謂骨幹勝讀平聲權輿始基也立基能勝
之也趙云勝權輿言當先立勝算于其始。沛案有權
無權不輿文義不通孔注必無此誤語權輿始也亦豈
不知之而為此不通之語即此必傳寫有脫誤非孔注
之謬也正文亦疑有脫誤謝第隨文解義其理尚可通
耳趙說亦略同忍
旨非本文正旨

二御一樹惠不懕　二既用茲憂孔注懕巔也以為已巔也既盡。虞云懕
字無考注亦難曉。陳補注懕疑懕之訛。又云此言
御下之道樹惠用恩但當審慎。沛案正文及注疑皆
有訛誤之字不必強解
陳補注亦姑為解之耳

三安一定居安帑安帑二字見文傳篇謂安其家室子孫也此似與之同義而陳補注讀帑
為藏全帛之帑　二貢責得布　三刑罪布財二句義未詳。陳補
音倘未知是否

注定居安帛貨賂諸物御舍之稅周禮謂之廛布貢
得布取給於府也周禮謂之邦布刑罪布財金作贖刑
也周禮謂之罰布三者既定則國
阜而民安•沛棗陳說似屬鑒
十二來　一弓二矢歸射孔注射
當可用　三輪四輿歸御孔注
言御
可
用　五鮑六魚歸蓄孔注積以為資。盧云鄭注周官籩
人臙鮑魚鱐云鮑者以魚於楅室中
糗乾之出
於江淮也　七陶八冶歸竈孔注言竈善。盧云注良舊
則陶冶良也。說長遂改
九枘十匠歸林孔注林當作材匠以為用。十一竹十
沛棗取材于林木義亦可通
二葦歸時孔注取之以時
所以來人也　三穆七信　一幹二御　三
安十二來　伐道咸布　物無不落　落物取配　維
有永究孔注落始也類也究終也。盧本趙云落如左
傳落賣取材之落不當訓始•布陳也落落成也
急哉急哉後失時盧云宋本重急
哉別本不重

銓法解第六十九

沛案此篇蓋周時詮選之法殘缺不全僅存此數句然已得其大要矣

有三不遠，有三不近，有三不畜。敬謀（謀事德祗敬也有德者若敬祗、亦則祗敬之）親同（當即同寅協恭和衷之意），三不遠也（若此之人所當親近之）。聽讒自亂（聽讒言自亂其志），聽諛自欺（聽諂諛自欺其心），近慝自慝（慝也近慝凡以自陷于慝），三不近也（若此之人所當遠之也）。有如忠言竭親以為信（以忠君之言竭盡其親愛以取信苟非其人必詐譎者矣），有如同好以謀易寇（義未詳），有如同惡合計掬慮（掬撮也以兩手撮合之是掬慮即合計之意），慮泄事敗，是謂好害（蓋謂同惡其人謀欲害之而反受其殃是自好禍害者也），三不畜也（若此之人所當退逐之不畜于國也）。

器服解第七十沛案此篇由來不可句讀前賢皆謂誤脫甚多今姑以俗寸請者擇之

明器古人葬用明器明器者神明之也因因猶茵通導也外有三沛案外乃名字之訛草書相似故誤以下文然器因名有三知之瘦一瘦與皮同蓋謂茵之己有三其用皮為茵者二

用器常用之器蓋亦明器中所有者服服衣服也數犢四款犢即素犢與精通蓋謂服飾之物以素犢盛之有四也梏王雜志云梏蓋梧字之誤禁豐一梧禁豐三者皆飲酒所用具器也各一觴王雜志云觴蓋觴字之誤三各本皆作天沛案天當作三草書三字與草書天字相似故三誤為天今案文義改正卓獨梧禁豐觴四物皆酒器以章獨盛之獨與犢犢犢通

食器甗禮器曰君尊瓦甗注壺大一石瓦甗五斗迤王雜志云迤蓋匜字之誤匜所以盛水故次于甗下草書迤與匜相似故匜誤為迤膏候屑候候字疑誤二物想亦食器所需非射之候也膏脂也屑如内則屑桂與薑之屑

一作棼纓」

樂樂字下疑當有器字今脫鈒揲鈒佩刀下飾揲當與韘通玦也詩童子佩韘。沛案此二渦當在上文服字下以皆服之物也參冠一竽王雜志云案冠非竽類蓋涉下文縞冠元冠而誤玉海七十八引作參笠一竽、笠竽是也皆樂器故並言之參與三同皆素獨皆以素[錯]櫝盛之素獨不綫出者

二丸弇丸蓋也弇器之口小中寬者曰弇丸當即弇之蓋也弇二則𢿘弇亦二棼菜棼燔也𦔮曰棼當作繫下文繫纓亦誤作棼纓是其證繫與蘻通膾牛與羊魚聶而切之為膾菜與膾皆鮮物故合貯一弇五昔昔腊通乾肉也腊之類有五又另貯一弇沛案二丸至五昔八字當在膏侯盾侯下以皆食器所有之物也纁

纁裹桃枝纁淺絳色或絹或布為席之裹桃枝箴席也用桃枝竹為之素獨以素獨盛之

蒲簟席蒲草名可織簟竹席也皆素斧獨巾當作素獨斧巾。王雜志云案此當作簟蒲席皆素獨斧巾獨蓋與櫝通謂簟與蒲席皆以素獨盛之也上下文皆言素獨此素獨連文之證下句斧巾

由也

瑱詩玉之瑱也
[illegible]塞耳也天子
[illegible]瑱以石

別是一物周官冪人曰凡王巾皆黼爾雅曰斧謂之黼
黻有斧巾之名斧巾之閒不當有獨字玉海引此無獨
字是
真誥
元纘縷王雜志案元下當有冠字與下縞冠素紕文同一例玉藻亦云元冠朱組纓緇布冠繢緌縞冠
素紕○緌冠縞冠素紕繒之精者曰縞紕緣邊也素紕無文采也玉藻云縞冠素紕既
纓之垂者祥之冠
也
元冠束組武卷組纓此五字疑有衍字誤字似當作元冠組纓其組武卷
三字疑本是武卷無組字屬下文○元冠天子諸侯士
通用之冠也只等以朱組纓耳組纓纂組纓別之莊則
緌言元冠組纓耳○武所以
束卷同秦說文紘冠卷也
象[ ][ ]瑱王雜志玉海引作象瑱續瑱琪
與瑧同說文瑧弁飾往往冒玉也從玉綦聲或從基聲
作璂周官弁師王之皮弁會五采玉璂釋文璂音其本
亦作琪此言象瑱蓋謂以
象骨為飾也纘瑱未詳
絺細葛布也紳帶紳大帶也象玦玦射者著
于右手大指以
鉤弦象骨為之
朱極韘未詳○鄭箋詩童子佩韘曰韘也即大射所謂朱極三也以朱

韋為之用以彄沓右手食指將指無名指也

素獨盧云一作數獨簟席也見上篛廣雅篛篛也

捍即內則右佩捍之捍注言可以捍弦也次未詳。陳補注以次字屬下讀謂即次絡

車羔冒□純陳補注羔羊車見考工記羊善也冒有墨音疑即墨車也純當作軘謂軘車也。陳解未知是否

戴枉綫喪勤戴大車也陳補注枉當作軖紆車也或曰枉當作任亦大車也綫當作棧詩曰有棧之車喪喪車也勤役車也詩曰役車其休。陳解未知是否。王雜志勤蓋勒字之誤勒上又脫一字

焚纓一王雜志焚纓蓋樊纓之誤周官巾車有樊纓又有龍勒是其證焚本作燓與樊相似而誤

給器因名有三已見上幾三幾義未詳元菌菌當作茵纁裹蓋元菌用纁裹也

桃枝獨蒲席皆素布獨巾王雜志案當作桃枝蒲席皆素獨布巾謂桃枝席蒲席皆以素積盛之也桃枝蒲席之間不當有獨字蓋涉上文桃枝素獨而誤衍下句布巾亦別

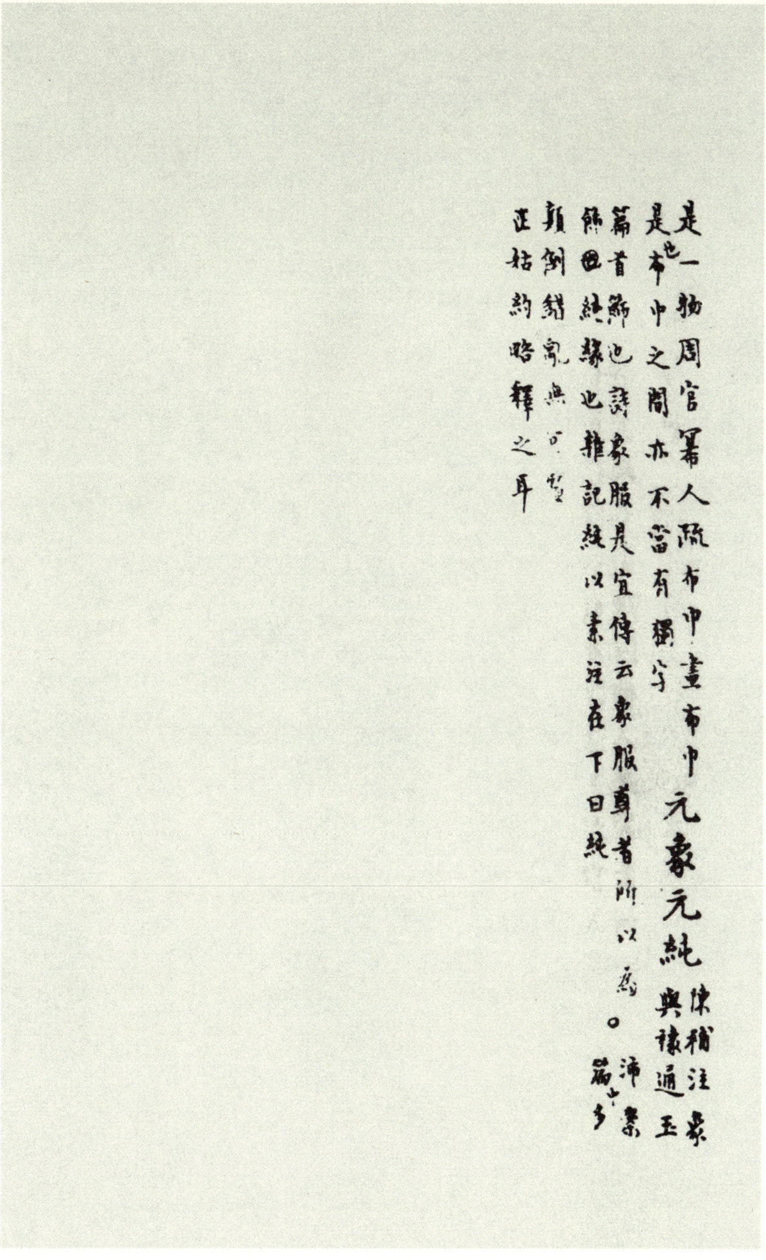
是一物周官冪人疏布巾畫布巾元象元纁陳稍注象
是也布巾之間亦不當有獨字與祿通玉
冪首飾也詩象服是宜傳云象服尊者所以為飾。沛棠
飾因純緣也雜記純以素注在下曰純篇多
顛倒錯亂無可整
正姑約略釋之耳

周書序

沛案此序蓋戰國時人編書者所作時代先後每有顛倒序語亦不盡可憑信且殘缺間有誤字今略為正之

昔在文王商紂竝立困于虐政將宏道以弼無道作度訓

殷人作教民不知極將明道極以移其俗作命訓

紂作淫亂民散無性習常 盧云舊作冐常誤案此六字中疑尚脱二字 文王

惠和化服之作常訓 盧云惠和舊作意和誤案左氏傳云紂作淫虐文王惠和正與此文同今改正。沛案此三篇脉絡貫通千古內聖外王之道備于此矣蓋同時一手所作疑即顧命所謂周之大訓是也三篇原屬一篇編書者分為三猶盤庚本一篇而人妄分為三也此序似未達作訓之本旨而以己意

序之不足信也

上失其道民散無紀西伯脩仁明恥示教作文酌沛業序興

本篇文義不合說已見前

上失其道民失其業□□凶年作羅匡

文王立西距昆夷北備玁狁謀武以昭威懷作武稱沛素

此篇非文王時書

武以禁暴文以綏德大聖允兼作允文

武有七德□王作大武大明武小明武三篇盧云所脫疑不止一字俗本作文王非

穆王遭大荒謀救患分災作大匡盧云穆王當作文王豈穆考亦可稱穆王

歟此下有脫簡詩正義云周書稱文王在程作程寤程典當在此

□據本自此以下缺二十八字皆作空圍今省盡空圍記其字數如此○沛寧疑周書古簡每簡蓋十四字說見周祝及文政篇今此序缺二十八字當是脫兩簡則每簡十四字之說此亦可證

作九開此篇亡

文王唯庶邦之多難論典以匡謬作劉法此篇亡

文王卿士諗發教禁戒作文開此篇亡

維美公命于文王脩身觀天以謀商難作保開此篇亡

文王訓乎武王以繁害之戒作八繁此篇亡

文王在酆命周公謀商難作酆保

文啟謀乎後嗣以脩身敬戒作大開小開二篇沛案當作文王

文王有疾告武王以民之多變作文儆

文王告武王以序德之行作文傳王雜志念孫案序德順德也文傳篇曰序德而廣惠忠信而志愛人君之行即此所謂序德之行也爾雅曰順叙也叙與序同。沛案文傳非完書說見本篇

文王既沒武王嗣位告周公禁五戒作柔武戎盧云舊訛戒從趙改

武王忌商周公勤天下作大小開武二篇

武王評周公維道以為寶作寶典盧云評疑訊字之訛。王雜志評當為誶爾雅訊告也釋文訊作誶音粹隸書卒字或作卒與平相似故誶訛作評

商謀啓平周周人將興師以承之作酆謀

武王將起師伐商寤有商儆作寤儆

周將伐商順天革命申喻武義以訓乎民作武順武穆二篇沛案二篇亦非武王將伐商時作

武王將行大事乎商郊乃明德□衆作和寤武寤二篇沛案二篇文筆不類疑非同時所作和寤殘缺不全武寤四似周頌逸詩乃頌美之辭當在克商以後所作非將伐商時所作也

武王率六州之兵車三百五十乘以滅殷作克殷沛案本篇明云周車三百五十乘而序乃云率六州之兵車誤矣

武王既克商建三監以救其民為之訓範此下正文缺九字盧本皆作空圍今省作大聚沛案大聚作于未克殷之前序誤說見本篇。陳補注為之訓範下當有作大匡文政二篇七字

□此缺正文十一字盧本皆作空圍今省。陳補注此缺文乃序作世俘之義

武王既釋箕子因俾民辟寧之以王作箕子序有脫誤字此篇亡

武王秉天下論德施□而□位以官作考德盧云篇目作耆德

武王命商王之諸侯綏定厥邦申義告之作商誓

武王平商維定保天室規擬伊洛作度邑

武王有疾（盧云此有脫簡○此下脫十字盧本作空圍十今省）命周公輔小

子告以正要作五權（沛棠正政同）

當脫王字

武王既沒成王元年周公忌商之孽訓（敘）命作成開（沛棠訓下）

周公既誅三監乃述武王之志建都伊洛作作洛

周公會羣臣于閎門以輔主之格言作皇門（沛棠門下當有告字）

周公陳武王之言以贊己言戒乎成王作大戒

周公止三統之義作周月

辯二十四氣之應以明天時作時訓

周公制十二月賦政之法作月令

周公肇制文王之謚義以垂于後作謚法盧云前編肇作啟誤

周公將致政成王朝諸侯於明堂作明堂

成王既即政因嘗麥以語羣臣而求助作嘗麥

周公為太師告成王以五則作本典盧云五則疑當作五明

成王訪周公以民事周公陳六徵以觀察之作官人盧云舊脫徵字於上文以五之下今移此○沛案大戴禮作文王官人

周室既寧八方會同各以其職來獻欲垂法厥後作王會盧云王伯厚本無其字又後作世○王雜志念孫案作世者古本作後者後人不曉世字之義而改之也

今業書語非德不及世韋注。曰世嗣也秦策澤可以遺世
高注曰世後世也是古謂後世為世故曰垂法厥世王
海百五十二又補注本竝作世而不云一作後則今本
作後者必元以後人改之也
周公云殷王制將衰穆王因祭祖不豫詢某守位作祭
公釐云某當與謀同
穆王思保位惟難恐貽世羞欲自警悟作史記
王化雖弛天命方永四夷八蠻攸尊王政作職方
芮伯稽古作訓納王于善暨執政小臣咸省厥躬作芮
良夫師業此篇本文王鄭志據羣書治要芮伯若曰上有厲王大夫道芮伯陳語作芮良夫十二字而今本脫之
晉侯尚力侵我王略叔向聞儲幼而果賢□復王位作
太子晉

王者德以飾躬用為所佩作王佩盧云王者本或作玉者款舊脫作王佩三字今補

夏多罪湯將放之徵前事以戒後王也作殷祝盧本趙云將字衍

民非后罔乂后非民罔與為邦慎政在微作周祝

武以靖亂非直不克作武紀

積習生常不可不慎作謚法

車服制度明不苟踰作器服盧云明本…作民

周道於是乎大備盧云舊無是字趙案文義補〇王雜志念孫案此本作周道於為大備於為即於是也小雅白駒篇於為逍遙今本為譌作乎非觀去是字玉海三十七七十八引此竝作於為

道光十六年六月初八日唐大沛輯逸周書句釋稿成

（清）王念孫 撰

逸周書雜志四卷

清同治九年（1870）金陵書局刻本

逸周書弟一　　讀書雜志一

高郵王念孫

政

度訓篇、力爭則力政、力政則無讓。念孫案、政與征同、古字多以政爲征、不可枚舉。力征、謂以力相征伐。吳語曰、以力征一二兄弟之國。大戴記用兵篇曰、諸侯力政、不朝於天子、皆是也。又大武篇、武有七制、政、攻、侵、伐、陳、戰、鬭、今本七誤作六、陳誤作搏、又脫鬭字、辨見本篇。政亦與征同、故與攻、侵、伐、陳、戰、鬭並列而爲七。而孔注云、政者、征伐之政、則誤讀爲政事之政矣。

力竟

揚舉力竟盧氏抱經曰力竟疑力競之譌競盛也彊也念孫案競古通作竟不煩改字史記篇竟進爭權盧改竟爲競墨子旗幟篇竟士爲虎旗皆以竟爲競

賞多則乏

罰多則困賞多則乏引之曰賞多則乏當爲賞少則乏困與乏皆謂民也民衆而罰多則民必困民衆而賞少則民必乏故上文云人衆罰多賞少政之惡也不得言賞多則乏之明矣此多字卽涉上句罰多而誤

成而生

長幼成而生曰順極念孫案此當作長幼成而生義曰

順極故孔注曰使小人大人皆成其事上之心而生其義順之至也今本蓋脫義字

惠而不忍人

命訓篇惠而不忍人人不勝害害不如死念孫案惠而不忍人人當作惠而忍人此反言之以申明上文也上文言惠不忍人故此言惠而忍人則人不勝害下文均一則不和云云皆是反言以申明上文也今本作惠而不忍人不字卽涉上文惠不忍人而衍

六極不嬴

常訓篇六極不嬴八政和平念孫案嬴與贏同嬴者過

也、言六極不過其度、則八政和平也、廣雅、贏過也、開元占經順逆略例篇引七曜曰、超舍而前、過其所當舍之宿以上、謂之贏、退舍以下、謂之縮、班固幽通賦作贏縮、項岱亦曰、贏過也、縮不及也、考工記弓人、撟幹欲孰於火而無贏、鄭注曰、贏過孰也、皆其證、孔注以贏爲無常、失之、

一人

古者明王奉法以明幽、幽王奉幽以廢法、奉則一人也、而績功不同、念孫案、一下不當有人字、蓋衍文也、績功、皆成也、爾雅、功、績、成也、說見經義述聞、明王奉法以成其治、幽王奉幽

以成其亂、皆有所奉、而其成也不同、故曰、奉則一也、而績功不同、

正民

文酌篇、發滯以正民、趙氏敬夫曰、正、疑當作振、念孫案振正古不同聲、則正非振之誤、正、疑當作匡字形相似而誤也、匡民、謂救民也、後序曰、文王遭大荒謀救患分災作大匡是也、本書中言匡者多矣、大聚篇曰、秋發實蔬冬發薪蒸以匡窮困、卽此所謂發滯以匡民也、僖二十六年左傳曰、彌縫其闕而匡救其災、成十八年傳曰、匡乏困救災患、杜注、匡、亦救也、

美女破舌

武稱篇美男破老美女破舌盧曰今戰國秦策引此破舌作破少唯高誘所注本與此同念孫案美女破舌於義亦不可通舌當爲后美男破老美女破后猶左傳言內寵竝后外寵二政也見閔二年傳政非政事之政當讀爲正謂正卿也說見經義述聞隷書后字或作石與舌相似而誤東魏敬史君碑女石稱制卽后字段氏若膺說文注曰舌后字有互譌者如左傳舌庸譌后庸周書美女破后譌破舌是也

舉旗以號令　無取侵暴

既勝入案自此以下皆四字爲句此句內疑脫一字舉旗以號令命吏禁略

無取侵暴、念孫案取字文義不明、取當爲敢、字之誤也無敢侵暴、卽所謂禁掠也若柴誓之言無敢寇攘矣、引之曰舉旗以號下疑衍令字號、卽令也、下句又有命字則令爲贅文矣、且此以號暴爲韻、下文以虧化爲韻、虧、古讀若科、化、古讀呼禾反說見唐韻正若號下有令字則失其韻矣、

收武釋賄

允文篇收武釋賄無遷厥里、念孫案收武二字文義不明、武當爲戎、字之誤也收戎釋賄者、謂勝敵之後收其兵器、古謂兵器爲戎月令以習五戎、鄭注、五戎、謂五兵、弓矢殳矛戈戟也、毋取財賄也、據孔注云、收其戎器、則本作收戎明矣、

用損憂恥

命夫復服、用損憂恥、引之曰、損當爲捐、字之誤也、捐者、除也、謂捐除其憂恥、非徒損之而已也、孔注損除憂恥、亦是捐除之誤、

遷同氏姓

遷同氏姓位之宗子、念孫案、遷本作選、言選其同氏姓之賢者而立以爲宗子也、今本選作遷、則文義不明、蓋涉上文無遷厥里而誤、玉海五十引此正作選、

武有六制　至　後動撚之

大武篇、武有六制、政、（與征同、說見度訓篇、）攻、侵、伐、搏、戰、善政不攻、

善攻不侵善侵不伐善伐不搏善搏不戰攻有四戚五
和攻有四攻五良侵有四聚三斂伐有四時三興搏有
三哀四赦戰有六厲五衛六庠五虞四戚一內姓二外
婚三友朋四同里五和一有天無惡二有人無郤三同
好相固四同惡相助五遠宅不薄此九者政之因也四
攻者一攻天時二攻地宜三攻人德四攻行利五良一
取仁二取智三取勇四取材五取藝此九者攻之開也
四聚一酌之以仁二懷之以樂三旁聚封人四設圍以
信三斂一男女比二工次三祇人外（祇字義見下條）此七者侵
之酌也四時一春違其農二夏食其穀三秋取其刈四

冬凍其葆、三興一政以和時、二伐亂以治、三伐飢以飽、此七者伐之機也、三哀、一要不贏、二喪人、三擯厥親、四赦一勝人必贏、二取威信復、三人樂生身、四赦民所惡、此七者搏之來也、六厲、一仁厲以行、二智厲以道、三武厲以勇、四師厲以士、五校正厲御、六射師厲伍、五衛、一明仁懷恕、二明智輔謀、三明武攝勇、四明材攝士、五明藝攝官、五虞、一鼓走疑、二備從來、三佐車舉旗、四采虞人謀、五後動撚之

念孫案此篇文多譌脫、又經後人刪改、而諸家皆不能釐正、今據鈔本北堂書鈔所引正之如左

武有六制六本作七政攻侵伐搏戰本作一曰政二曰攻三曰侵四曰伐五曰陳六曰戰七曰鬬祇因下文說鬬之事已脫落不全後人遂妄加刪改矣善伐不搏善搏不戰本作善伐不陳善陳不戰俗書陳字作陣因誤而爲搏善搏不戰則義不可通莊八年穀梁傳亦云善師者不陳善陳者不戰下有善戰不鬬善鬬不敗八字亦經後人刪去書鈔武功部一所引皆不誤政有四戚五和本作政有九因因有四戚五和合四與五而爲九故下文云凡此九者政之因也今本無九因因有四字乃後人所刪書鈔武功部二有明陳禹謨又依今本刪攻有四攻五良本作攻有九開開有四凶五良凶與良對文

故下文云凡此九者攻之開也今本無九開開有四字且四凶誤作四攻攻有四攻則文不成義書鈔武功部六所引皆不誤陳依今本删改

侵有四聚三斂本作侵有七酌酌有四聚三斂合四與三而爲七故下文云凡此七者侵之酌也此條書鈔雖未引然以上下文相比亦必有七酌酌有四字而後人删之

伐有四時三興本作伐有七機機有四時三興故下文云凡此七者伐之機也今本無七機機有四字書鈔武功部二有陳依今本删

摶有三哀四赦本作摶有七來來有三哀四赦故下文云凡此七者摶之來也今本兩摶字皆誤作搏又無七來來有四字書鈔武功部五所引皆不誤陳依今本改摶爲搏而七來來有四字尚未删

戰有六厲五衞本作戰有十一振振有六厲五衞今本無十一振振有五字書鈔武功部六有陳依今本刪合六與五而爲十一故下文云凡此十一者戰之振也今本無此九字辯見下

六庠五虞本作鬬有十一客客有六廣五虞今本無鬬有十一客客有七字六廣作六庠則義不可通書鈔武功部六所引皆不誤陳依今本刪改故下文云凡此十一者鬬之客也今本無此九字辯見下

四戚一內姓二外婚三友朋四同里書鈔武功部引此一二三四下皆有曰字凡篇內之一二三四五六書鈔皆作一曰二曰三曰四曰五曰六曰陳皆依今本刪同里作同盟陳依今本改皆於義爲長此九者政之因也書鈔此上有凡字篇內兩言此九者三言此七者書鈔此上皆有凡字陳皆

依令本刪、亦於義爲長、

四攻本作四凶、辯已見上、書鈔武功部六所引不誤、陳依令本改、凶下本無者

字、上下文皆無此例、書鈔亦無、陳依令本增、一攻天時二攻地宜三攻人德

四攻行利、書鈔行利作兵利、陳依令本改、亦於義爲長

三哀一要不羸、今本羸誤作羸、梁氏處素已辯之、二喪人三擯厥親喪

人本作喪民人、今本脫民字、則句法參差、書鈔武功部五有民字、陳未刪

明藝攝官案此下有凡此十一者戰之振也九字、而今

本脫之、書鈔武功部六有、陳依令本刪

五虞案此上有六廣、一曰明令、二曰明醜、明醜卽明恥、故僖二十二年左傳曰、明恥教戰、求殺敵也、祭公篇、厚顏忍醜、卽忍恥、高注呂覽節喪篇及秦策並云、醜、恥也、又注呂覽不

侵篇云醜或作恥恥醜聲近而義
同故古多通用說見漢書賈誼傳三曰明賞四曰明罰
五曰利兵六曰競竟凡二十六字而今本皆脫之書鈔有陳
依今本刪又後動撚之下有凡此十一者鬭之客也九字而
今本亦脫之書鈔有陳依今本刪
案上文云戰有十一振振有六厲五衞故此說六厲五
衞旣畢而總言之曰凡此十一者戰之振也若六廣五
虞乃鬭之事非戰之事故曰凡此十一者鬭之客也客字
之義未詳祗因脫文甚多遂致混戰鬭爲一事後人不知五
虞爲鬭之事非戰之事遂據後以刪前存戰而去鬭去
鬭則七制缺其一於是改爲六制矣其餘以意刪改者

甚多幸賴書鈔所引不誤可以逐段校正而陳禹謨不曉文義又依俗本周書刪改故具論之

祗人死　祗民之死

祗人死孔注曰祗敬又文政篇祗民之死注曰敬死勸葬也念孫案祗之言振也振救也見說文及月令哀公問注昭十四年左傳注周語魯語吳語注言救人之死救民之死非敬死之謂也楚辭離騷既干進而務入兮又何芳之能祗祗振也言干進務入之人委蛇從俗必不能自振其芬芳也王注亦云祗敬也辯見楚辭祗與振聲近而義同故字亦相通臯陶謨曰嚴祗敬六德史記夏本紀祗作振棐誓祗復之魯世家祗作

敬、徐廣曰、一作振、內則、祇見孺子、鄭注曰、祇或作振、

有功無敗

念孫案爾雅、功、勝也、周官大司馬、若師有功、若師不功、鄭注與爾雅同、燕策亦云轉禍而爲福、因敗而爲功、

強轉

大明武篇、藝因伐用、是謂強轉、念孫案強轉二字、於義無取、且轉字與下文之暑處賈女下、韻不相應、轉當爲輔、字之誤也、藝、即上文十藝也、輔、助也、言用此十藝以伐人、則戰必勝、攻必取、寔爲我軍之強助也、

代興

小明武篇五教允中枝葉代興盧曰代興當是代舉方與上下韻協念孫案舉字古通作與說見經義述聞禮運因譌而爲興

不賓祭

大匡篇祈而不賓祭服漱不制孔注曰不賓殺禮引之曰不賓祭當作不祭糴匡篇云大荒有禱無祭正所謂祈而不祭也襄二十四年穀梁傳亦云大侵之禮鬼神禱而不祀祈而不祭爲句服漱不制爲句今本作不賓祭者賓字涉下文非公卿不賓而衍祈與不賓義不相屬且下文云賓不過具則不得言不賓明矣孔注亦當

作不祭殺禮周官荒政有眚禮即孔所云殺禮也今本不祭作不賓者亦後人據已誤之正文改之

登

哭不畱日登降一等念孫案登降一等義不可通登疑祭字之誤自哭不畱日以下三句皆指喪事而言言有喪事則哭不畱日而其祭亦降一等所謂凶荒殺禮也故孔注曰降一等為荒廢之

津不行火

程典篇津不行火藪林不伐引之曰津非行火之地津疑當為澤草書相似而誤也管子輕重甲篇齊之北澤

燒句、火光照堂下、尹知章曰、獵而行火曰燒、是澤為行火之地、

六容

鄷係篇、外用四蠹、五落、六容、七惡、下文云、六容、一游言、二行商、工三軍旅之庸、四外風之所揚、五困失而亾、困本或作因、作事應時、時乃喪、六厚使以往、來其所藏、念孫案、四蠹五落六容七惡、皆用之於敵國也、然容字義無所取、疑是客字之誤、自游言以下六事、皆謂散游客於敵國以陰取之也、故曰六客、客與蠹落惡為韻、客、古讀若恪、說見唐韻正、蠹、古音當各反、故說文蠹作蠹、從䖵橐聲、周官翦氏、掌除蠹物、故書蠹作橐、商子脩權篇、此民之蠹也、與

隙爲韻、隙、古讀若卻、荀子勸學篇、魚枯生蠹、與作爲韻、韓子亾徵篇、木之折也必通蠹、與隙爲韻、若作容、則失其韻矣、上文之五祥六衞七厲十敗四葛、亦以衞厲敗葛爲韻、

適無見過過適

適無見過過適、無好自益、以明而迹、念孫案此文本作無見過適、適無好自益、以明而迹、三句各四字、而以適益迹爲韻、適讀爲謫、無見過謫者、無見責於人也、廣雅、謫過、責也、商頌殷武篇、勿予禍適、毛傳曰、適、過也、呂氏春秋適威篇、煩爲教而過不識、數爲令而非不從、高注曰、過、責也、史記吳王濞傳曰、賊臣鼂錯擅適過諸侯、適過

猶過適也、今本無見過上衍一適字過下又衍一過字則文不成義、

兆墓

大開篇兆墓九開開厥後人、念孫案兆墓二字義不可通、當是兆基之誤九開當爲大開、九大字相似周官大司樂九磬之舞鄭注九磬讀當爲大韶字之誤也管子四時篇大暑乃至今本大字亦誤作九、又涉前九開篇而誤也、大開二字卽指本篇篇名而言兆基大開開厥後人者、兆始也、爾雅肇始也、通作兆哀元年左傳能布其德而兆其謀杜注兆始也、言始基此大開之謀以開後人也後序云文啟謀乎後嗣以脩身敬戒作大開小開二篇是其證

禱無憂玉

引之曰、憂字義不可通、當是愛字之誤、愛吝惜也、禱神必用玉、無或吝惜其玉而不用、故曰禱、無愛玉、哀二年左傳、衞大子禱曰、佩玉不敢愛、杜注、不敢愛故以祈禱是也、

時維暮春

文傳篇、文王受命之九年、時維暮春、念孫案、時維暮春、周書文無此例、時字必後人所加也、太平御覽所引已與今本同、見盧注、泰誓正義引作惟暮春、大雅文王正義引作惟暮之春、之字蓋後人依周頌臣工篇加之、皆無時字

脫文十五　至無日矣

夏箴曰小人無兼年之食遇天饑妻子非其有也大夫無兼年之食遇天饑臣妾輿馬非其有也念孫案此下有國無兼年之食遇天饑百姓非其有也十五字而今本脫之上文云天有四殃水旱饑荒其至無時非務積聚何以備之是專指有國者而言故此引夏箴以明家國一理之意若無此十五字則但言家而不及國與上文不合矣據孔注云古者國家三年必有一年之儲此正釋國無兼年之食以下十五字若無此十五字則又與注不合矣墨子七患篇引周書曰國無三年之食者

國非其國也家無三年之倉者子非其子也即是約舉此篇之文若無此十五字則又與墨子不合矣羣書治要及太平御覽時序部二十文部四玉海三十一所引皆有此十五字

戒之哉弗思弗行至無日矣案羣書治要作禍至無日矣今本脫禍字則義不可通

脫文十二　其如天下何

不明開塞禁舍者其如天下何念孫案不明上有明開塞禁舍者其取天下如化十二字而今本脫之其注文有變化之頃謂其疾七字而今本亦脫之明開塞禁舍

者二句、正對下不明者而言、今脫此二句、則語意不完矣、下文其如天下何、本作其失天下如化、衹因上文及注皆已脫去、後人遂不解如化二字之意、而以意改之曰、其如天下何、不知如化者、言其速也、明於開塞禁舍則其取天下必速、故曰取天下如化、不明於開塞禁舍則其失天下亦速、故曰失天下如化、兩如化上下相應今改爲其如天下何、則失其旨矣、小稱篇曰、民服如化、小明武篇曰、勝國若化、呂氏春秋懷寵篇曰、兵不接刃而民服若化、皆言其速也、故孔注曰、變化之頃、謂其疾羣書治要作明開塞禁舍者、其取天下如化、下引孔注變化之頃

云云不明開塞禁舍者其失天下如化今據以補正

王始

令行禁止王始也盧曰王始疑是王治念孫案王始也本作王之始也王讀王天下之王令行禁止則可以王天下故曰令行禁止王之始也上文曰能制其有者則能制人之有即是此意今本脫之字則文義不明羣書治要正作王之始也

成

采武篇以信爲動以成爲心盧曰以成疑是以誠念孫案誠古通作成不煩改字大戴記文王官人篇非誠質者也周書誠作成小戴

記經解篇、衡誠縣、注、誠或作成、壘子貴義篇、子之言則成善矣、成、卽誠字、

以匡辛苦

和均口里、以匡辛苦、孔注曰、匡、正也、念孫案、匡、救也、說見文酌篇、

靡適無口

靡適（與敵同、）無口、念孫案闕文當是下字、靡適無下者、無猶不也、（見薛綜東京賦注、餘詳釋詞、）此承上以德爲本云云而言、言如此則靡敵不下也、下與序苦鼓武下爲韻、允文篇、靡適不下、亦與語武所戶宇輔土爲韻、以是明之、

告

大開武篇告歲之有秋今余不獲其落念孫案歲之有秋云云乃取譬以明之則告當爲若下文若農之服田旣秋而不獲維禽其饗之卽其證若與告字相似而誤

騰上

寶典篇倫不騰上上乃不崩孔注曰不騰不越念孫案騰上當爲上騰騰與崩爲韻九德皆用韻之文

由禱

酆謀篇由禱不德不德不德不成念孫案由禱不德當爲曲禱不德故孔注曰曲爲非義神不德之曲與由字相似而誤

天下不虞周

寤儆篇天下不虞周驚以寤王念孫案下與不字形相似不字蓋涉下字而誤衍也天下虞周驚以寤王者孔注曰虞度言唯天下度周故驚以寤王也上文曰今朕寤有商驚予若作天下不虞周則義不可通

無虎傅翼

無虎傅翼將飛入邑擇人而食念孫案韓子難勢篇引此虎上有爲字而今本脫之則文義不明李善注東京賦引此亦有爲字

逸周書弟一

逸周書弟二　讀書雜志一

高郵王念孫

比

武順篇貌而無比，比則不順。引之曰：比象傳曰：比，輔也，下順從也。祭統曰：身比焉，順也。管子五輔篇曰：為人弟者，比順以敬。是比與順同義，不得言比則不順。比當為北字之誤也。北，古背字。說見漢書高紀。故曰北則不順。孔注：比者，比同也。失之。

惟風行賂

和寤篇：后降惠于民，民罔不格，惟風行賄，賄無成事。念孫案惟風行賄文不成義行下當有草字而今本脫之言民之歸惠如草之應風也其賄賄無成事五字上仍有脫文大意謂賄不可以致民若用賄則必無成事也孔注曰人之歸惠如草應風如用賄則無成事是其證

合于四海

武寤篇王克配天合于四海孔注曰德合四表引之曰配合皆對也爾雅曰妃（與配同）合對也合于四海猶大雅言對于天下耳合與荅古同義（宣二年左傳注合猶荅也荅亦對也）

右擊之

克殷篇乃右擊之以輕呂念孫案持劍必以右手無須

言右擊之上文擊之以輕呂不言右史記周本紀亦無右字蓋衍文也或以右爲又之誤亦非上文已言王又射之三發則無庸更言又太平御覽刑法部十二引此無右字

乃出場于厥軍

念孫案此下當有明日脩社及宮之事而今本脫之孔注曰治社以及宮是其證史記曰其明日除道脩社及商紂宮太平御覽皇王部九引帝王世紀曰明日王命除道脩社皆本於周書也又案孔注治社以及宮下又云徹空去者空居者居遷也注有脫文則此處脫文尙多然

皆不可考矣

奏王

泰顛閎夭皆執輕呂以奏王念孫案奏王當依史記作衞王上文周公把大鉞召公把小鉞以夾王孔注曰二公夾衞王也則此泰顛閎夭亦是執劒以衞王不當言奏王也奏字蓋涉上文叔振奏拜假而誤注云執王輕呂當門奏太卒屯兵以衞失之

振鹿臺之財巨橋之粟

念孫案此本作振鹿臺之錢散巨橋之粟故孔注曰振散之以施惠也今本錢作財乃後人以晚出古文尚書

改之、又脫去散字、太平御覽資產部錢類引此作發鹿臺之錢、散鉅橋之粟、史記作散鹿臺之錢、發鉅橋之粟、而今本史記亦改錢爲財矣、辯見史記、

路徑

文政篇、七閭不通徑、八家不開刑、九大禁不令路徑、孔注曰、刑、法也、不令、不宣令也、念孫案大禁不令下、不當有路徑二字、路徑、當爲徑路、乃注文非正文也、徑路是釋徑字、刑法也是釋刑字、不令不宣令也、是釋不令二字、

遠愼而近顡

念孫案爾雅慎誠也小雅白駒篇慎爾優游巧言篇予慎無罪毛傳並與爾雅同禮器說禮之以少爲貴者曰是故君子慎其獨也鄭注曰少其牲物致誠慤是古謂誠爲慎也須即貌字也史記商君傳曰貌言華也至言實也孔注周祝篇曰貌謂無實是貌與慎意正相反遠慎而近須者遠誠慤之士而近虛誕之人也盧謂須與藐同失之

位長

位長以遵之念孫案位長本作伍長下文什長以行之什長與位長文正相對大聚篇曰五戸爲伍以首爲長

十夫爲什以年爲長此之謂也今本伍長作位長則文義不明蓋以伍位字形相似而誤玉海六十七引此正作伍長

土地之宜

大聚篇相土地之宜水土之便趙曰土地之宜土字疑衍以下句言水土之便故也念孫案趙說非也古人之文不嫌於複土地之宜與水土之便對文刪去一字則句法參差矣且注文有土宜二字則正文本作土地之宜甚明

闕開脩道

念孫案闢開脩道文不成義開本作闢闢關脩道皆所以來遠人故下文言遠旅來至關人易資也俗書關字作閞閞字作開二形相似而誤（說見史記西南夷傳）玉海二十四六十引此竝作闢關

畜五味以備百草

具百藥以備疾災畜五味以備百草念孫案下句當作畜百草以備五味（百草與百藥對文）今本百草與五味互易則義不可通

有生而不失其宜　天不失其時

夫然則有生而不失其宜萬物不失其性人不失其事

天不失其時、念孫案有生而不失其宜本作土不失其宜上文曰、因其土宜以爲民資文傳篇曰、土不失宜、皆其證、今本土誤作生又衍有而二字、則文義不明、且與下三句不類矣天不失其時、本作天下不失其時王者因時布令故天下不失其時、若云天不失其時、則非其旨矣觀天之神道而四時不忒、則天之不失時、非因王政而致然也藝文類聚帝王部一、太平御覽皇王部九、引此竝作土不失其宜天下不失其時

農民

水性歸下、農民歸利、念孫案此本作水性歸下、民性歸

利、漢書食貨志、民趨利如水走下、民性與水性對文、民字總承上文士農商賈而言、非專指農民而言、今本作農民者、卽涉上農民歸之而誤、玉海六十引此正作民性歸利、

求

王若欲求天下民先設其利而民自至、念孫案求、當爲來、字之誤也、隸書來求相似、故書傳中來字多誤作求、辯見楚策、來、如脩文德以來之之來、下句先設其利而民自至、至與來正相應、又下文不召而民自來、尤其明證也、今本來作求、則非其旨矣、玉海二十六十引此竝作來、又周祝篇觀彼萬物且何爲求求亦來之誤、盧已辯之

舊玉億有百萬

世俘篇、凡武王俘商舊玉億有百萬、念孫案此文本作凡武王俘商得舊寶玉萬四千佩玉億有八萬、億有八萬、乃佩玉之數、非舊寶玉之數、今本舊上脫得字、舊下脫寶玉萬四千佩六字、八萬又誤作百萬、鈔本北堂書鈔衣冠部二引此、正作武王俘商、得舊寶玉萬四千佩玉億有八萬、陳禹謨本刪去、藝文類聚寶部上、太平御覽珍寶部三竝同、今本類聚佩下脫玉億二字、初學記器物部佩下亦引武王俘商得佩玉億有八萬

我北望過于有嶽丕願瞻過于河

度邑篇、我南望過于三塗、我北望過于有嶽、丕願瞻過于河、宛瞻于伊雒、盧本依史記周本紀、改丕爲鄙、改願爲顧、念孫案、史記作北望嶽鄙、顧詹有河、則此亦當作我北望過于嶽鄙、顧瞻過于有河、徐廣史記音義引此亦云、北詹望于有河、今本有字誤入上句嶽字上、則與史記及徐廣所引皆不合、

曰

其曰茲曰度邑、念孫案、上曰字義不可通、玉海十五引作其名茲曰度邑、是也、度邑即本篇之篇名、故曰名茲曰度邑、

建蔡叔霍叔　三叔　囚蔡叔

作雒篇建管叔于東建蔡叔霍叔于殷又下文云三叔及殷東徐奄及熊盈以略汪氏容甫述學曰略疑當作畔又云降辟三叔又云乃囚蔡叔于郭淩引之曰蔡叔二字乃後人依東晉古文尚書加之下文三叔本作二叔囚蔡叔本作囚霍叔說見經義述聞三監下

九畢

俘殷獻民遷于九畢念孫案書傳皆言畢無言九畢者玉海十五引此作九里據孔注以爲成周之地近王化則作九里者是也蓋里畢字相似又涉上文葬武王於

畢而誤、

同室克追

予畏同室克追孔注曰、周公追畏尊王也謝氏金圖曰同室克追當是周室克造之譌、注追畏尊王之語殊不明、案注文蓋有脫誤、念孫案初學記居處部引此、本作予畏周室不延、延誤爲追、後人因改爲克追耳謝以同爲周之誤是也、而改克追爲克造則與畏字義不相屬、

城方千七百二十丈郛方七十里

盧曰、水經注雒水城方七百二十丈、脫一千字、沈改七爲六、不知何據、郛方七十里、宋本作七十二里、念孫案城

方七百二十丈藝文類聚居處部三初學記居處部太平御覽居處部二十玉海百七十三引此城上皆有立宇葢古本也七百皆作六百與水經注異未知孰是沈改七爲六葢本於此郭方七十里類聚初學記御覽玉海皆作七十二里與宋本同當據以訂正

國西土

制郊甸方六百里國西土爲方千里盧云水經注國作因念孫案水經注是也上注云因連接也謂連宗周爲方千里也漢書地理志曰維邑與宗周通封畿爲千里是其證太平御覽州郡部三引此亦作囙

立城

大縣城、方王城三之一、小縣立城、方王城九之一、盧曰、立字疑衍、前編大縣下亦作立城、念孫案玉海十五引此大縣小縣下皆作立城、正與通鑑前編同、且上文城方千七百二十丈、城上原有立字、辯見上、與此文同一例、則是今本大縣下脫立字、非小縣下衍立字

日月星辰

乃設郎兆于南郊、以祀上帝、配以后稷日月星辰先王皆與食、念孫案日月星辰四字本作農星二字、漢書郊祀志高祖制詔御史其令天下立靈星祠、周頌絲衣序、高子曰、靈星

之尸也，則靈星之祀，自古有之。張晏曰：龍星左角爲天田，則農祥也。晨見而祭之靈星，蓋即周書所謂農星也。後人不解農星而改爲日月星辰，謬矣。藝文類聚禮部上兩引此文，並作農星。先王皆與今太平御覽禮儀部六及十一、玉海九十九所引並與類聚同。

以爲土封

燾以黃土苴以白茅，以爲土封。盧曰：以爲土封，本一作以土封之。念孫案：一本是也。以土封之，謂各以一方之土封之，故下句云受列土於周室也。若云以爲土封，則文義不明。北堂書鈔禮儀部八、藝文類聚禮部中、初學

記禮部上、太平御覽地部二、禮儀部十一、玉海九十九、竝引作以土封之、

復格

復格藻棁、孔注曰、復格、累芝栭也、惠氏半農曰、復格、卽複笮、引之曰、諸書無謂笮爲格者、格當爲㮙、（音節）字或作楶、或作節、謂柱上方木也、說文、㮙、欂櫨也、櫨、柱上枅也、倉頡篇曰、枅、柱上方木也、（見文選魯靈光殿賦注）爾雅、栭謂之楶、李巡曰、栭、今欂盧也、（見明堂位正義）明堂位、山節藻棁、鄭注曰、山節、刻欂盧爲山也、栭或謂之芝栭、魯靈光殿賦、芝栭欑羅以戢孴、張載曰、芝栭、柱上節、方小木爲之、長三尺、

故孔云復楮、累芝栭也、楮笮一聲之轉、故廣雅云楮謂之笮、然則笮也楮也、栭也芝栭也、枅也欂櫨也、六者一物也、楮爲柱上方木、棁爲梁上短柱、故以復楮藻棁連文、猶禮記論語之以山節藻棁連文也、楮與格字相似、世人多見格、少見楮、故楮誤爲格矣、

會羣門

皇門篇、周公格于左閎門、今本脫于字、據玉海補、會羣門、念孫案會羣門三字、義不可通、當爲會羣臣、後序云、周公會羣臣于閎門、以輔主之格言、以上疑脫詣字、作皇門、是其證、今本臣作門者、涉上句左閎門而誤、玉海九十二百六十九

引此竝作會羣臣、

開告于予嘉德之說

維其開告于予嘉德之說引之曰、此本作維其開告予于嘉德之說故孔注曰、開告我於善德之說也、般庚曰、子告女于難彼以告女于連文猶此以告予于連文也、下文資告予元亦以告予連文、今本予字在于字下、則義不可通、

之不綏于卹

我聞在昔有國誓(與哲同)王之不綏于卹、引之曰、哲王之不綏于卹、文義不明、之疑當作亾、亾與罔同、綏安也、卹、

憂也始於憂勤者終於佚樂哲王之憂乃其所以得安也故曰在昔有國哲王罔不綏于卹下文言罔不者多矣罔與亾古同聲而通用亾隸或作亡其草書與之字相似因誤而爲之晏子春秋雜篇播亾在於四友今本亾誤作之是其證

先用有勸

引之曰先字於義無取疑克字之誤克用有勸者克用有勸於羣臣也多方曰明德慎罰亦克用勸要囚殄戮多罪亦克用勸開釋無辜亦克用勸文義並與此同上文曰用克和有成下文曰戎兵克慎軍用克多亦與此

克字同義、克與先草書相似、故克誤爲先、

遠士

王用奄有四鄰遠士、盧曰遠士、卜本何本作遠士、念孫案作遠士者是也、上言奄有、故下言遠士、魯頌閟宮篇奄有下土是也、玉海百六十九引此正作遠士、

維時及

至于厥後嗣、弗見先王之明刑、維時及胥學于非夷、趙云及、疑是反字、引之曰及當爲乃、言後嗣不見先王之明法、於是乃相學於非常也、乃字不須訓釋、若及字則費解矣、孔注但云爲是相學於非常、而不言及、故知及

爲乃之誤、

以昬求臣 至 俾無依無助

以昬求臣作威不詳不肩惠聽無辜之亂、注、詳善也、不察無罪以惡民也、亂是羞于王、注、言順不進辭于王、趙曰、或是言進不順辭于王、案趙說是、王阜良乃惟不順之言、于是人斯、乃非維直以應、維作誣以對、俾無依無助、注、皐大良善也、王求善而是人作誣以對、故王無依助也、念孫案此文顚倒錯誤、今改訂如左

以昬臣昬臣二字連讀、下文譬若匹夫之有昬妻、注作曰、喻昬臣也、是其證、以昬臣三字上有脫文、作威不詳不肩惠聽無辜之辭、乃惟不順之辭是羞于王、乃惟不順之五字本在辭是羞于王上、故注曰言進不順辭于王、王阜求良言、阜求良言謂大

求善言也、故注曰、阜、大、良、善也、王求善、而是人作　于是誣以對、據此則阜良二字之閒原有求字明矣、人斯乃非維直以應、維作誰以對、傳無依無助、今本求字誤入上文皆臣二字之閒、兩辭字皆誤作亂、乃惟不順之五字又誤入下文良言二字之閒、則義不可通、盧改併上下文、又改下亂字爲辭、而以亂辭二字連讀、則愈不可通、

婚妻　自露厥家

是人斯乃讒賊娼嫉、以不利于厥家國、譬若匹夫之有婚妻、曰予獨服在寢、以自露厥家、念孫案婚妻本作昏妻、此後人不曉文義而改之也、據孔注云喻昏臣也、則

本作昬妻明矣方言曰露敗也昭元年左傳勿使有所壅閉湫底以露其體謂敗其體也莊子漁父篇田荒室露荀子富國篇田疇穢都邑露齊策其百姓罷而城郭露露皆謂敗也字或作路管子四時篇不知五穀之故國家乃路謂國家敗也解者多失之言讒賊媢嫉之人專權以敗國亦若昬妻之專寵以敗家也孔云言自露於家謂美好蓋未解露字之義

媢夫　奄蓋

媢夫有邇無遠乃奄蓋善夫俾莫通在于王所引之曰媢當爲娼字之誤也下媢夫同顏氏家訓書證篇曰太史公論英布曰禍之興自愛姬生於妬媢以至滅國又漢書外戚傳亦云成結寵妾妬媢之誅此二媢竝當作娼娼亦妬也義見禮記三蒼且五宗世家亦云常山憲王后妬娼王充論衡云妬夫娼婦益知娼是妬之別名原英布之誅爲意賁赫耳不得言

媢、案五宗世家索隱亦云媢、鄒氏作媚、潛夫論賢難篇、妬媢之攻擊也、亦誠工矣、今本媢字亦誤作媚、爾雅釋宮楣謂之梁、釋文楣或作相、蓋隸書眉字或作肙、與冒相似、故從冒從眉之字、傳寫往往譌溷、鄭注大學曰、媢妬也、此媢夫二字、正承上文讒賊媢嫉言之、非謂其佞媚也、不當作媚明矣、冒蓋二字、義不相屬、冒當爲弇、爾雅弇、蓋也、字通作掩、孔注云、掩蓋善夫、是其明證矣、弇蓋善夫、俾莫通在于王所、亦承上文媢嫉言之、大學引秦誓曰、媢疾以惡之、又曰而違之俾不通、正此謂也、弇與冒字相似、故弇誤爲冒、盧云、冒猶日月冒之、冒失之、

兆厥工

大戒篇朕誾維時兆厥工念孫案兆厥工三字文義未明孔注曰兆始工官言政治維是始正其官據此則正文兆下當有正字

匿

克禁淫謀眾匿乃雝念孫案匿古慝字說見管子七法篇慝惡也言能禁淫謀則眾惡皆塞也

無口其信

無口其信雖危不動念孫案闕文是轉字轉者移也上守信而不移則下親其上雖危而不可動矣故曰無轉其信雖危不動孔注曰轉移是釋正文轉字也下文曰

上危而轉下乃不親、正與此文相應、

口口以昭

口口以昭、其乃得人、念孫案闕文是貞信二字、此承上文無轉其信而言、信不轉、故曰貞信、以與己同、上之貞信已昭、則下莫不爲上用、故曰貞信已昭、其乃得人也、孔注曰、貞信如此、得其用也、是其證、

逸周書弟二

逸周書弟三　　讀書雜志一

高郵王念孫

有春夏秋冬

周月篇凡四時成歲有春夏秋冬念孫案歲下更有歲字而今本脫之太平御覽時序部二引此正作歲有春夏秋冬

中氣

中氣以著時應念孫案中氣上有月有二字而今本脫之月有中氣以著時應與上文歲有春夏秋冬各有孟仲季以名十有二月文同一例下文十二月中氣皆承

此月有二字言之、文選顏延之讌曲水詩注、及太平御覽、竝作月有中氣、

嬖奪后

時訓篇、螻蟈不鳴、水潦淫漫、蚯蚓不出、嬖奪后、王瓜不生、困於百姓、念孫案嬖奪后下少一字、則文義不明、且韻與上下不協、太平御覽時序部八引此作嬖奪后命、是也、命與漫姓爲韻、命字古音本在鎮部、自周秦閒始轉入諍部、漫字古音在願部、願部之字、古或與諍部通、故漫與命姓爲韻、管子內業篇曰、凡人之生也、必以平正、所以失之、必以喜怒憂患、淮南原道篇曰、萬方百變、消搖而無所定、要略曰、埒略衰世古今之變、以襃先聖之隆盛、而貶末世之曲政、太元聚測曰、鬼神無靈、形不見也、燕聚嘻嘻、樂淫衍也、宗其高年、鬼待敬也、皆其例矣、

腐草化爲螢

大暑之日腐草化爲螢引之曰螢本作蛙後人習聞月令之腐草爲螢故改蛙爲螢耳蛙卽蠲之俗字說文蠲馬蠲也引明堂月令曰腐草爲蠲蛙從圭聲圭蠲古同聲故小雅天保吉蠲惟饎之蠲（釋文蠲古元反舊音圭）鄭注周官蜡氏士虞禮記竝引作圭腐草爲蠲之蠲作蛙亦猶是也唐段公路北戶錄引周書正作腐草爲蛙（公路誤解爲蛙黽之蛙蓋不知爲蠲之俗字）是其明證乃藝文類聚歲時部上太平御覽時序部七竝引作螢蓋本作蛙字後人以月令改之也呂氏春秋季夏篇腐草化爲蚈高注蚈馬蚿也蚈讀如蹊徑之蹊蹊聲與圭亦相近卽蠲之或體也而今本

呂氏春秋作腐草化爲蠲蚈、蠲字亦後人所加、盧氏抱經已辯之、獨有公路所引、尚足見周書之舊、亦考古者之幸矣、

邪病

白露不降、民多邪病、念孫案邪病二字、文義不明、藝文類聚歲時部上、太平御覽疾病部六、竝引作民多欬病、是也、鈔本御覽時序部十作劾病、明是欬病之誤、而刻本御覽乃改爲疾病、謬矣、

下臣

羣臣不養羞、下臣驕慢、念孫案下臣本作臣下、謂羣臣也、燕義曰、臣下竭力盡能、是也、若倒言之、則文義不明、

士相見禮曰、凡自稱於君、士大夫則曰下臣、非此之用、藝文類聚太平御覽引此竝作臣下驕慢、

雷始收聲　雷不始收聲

秋分之日、雷始收聲、引之曰雷始收聲、本作雷乃始收此後人依俗本月令改之也、下文雷不始收聲、亦本作雷不始收、說見經義述聞月令、

淫佚　甲蟲

雷不始收聲、諸侯淫佚、蟄蟲不培戶、民靡有賴、水不始涸、甲蟲爲害、盧云、御覽佚作泆、或洪字之譌、念孫案盧說非也、泆賴害三字於古音屬祭部、轉入聲則入月部

佚字屬質部、轉去聲則入至部、至與祭、質與月、古音皆不相通、（見段氏六書音均表、此唯精於周秦之音者、乃能辨之、）下文母后淫佚、自與一嫉爲韻、不得與賴害爲韻也、昭元年左傳注曰、汏驕也、（俗作汰非、）諸侯淫汏、猶言諸侯放恣耳、今本作淫佚、卽涉下文母后淫佚而誤、藝文類聚引此亦作淫汏、

咎徵之咎

水不冰、是謂陰負、地不始凍、咎徵之咎、雖不入大水國多淫婦、念孫案、咎徵之咎、文不成義、此後人妄改之以就韻也、不知負婦二字、古皆讀如否泰之否、（說見唐韻正）不與咎爲韻、太平御覽時序部十三引作災咎之徵、是也、

徵轉上聲爲宮商角徵羽之徵故徵驗之徵亦轉而與負婦爲韻古人不以兩義分兩音也凡蒸之二部之字古音或相通上去二聲亦然故洪範之念用庶徵亦與疑爲韻文十年左傳秦伯伐晉取北徵釋文徵如字三蒼云縣屬馮翊音懲一音張里反鄭風雜佩以贈之與來爲韻宋玉神女賦復見所夢夢古音莫登反見唐韻正說與喜意記異識志爲韻賈子連語篇其離之若崩與期爲韻皆其例也說文崩從邑崩聲讀若陪倗從人朋聲讀若陪位又艿訪扔仍扔孕六字並從乃聲又云𠧪讀若仍劒今之迺字又冰爲古凝字從水仌而凝字則從疑聲繒從曾聲而籀文作𦄕則從𡕥省聲周官司几筵凶事仍几注故書仍作乃爾雅晜孫之子爲仍孫漢書惠帝紀仍作耳墨子尚賢篇守城則倍畔非命篇倍作崩楚策仰承甘露而飲之新序雜事篇承作時史記賈生傳品庶馮

生漢書馮作每司馬相如傳葴橙若蓀漢書橙作持此皆蒸之二部相通之證

鴠鳥

大雪之日鴠鳥不鳴盧云鴠鳥鶡旦也御覽鴠作鶡時序十三亦可通本或作鴞或作鸅皆誤引之曰書傳無謂鶡旦爲鴠鳥者鴠鳥本作鶡旦唐月令避睿宗諱改鶡旦爲鶡鳥校逸周書者依唐月令亦改爲鶡鳥御覽所引者是也藝文類聚作於睿宗以前而引月令亦作鶡鳥則唐人依曆月令追改之案說文鴠渴鴠也渴鴠與鶡旦同叉云鶡似雉出上黨是鶡旦與鶡異唐人改鶡旦爲鶡鳥則與似雉之鶡無別校周書者依唐月令作鶡鳥非也今本作鴠作鴞作鸅則又鶡

之譌矣當從月令原文作鶡旦然後復周書之舊

仁義所在

謚法篇仁義所在曰王孔注曰民往歸之盧曰在史記正義作往非念孫案往字是也後人不解仁義所往之語故改往爲在予謂廣雅歸往也迋歸也迋與往同仁義所往猶言天下歸仁耳古者王往同聲而互訓莊三年穀梁傳其曰王者民之所歸往也呂氏春秋下賢篇王也者天下之往也漢書刑法志歸而往之是爲王矣大雅板篇及爾出王毛傳王往也呂氏春秋順說篇桓公則難與往矣也高注往王也是王與往聲同義同而字亦相通曰仁義所往曰王若云仁義所在則非古人同聲互訓之旨天下皆以仁義歸之則天下皆往歸之矣故孔曰

民往歸之。若云仁義所在，則又與孔注不合。

長弟

愛民長弟曰恭。孔注曰：順長接弟。念孫案：孔言順長接弟，則以長弟爲長幼，失其旨矣。予謂長弟者，仁愛之意。齊語曰：不慈孝於父母，不長弟於鄉里。吳語曰：將不長弟以力征一二兄弟之國。韋注：弟，猶幼也。言晉不帥長幼之節。亦失之。是長弟爲仁愛之義，故曰愛民長弟曰恭。倒言之則曰弟長。鄉飲酒義曰：焉知其能弟長而無遺矣。焉字屬下讀，說見釋詞。弟長而無遺，言德厚之偏及於衆也。正義曰：弟，少也。亦失之。說見經義述聞。墨子非命篇曰：入則孝慈於親戚，出則弟長於鄉里。趙策曰：窮有弟長辭讓

之節適有補民益主之業

不二

純行不二曰定孔注曰行壹不傷念孫案不傷與不二異義若正文作不二則注不得訓爲不傷今考不二本作不爽爾雅曰爽差也爽忒也衞風氓篇女也不爽小雅蓼蕭篇其德不爽毛傳竝云爽差也故曰純行不爽曰定定即不爽之謂而孔以不爽爲不傷者本篇云爽傷也淮南精神篇五味亂口使口厲爽今本厲爽作爽傷非辯見淮南高注云厲爽病傷滋味也是爽又訓爲傷與此爽字異義孔以不爽爲不傷其誤實由於此然據此知正文之

本作爽矣後人改爽爲二則與孔注不合史記正義引此正作純行不爽後漢書蔡邕傳注純行不差曰定差亦爽也義卽本於周書

叡圉

叡圉克服曰莊孔注曰通邊圉使能服也念孫案叡與邊圉義不相屬雖叡可訓爲通而通邊圉不可謂之叡圉也予謂圉者彊也下文曰威德剛武曰圉大雅烝民篇不畏彊禦漢書王莽傳作强圉楚辭離騷澆身被服强圉兮王注曰强圉多力也是圉與彊同義叡圉克服者旣叡智而又彊圉能服人也叡圉二字兼智勇言之

繫辭傳曰聰明睿知神武而不殺楚語曰謂之睿聖武公上文曰威彊叡德曰武此文曰叡圉克服曰莊其義一也莊之言壯也兵甲亟作曰莊叡圉克服曰莊勝敵志強曰莊死於原野曰莊屢征殺伐曰莊五莊字竝與壯同義故莊壯古字通晉語趙簡子問於壯馳茲舊音壯本或作莊檀弓衛有大史曰柳莊漢書古今人表作柳壯莊子天下篇不可與莊語釋文莊一本作壯鄘風君子偕老箋顏色之莊釋文莊本又作壯若斯之類不可枚舉

從處

恐懼從處曰悼孔注曰從處言險圮也念孫案險圮二字與從處義不相近未解注意云何從疑當讀爲聳聳

懼也成十四年左傳曰大夫聞之無不聳懼又襄四年傳邊鄙不聳昭十九年傳駟氏聳杜注竝曰聳懼也說文本作愯或作愯又作悚竦恐懼聳處者謂居處不安聳然而懼也作從者借字耳漢紀孝武紀一方有急四面皆聳漢書嚴助傳聳作從爾雅竦恐慴懼也郭注曰慴即懾也趙策曰愁居懾處不敢動搖唯大王有意督過之也彼言懾處猶此言聳處矣說文悼懼也陳楚謂懼曰悼莊子山木篇曰振動悼慄呂氏春秋論威篇曰敵人悼懼憚恐是悼亦懼也故曰恐懼聳處曰悼

肇敏行成曰直

念孫案爾雅肇敏也郭注引書肇牽車牛是肇與敏同義論語曰敏於行故曰肇敏行成孔訓肇爲始云始疾行成言不深也失之

秉順也

盧曰順字可疑念孫案此釋上文之秉德不回曰孝也孔彼注曰順於德而不違卽用此訓又上文秉德遵業曰剛秉德與遵業連文亦謂順前人之德遵前人之業故此竝釋之也

率公卿士

明堂篇天子之位負斧扆南面立率公卿士侍於左右

念孫案率公卿士本作羣公卿士侍於左右謂侍於周公之左右也今本作率公卿士者後人不曉文義而改之耳上文既言周公攝政君天下大朝諸侯於明堂之位則此負扆南面立者即周公也乃又言率公卿士侍於左右則率公卿士者果何人邪此理之不可通者也玉海九十五引此正作羣公卿士

宗周明堂之位也

念孫案玉海引宗周上有此字是也今本脫此字則文不足意明堂位亦云此周公明堂之位也

明堂明諸侯之尊卑也

念孫案明堂下有者字而今本脱之文選東都賦注引有者字明堂位亦云明堂也者明諸侯之尊卑也

明堂之制

明堂方百一十二尺高四尺階廣六尺三寸室居中方百尺室中方六十尺戸高八尺廣四尺東應門南庫門西皋門北雉門東方曰青陽南方曰明堂西方曰總章北方曰元堂中央曰大廟左爲左介右爲右介

右文八十一今本脱去盧據太平御覽禮儀部十二及隋書宇文愷傳補入然御覽室中方六十尺下無戸高八尺廣四尺七字而隋書有之其所引與御覽亦互有

詳略，又藝文類聚禮部上，初學記禮部上引室中方六十尺下，亦無戶高八尺云云，而有牖高三尺門方十六尺九字，亦互有詳略

涿鹿之河

嘗麥篇蚩尤乃逐帝，爭于涿鹿之河，盧曰，河或當作阿，梁氏處素曰，据史記五帝紀注，涿鹿，山名，阪泉，一名黃帝泉，至涿鹿與涿水合，蓋所謂涿鹿之河，河字似不誤

念孫案盧說是也，涿鹿，山名，涿，水名，阪泉至涿鹿與涿水合，不得即謂之涿鹿之河也，五帝紀曰，黃帝邑于涿鹿之阿，正義曰，涿鹿故城在涿鹿山下，即黃帝所都之邑，水經灅水注曰，涿水

東北流逕涿鹿縣故城南黃帝與蚩尤戰于涿鹿之野。遷其民于涿鹿之阿，卽於是處也。則河字明是阿字之誤。且諸書皆言戰於涿鹿之野，不言戰於河也。

是威厥邑

是威厥邑無類于冀州。念孫案威字義不可通，疑是烕字之誤。烕卽滅字。小雅正月篇褒姒烕之，昭元年左傳烕作滅。史記周本紀不顯亦不賓滅，逸周書滅作烕。秦詛楚文伐烕我百姓，漢成陽靈臺碑興烕繼絕，竝與滅同。類，種也。言國都既滅，無有種類也。

非不念而知故問伯父

本典篇今朕不知明德所則，正教所行，字民之道，禮樂所生非不念而知、故問伯父、念孫案非不念而知、文義不明、當作非不念念而不知、前大戒篇曰、非不念念不知、是其證、故問伯父、文選魏都賦注、新漏刻銘注、齊故安陸昭王碑注、竝引作敬問伯父、是也、下文又云幼愚敬守以爲本典、

　能求士口者智也

念孫案能求士者智也、與民利者、仁也、句法上下相同、則上句不當有闕文、下文士有九等、皆得其宜、正所謂能求士者智也、其無闕文明矣、玉海六十七引此無闕文、

考言

官人篇觀誠考言視聲觀色觀隱揆德念孫案考言當作考志下文自方與之言以觀其志以下皆考志之事非考言之事又曰弱志者也志治者也則當作考志明矣今作言者葢因篇內多言字而誤大戴記文王官人篇正作考志（下文此之謂考言同）

醉之酒　從之色

醉之酒以觀其恭從（與縱同）之色以觀其常念孫案酒色二字後人所加也醉之以觀其恭文義已明無庸更加酒字若縱之以觀其常則非止一事但言色則偏而不

具矣且壽之怒之醉之縱之遠之昵之六者相對爲文則原無酒色二字可知羣書治要作醉之以觀其失縱之以觀其常大戴記作醉之以觀其不失縱之以觀其常皆無酒色二字

心遷移　氣慄懼

導之以利而心遷移臨攝（今本作懾據文選注後漢書注引改）以威而氣慄懼盧曰李善注東都賦引慄懼作慄慄念孫案此文本作導之以利而心移臨攝以威而氣慄玉篇慄徒頰切恐懼也今本作氣慄懼者閱者旁記懼字而寫者因誤入正文後人不知又於上句加遷字而以遷移對慄

懼斯爲謬矣後漢書章德竇皇后紀注引周書有懼字亦後人依誤本加之班固傳注引周書無懼字案上文云淡導以利而心不移此云導之以利而心移移與不移正相對不當增入遷字上文云臨攝以威而氣不卑此云臨攝以威而氣慄慄與不卑亦相對凡人懼則其氣卑下故東都賦言慄然意下也若云臨攝以威而氣慄懼則大爲不詞大戴記作示之以利而易移臨攝舊本如是盧本改爲懾以威而易懾懾與慄同義而上句無遷字下句亦無懼字李善注東都賦云周書曰臨攝以威而氣慄句慄猶恐懼也則周書本無懼字明矣盧引李注以慄慄連讀失

之、

難決以物

難決以物難說以言、（今本脫言字、盧已辯之、）念孫案決、當爲設難設以物、正與上文設之以物相應、上文設之以物而數決、（數與速同、）言其智也、此云難設以物難說以言者、設之以物而不能決、說之以言而不能喻、言其愚也、今本設作決、卽涉上文數決而誤、大戴記作難投以物、投亦設之誤、則本作設明矣、

和氣

和氣簡備、勇氣壯力、引之曰、和當爲知、知與智同、智氣

勇氣對文知和字相似又涉上文溫和而誤大戴記正作智氣、

以其隱觀其顯

念孫案此本作以其顯觀其隱人之聲顯而易見其心氣則隱而不可見故曰以其顯觀其隱即上文所云聽其聲處其氣也今本顯隱二字互易則義不可通大戴記作以其見占其隱見亦顯也、

薦然

怒色薦然以侮引之曰薦字義不可通薦當爲茀字形相近而誤也茀與艴同孟子公孫丑篇曾西艴然不悅

趙注曰、艴然、愠怒色也、音義艴、丁音勃、張音佛、楚策曰、王怫然作色、怫與茀皆艴之借字也、莊子人閒世篇、獸死不擇音、氣息茀然、義與艴然亦相近、大戴記作怒色拂然以侮、拂亦艴之借字、以是明之、

瞿然以靜

憂悲之色瞿然以靜、念孫案玉藻說喪之視容曰、瞿瞿梅梅、則瞿然乃視容、非色容也、又案經傳中凡言瞿然者、皆是驚貌、說文作䀠、云、舉目驚䀠然也、則又不得言瞿然以靜矣、大戴記作纍然以靜、是也、玉藻、喪容纍纍、鄭注曰、羸憊貌也、家語困誓篇注曰、纍然、不得意之貌、故曰憂悲之色纍然以靜、纍字上半與瞿略相似、因誤而爲瞿矣、

口貌而有餘

問則不對、佯爲不窮、口貌而有餘、引之曰、自貌而有餘以上五句、皆四字爲句、貌上本無闕文、而讀爲如、貌如有餘、正承佯爲不窮而言、大戴記作色示有餘、則本無闕文明矣、

懼不盡

心說而身弗近、身近而實不至、懼不盡、念孫案、懼不盡三字、義不可通、懼當爲懽、字之誤也、此言心說賢者而身不近之、雖近之、亦徒有虛名而實不至、又不盡其懽也、大戴記作身近之而實不至而懽忠不盡、是其證、

言弗發、口弗德

有知而言弗發有施而口弗德、念孫案此文本作有知與智同、而弗發有施而弗德發讀曰伐上文發其所能發名以事親大戴記作伐管子四時篇求有功發勞力者而舉之、高注淮南脩務篇曰伐自矜大其善也有知而弗伐有施而弗德皆五字爲句上句本無言字下句亦無闕文後人於弗發上加言字後人不知發與伐同、而誤以爲發言之發故加言字則上句多一字矣校書者不知言字爲後人所加而以爲下句少一字遂於下句內作空圍以對言字此誤之又誤也大戴記正作有知而不伐有施而不置置與德同繫辭傳勞而不伐有功而不德釋文德鄭陸蜀才作置鄭云置當爲德荀子哀

公篇言忠信而心不德仁義在身而色不伐大戴記哀公問五義篇德作置

克易

言行亟變從容克易好惡無常行身不篤念孫案克易二字義不可通克當爲交隸書交作㚢克作㐨二形相似故交誤爲克上文言行不類終始相悖外內不合大戴記外內不合上有陰陽交易四字今本交字亦誤作克從容舉動也楚辭九章注曰從容舉動也說見廣雅疏證釋訓從容與言行對文從容交易言其舉動之變易無常也宣十二年公羊傳曰君之不令臣交易爲言義與此相近言行亟變四句大意相同皆謂其性行之無常也大戴記作從容謬易義亦與交易同

陰羽

王會篇墠上張赤帟陰羽孔注曰陰鶴也王應麟補注曰易曰鳴鶴在陰相鶴經曰鶴陽鳥也而游於陰故以陰爲鶴引之曰古無謂鶴爲陰者鶴游於陰而謂鶴爲陰鴈爲隨陽之鳥亦將謂鴈爲陽乎今案陰羽與赤帟對文謂淺黑色之羽也說文陰闇也闇謂之陰故淺黑色亦謂之陰爾雅馬陰白雜毛駰孫炎曰陰淺黑也見魯頌駉正義是其證下文青陰羽亦謂青黑色之羽也孔亦誤以爲鶴羽、

似騏背有兩角

白民乘黄乘黄者似騏背有兩角王云文選注云似狐（見下）又引山海經（海外西經）白民之國有乘黄其狀如狐其背上有角淮南子注（覽冥篇）乘黄出西方狀如狐背上有角念孫案此文本作乘黄者似狐其背有兩角傳寫脫去狐字則似其二字相連後人以乘黄是馬名遂改似其爲似騏而不知其謬以千里也山海經注引此正作似狐文選王融曲水詩序注初學記獸部竝引作乘黄者似狐其背有兩角今據以訂正

翕其目

州靡費費其形人身反踵自笑笑則上脣翕其目食人

念孫案翕當爲弇字之誤也翕與弇不同義翕合也弇蔽也此謂上脣蔽其目非合其目之謂也費費說文作𩲡𩲡云周成王時州靡國獻𩲡𩲡人身反踵自笑笑卽上脣弇其目食人又云一名梟陽全用此篇之文而其字正作弇海內南經注引周書曰州靡髴髴者人身反踵自笑笑則上脣掩其面掩弇古字通則翕爲弇之誤益明矣又海內經曰南方有贛巨人郭注卽梟陽也人面長脣黑身有毛反踵見人則笑脣蔽其面蔽亦弇也

䶂犬

渠叜以䶂犬䶂犬者露犬也能飛食虎豹王本䶂作䶂

云鼩權俱切。一作鼩之若切。盧曰：案廣韻鼩北教切，能飛食虎豹，正此是也。說文鼩胡地風犬，王從李善注文選作鼩。王融三月三日曲水詩序注。鼩乃小鼠，李注或字譌，不可從。念孫案：作鼩者是也。海內北經曰：蜪犬如犬而青，食人從首始。注曰：音陶，或作蚼，音鉤。亦以作蚼者爲是。說文蚼字解曰：北方有蚼犬，食人，從虫，句聲。徐鉉音古厚切。卽本於海內北經也。彼言海內西北陬以東，此言渠叜；彼言食人，此言食虎豹，地與事皆相近。彼作蚼犬，是本字；此作鼩犬，是假借字，故李善引作鼩犬。而盧以爲字譌，則未達假借之旨也。鼩鼩字形相似，故誤而爲鼩。鼩是鼠屬，與蚼犬無涉說文鼩胡地風鼠從鼠勺聲不云風犬廣韻鼩鼠屬能飛食虎豹出胡地其云鼠屬出胡地是也而又云能飛食虎豹則惑於俗本周書之鼩犬而誤盧引廣韻能飛食虎豹而刪去鼠屬二字又改說文之風鼠爲風犬以牽合鼩犬其失也誣矣

吐嘍

北方謂之吐嘍念孫案吐嘍本作土螻此螻誤爲嘍而土因誤爲吐也爾雅疏引此已誤說文廣韻爾雅釋文及太平御覽獸部二十皆作土螻西山經云昆侖之邱有獸焉其狀如羊而四角名曰土螻此與費費同名而

異物然其字亦作土螻

獨鹿

獨鹿邛邛孔注曰獨鹿西方之戎也念孫案上下文六國皆東北夷則獨鹿亦東北夷非西方之戎也獨與涿古聲相近獨鹿卽涿鹿也漢書武紀行幸歷獨鹿鳴澤服虔曰獨鹿山名在涿郡史記五帝紀黃帝與蚩尤戰于涿鹿之野集解亦引服虔曰涿鹿山名在涿郡索隱曰案地理志上谷有涿鹿縣然則服虔云在涿郡者誤也是獨鹿卽涿鹿其地在今宣化府保安州南非西方之戎明矣

古黃

文馬赤鬣縞身目若黃金名古黃之乘盧曰古黃說文作吉皇海內北經注引作吉黃此從舊本作古黃與初學記所引亦合念孫案作吉黃者是也宋本作吉黃與說文山海經注合山海經圖讚亦作吉黃文選東京賦注引瑞應圖云騰黃神馬一名吉光光黃古同聲吉光卽吉黃也海內北經作吉量下字雖不同而上字亦作吉則作吉黃者是也藝文類聚祥瑞部下初學記獸部引此竝作古黃乃類書相沿之誤不可從

鑾楊

鑾楊之翟今本楊作揚非辯見漢書天文志念孫案鑾楊本作楊鑾故

孔注曰楊州之鑾貢翟鳥今本楊鑾二字倒轉則義不可通且與注不合上文之㠯夷山戎若倒言之曰夷㠯戎山其可乎楊鑾之誤爲鑾楊猶詩荊鑾之誤爲鑾荊段氏詩經小學已辯之

四足果

狡犬者亘身四足果梁氏曜北曰四足果葢足短之稱若果下牛果下馬矣念孫案古無謂短爲果者果下馬謂馬高三尺乘之可於果樹下行耳見魏志東夷傳注非謂短爲果也而以四足果爲四足短可乎予謂果疑卽祼字周官龜人東龜曰果屬釋文果魯火反魯火正切祼字

是果與裸同音，故袒裼裸裎之裸，亦通作果。范望注大元元數曰，裸謂無鱗甲毛羽，然則四足果者，四足無毛之謂與。

□鯽之醬

請令以魚皮之鞞，□鯽之醬，鮫瞂利劍爲獻。孔注曰：鯽魚名。盧曰：□疑是烏字。念孫案：北堂書鈔酒食部五引作鯸鯽之醬，又引注云：鯸鯽，魚名。玉篇：鯸，乎胡切，魚名。廣韻作鰗。未知其審。

代翟

正北空同、大夏、莎車、姑他、旦略、豹胡、代翟、匈奴、樓煩、月氐

氏孅犁其龍東胡玉海六十五五百五十二代翟竝作戎

翟補注本作代翟云代一作戎念孫案作戎翟者是也

孔注云在西北界戎狄之閒國名也則正文之作戎翟

甚明若古代翟之國在今宣化府蔚縣東則不得言在

西北又不得言界戎狄之閒矣然則正文注文皆作戎

翟作代翟者誤也

逸周書弟三

逸周書第四　　讀書雜志一

高郵王念孫

文武之蔑

祭公篇兹申予小子追學於文武之蔑孔注曰言已追學文武之微德念孫案正文但言蔑不言蔑德與君奭之文王蔑德不同不當加德字以釋之予謂蔑與末同穆王在武王後四世故曰追學於文武之末小爾雅曰蔑末也顧命曰眇眇予末小子漢書韋元成傳曰於蔑小子蔑卽末也大雅板篇喪亂蔑資潛夫論敘錄蔑作末論語子罕篇末由也已史記孔子世家末作蔑

畢桓于黎民般

祭公拜手稽首曰、允乃詔、句、大開武篇、王拜曰、格乃言、句法與此同、畢桓于黎民般、孔注曰、般樂也、言信如王告、盡治民樂政也、念孫案孔訓般爲樂而加政字以增成其義、殊有未安、予謂桓疑相之誤、般疑服之誤、服、本作般與般相似而誤、荀子賦篇讒人服矣、服、本或作般、廣雅、㒒服也、服、今本作般、爾雅、服、事也、釋文服、又作般字、今本般作般、皆其證、畢相于黎民服者、畢皆也、見士冠禮月令注、相治也、昭九年左傳、楚所相也二十五年傳、相其室、杜注竝曰、相、治也、小爾雅同、服事也、于、語助耳、相于黎民、卽相黎民也、于於古字通、上文付畀於四方、卽付畀四方、是其證、言王之所詔、皆治民之事也、據注云、信如王告、盡治民樂政也、則孔所見本尚作相、故以治

民解之唯服字已誤作般故訓爲樂耳

大開方封于下土

自三公上下辟于文武文武之子孫大開方封于下土

引之曰當作大開封方于下土封邦古字通方㫄古字通㫄者溥也徧也說見經義述聞㫄通情也及湯湯洪水方割二條言大開我國之疆界徧於下土也今本封方二字倒轉則義不可通孔注言我上法文武大開國㫄布於下土國字是釋封字㫄字是釋方字以是明之

固

女無以嬖御固莊后孔未解固字念孫案固讀爲婟音護

說文媢、嫪也、廣雅作婟、云嫉、嫪、婟、妬也、是媢與嫉妬同義、言汝毋以寵妾嫉正后也、媢之通作固、猶嫉之通作疾、下文曰、女無以嬖御士疾莊士大夫卿士、疾亦固也、緇衣引此作毋以嬖御人疾莊后、是其證、

免沒我世

昝在先王、我亦不丕維舊本丕維二字倒今依盧說乙正、以我辟險于難、不失于正、我亦以免沒我世、念孫案免沒我世義不可通、免當爲克字之誤也、沒、終也、言能終我世也、孔注云能以善沒世、能字正釋克字、

疾大夫卿士

女無以嬖御士疾大夫卿士、念孫案大夫上有莊士二字、而今本脫之、上文注曰、莊、正也、上文之莊后對嬖御而言、此文之莊士對嬖御士而言、大夫卿士又尊於莊士、故幷及之、若無莊士二字、則失其本旨矣、緇衣引此正作毋以嬖御士疾莊士大夫卿士、

左史

史記篇、召三公左史戎夫、盧曰、案竹書紀年、穆王二十四年、命左史戎夫作記、古今人表作右史、譌、念孫案鈔本北堂書鈔設官部七、出右史朔望以聞六字、注引周書召三公右史戎夫云云、陳禹謨本刪去注文而正文尚未刪、太平御覽

職官部三十二同是周書本作右史戎夫而漢書卽本於周書也左右字形相近傳寫易譌何必左史之是而右史之非乎

則哲士凌君政禁而生亂

信不行義不立則哲士凌君政禁而生亂孔讀政字上屬爲句注曰言君不行信義信義由智生故哲士淩君之政也禁字下屬爲句注曰禁義信則亂生引之曰孔讀非也則哲士凌君政禁而生亂作一句讀曲禮入竟而問禁鄭注曰禁謂政教王制齊其政注曰政謂刑禁是政與禁義相因故以政禁連文下文邪人專國政禁

而生亂讀與此同、孔亦誤以政字上屬、禁字下屬、

僞

昔有林氏再戰而勝上衡氏僞義弗克俱身死國亾、念孫案僞讀曰爲、說見史記淮南衡山傳、爲義而弗克、故注云急義、非詐僞之僞、

屈而無以賞

昔者西夏惠而好賞屈而無以賞、念孫案屈者竭也、見呂氏春秋愼勢篇注、淮南原道篇注、屈上當有財字、故孔注曰無財可用、

嶽山

職方篇其山鎭曰嶽山、引之曰嶽下本無山字、故孔注

曰嶽、吳嶽也、後人依俗本周官加山字、辯見經義述聞周官、

彊蒲

其澤藪曰彊蒲、念孫案彊蒲、周官及羣書皆作弦蒲、葢弦與強字形相似、弦誤爲強、又誤爲彊耳、當改正、

脫文十二

芮良夫篇芮伯若曰云云、念孫案羣書治要芮伯若曰上、有厲王失道芮伯陳誥作芮良夫十二字、而今本脫之、或曰、後敘云芮伯稽古作訓、納王于善、暨執政小臣咸省厥躬、作芮良夫、則本篇不當更有此數語、予謂大

匡篇曰、維周王宅程三年、遭天之大荒、作大匡以詔牧其方、程典篇曰、維三月既生魄文王合六州之侯奉勤于商、商王用宗讒震怒無疆、諸侯不娛、逆諸文王、文王弗忍、乃作程典以命三忠、謚法篇曰、維周公旦大公望開嗣王業、建功于牧之野、終、將葬乃制謚、遂敘謚法、以上三篇、與本篇文同一例、則本篇亦當有此數語、不得以後有總敘而謂此數語爲重出也、今從治要補、

稽道謀告

予小臣良夫稽道謀告、念孫案稽道、卽稽首也、道從首聲、故與首字通用、史記秦始皇紀會稽刻石文、追首高明、索隱曰、今碑文首字作道、是史記借首爲道也、前周月篇、周

正歲道，卽歲首，是逸周書俗道爲首也，謀，當爲謹字之誤也，羣書治要正作稽首謹告若作謀告則義不可通，

否則民讎

德則民戴否則民讎念孫案下句本作否德民讎，否德不德也，堯典，否德忝帝位，是也，正義曰，否不古今字，說文，否，不也，否德與德正相對今本作否則者涉上句則字而誤，羣書治要正作否德民讎，晚出古文尙書伊訓篇德惟治否德亂，卽本於逸周書

不道　肆我有家

商紂不道夏桀之虐肆我有家念孫案不道，本作弗改

此後人不曉文義而改之也紂以虐失天下是紂之所聞也而其虐仍與桀同故曰弗改夏桀之虐下文云爾聞爾知弗改厥度正與此弗改相應見下脫文十二一條內大戴記少閒篇曰紂不率先王之明德乃上祖夏桀行以爲民虐卽此所謂弗改夏桀之虐也若云商紂不道則與夏桀之虐四字了不相涉矣羣書治要正作商紂弗改夏桀之虐

肆我有家亦當從治要作肆我有周有家肆故也有家有國家也般庚曰亂越我家金縢曰昔公勤勞王家周頌桓曰克定厥家言唯商紂弗改夏桀之虐故我有周得有此國家也

昏行口顧

惟爾執政小子同先王之臣昏行口顧道王不若孔注曰同爲昏闇言教王爲不順注本作同謂位同也昏闇言教王爲不順案同謂位同也是釋同先王之臣昏闇是釋昏字言教王爲不順是釋道王不若各本同謂誤作同爲又脫位同也三字今據治要訂正念孫案顧上今本闕一字羣書治要作昏行內顧內顧二字與上下文義不合引之曰內疑當作罔昏亂也見昭十四年左傳注楚語注呂氏春秋貴直篇注楚辭九章注罔無也言爾執政小子既亂行而無所顧忌又導王爲不順之事也下文專利作威佐亂進禍正所謂昏行罔顧也罔字本作网隸省作罓俗作冈與內字相似因誤而爲內矣前皇門

篇、罔不茂揚肅德、今本罔誤作內、即其證、

脫文十二

古人求多聞以監戒、不聞、是惟弗知、念孫案此下有爾聞爾知弗改厥度亦惟艱哉十二字、而今本脫之、案上文言不聞是惟弗知、此文言既聞既知而不改、則末如之何也、若無此三句、則上文皆成不了語矣、下文云其惟洗爾心改爾行、又云爾乃瞶禍翫烖、遂非弗悛、並與此弗改厥度相應、今據羣書治要補、治要又引孔注云、知而不改、無可如何、故曰難也、今本亦脫之、

脫文二十二

烏呼、口口如之、孔注曰、人養之則擾服、雖家畜、不養
則畏人、治民亦然也、念孫案今本烏呼下闕三字、考其
原文、本作烏呼、野禽馴服于人、家畜見人而奔、非禽畜
之性、實惟人、民亦如之、注文本作雖野禽、人養之則擾
服、雖家畜不養則畏人、治民亦然也、今本正文脫去二
十二字、僅存烏呼如之四字、則與注文全不相應、注首
脫去雖野禽三字、則文義不明、羣書治要注文已與今
本同、而正文則一字不闕、
又案正文當作家畜馴服于人、野禽見人而奔、蓋家畜
爲人所養、則馴服于人、野禽非人所養、則見人而奔、故

曰非禽畜之性實惟人也民之於君也善之則如家畜不善之則如野禽故曰民亦如之也呂氏春秋適威篇引周書曰民善之則畜也不善則讎也語意正與此同治要本家畜與野禽互誤則義不可通而孔本已如此故不得其解而曲爲之詞人未有不養家畜者家畜亦未有見人而奔者故知注爲曲說

以貪諛爲事

今爾執政小子惟以貪諛爲事念孫案爲事本作事王貪謂聚斂也諛謂諂言也小人非此二者則無以事君故曰惟以貪諛事王下文曰惟爾小子飾言事王是其

證今本事王作爲事則非其旨矣羣書治要及太平御覽人事部三十三竝作惟以貪諛事王

遂弗悛

爾乃瞶禍翫烖遂弗悛念孫案遂下有非字而今本脫之瞶禍翫烖遂非弗悛皆四字爲句若無非字則文義不明而句法亦不協矣北堂書鈔政術部四引此正作遂非弗悛

口不存焉

惟禍發于人之攸忽于人之攸輕羣書治要于人之攸輕上有咎起二字口不存焉變之攸伏念孫案羣書治要作心不存焉是

也、心所不存、卽上文所謂人之攸忽、人之攸輕、

不圖善

爾執政小子不圖善、偸生苟安、念孫案不圖善本作不圖大囏、囏籀文艱字、大囏卽上所云國人爲患也、不圖大囏、則偸生苟安而已、若云不圖善、則與下句義不相屬矣、上文云爾執政小子、不懃德以備難、正所謂不圖大囏也、今本作不圖善者、囏字闕其半而爲喜、喜與善相似而誤、又脫去大字耳、羣書治要正作不圖大艱、

其不遂

大子晉篇、逡巡而退、其不遂、盧曰、御覽百四十六其下

有言字念孫案御覽是、

盡忘吾其度

吾年甚少見子而懾、盡忘吾其度念孫案忘、與亡同說見經義述聞曷維其亡下、亡度失度也其字疑衍、太平御覽人事部十三及百八引此皆無其字

始

自晉始如周身不知勞念孫案自晉如周句中不當有始字蓋即如字之誤而衍者、

謂之曰伯

士率衆時作謂之曰伯念孫案曰字涉下文而衍、曰與

謂之同義、此文謂之胄子、謂之士、謂之伯、謂之公、謂之侯、謂之君、言謂之、則不言曰、下文曰予一人、曰天子、曰天王、言曰、則不言謂之、故知曰爲衍字也、北堂書鈔封爵部上、太平御覽封建部二引此皆無曰字、

非舜而誰能

穆穆虞舜、明明赫赫、立義治律、萬物皆作、分均天財、萬物熙熙、非舜而誰能、盧補校曰、能字疑衍、誰字與上財熙韻協、念孫案師曠問曰、自古誰、王子荅曰、非舜而誰、兩誰字正相應、則誰下不當有能字、文選封禪文注引此無能字、盧以能爲衍字是也、而謂誰與財熙爲韻、則

非，誰於古音屬脂部，財熙於古音屬之部，兩部絕不相通，則誰與財熙非韻也。說見六書音均表。此文以赫作爲一韻，財熙爲一韻，而末句不入韻。上文云溫恭敦敏，方德不改，聞物□□，下學以起，尚登帝臣，乃參天子，自古誰，誰字亦不入韻也。

東躅

師曠東躅其足曰，善哉善哉。念孫案東躅二字義不可通，東當爲束，字之誤也。束躅，疊韻字，謂數以足踏地而稱善也。故王子曰，太師何舉足驟。孔注，束躅，踏也。束亦東之誤。北堂書鈔政術部四、太平御覽人事部十三、樂

部十四引此竝作東躅其足、

湯退再拜　湯以此讓三千諸侯莫敢即位

殷祝篇湯退再拜從諸侯之位念孫案此文本作湯取天子之璽置之天子之坐左退而再拜從諸侯之位上言置璽於天子之坐左故下言退從諸侯之位今本脫去取天子之璽置之天子之坐左十二字僅存湯退二字、（退下又脫而字）則敘事不明又案蔡邕獨斷曰璽者印也古者尊卑共之月令曰固封璽春秋左氏傳曰魯襄公在楚季武子使公治問璽書追而與之此諸侯大夫印稱璽者也衞宏曰秦以來天子獨以印稱璽、（以上獨斷）然則自周以前璽爲上下通稱故特別言之曰天子之璽而今本無此文則後人不知古義而删之也鈔本北堂書鈔儀飾部一璽下出置天子坐四字注引周書曰湯取天子之璽置之天子之坐左復（古退字）而再拜從諸侯之位藝文類聚帝王部二人部五太平御覽皇王部八人事部六十四所引並與書鈔同

湯以此讓三千諸侯莫敢卽位案類聚御覽並引作湯以此三讓三千諸侯諸侯莫敢卽位今本讓上無三字諸侯二字又不疊皆寫者脫之

朕則名女

周祝篇朕則生女朕則刑女朕則經女朕則亾女朕則壽女朕則名女念孫案名者成也廣韻引春秋說題辭曰名成也（廣雅同）法言五百篇或性或彊及其名一也猶中庸言及其成功一也（李軌注以名爲名譽之名失之）始言生女終言名女是名爲成也孔云名汝善惡失之

在口言

石有玉而傷其山萬民之患在口言念孫案此闕文本在在字上今在在字下誤也考其原文本作石有玉而傷其山萬民之患故在言言山之所以受傷者以其有玉人之所以致患者故在言也（故今通作固）上文云文之美

而以身剮自謂智者故不足、各本者上衍也字、今刪、文義正與此同文子符言篇石有玉傷其山黔首之患固在言前用周書之文、

勤以徙

時之行也勤以徙、不知道者福爲禍、念孫案勤當爲動、字之誤也言時之行也變動而遷徙人不知變動以從時則禍之爲福者今反爲禍也、今本動作勤則非其旨矣文子作動以徙是其證、下文時之徙也勤以行、勤亦動之誤、

焚其草木

故澤有獸而焚其草木大威將至不可爲巧引之曰木字後人所加下文焚其草木同獸依草而居故曰澤有獸而焚其草不當兼言木也且草與巧爲韻加一木字則失其韻矣上下文皆用韻則此二句無不韻之理

時之還

故時之還也無私貌曰之出也無私照孔注曰還謂至也念孫案諸書無訓還爲至者還當爲遝遝與逮同爾雅逮及也及亦至也故孔云還謂至也又云時至並應日出普照以日出比時至則當言時之逮不當言時之還也古字多以遝爲逮與還字相似故諸書遝字多誤

作還說見漢書天文志大白還之下

須國　屠

故平國若之何須國覆國事國孤國屠孔注屠謂爲人分裂也皆若之何念孫案須字義不可通疑頊字之誤荀子性惡篇天下之悖亂而相亾不待頃矣楊注頃本或爲須頊與傾同傾危也見晉語越語注傾國與覆國義相近屠下亦當有國字

剛柔

故惡姑幽惡姑明惡姑陰陽惡姑短長惡姑剛柔念孫案剛柔當爲柔剛此倒文以協韻也正文用韻故言柔剛注文不用韻故言剛柔而後人遂以注文改正文矣

不知說卦傳之迭用柔剛、西山經之五色發作以和柔剛、皆倒文協韻也、凡古書之倒文協韻者、後人多改之說見荀子有鳳有皇下、

奚可刻

故海之大也、而魚何爲可得、山之深也、虎豹貔貅何爲可服、人智之邃也、奚爲可測、跂動蟯息、而奚爲可牧、玉石之堅也、奚可刻、念孫案末句亦當有爲字、而今本脫之、則文義不明、且與上文不協、

生事

故忌而不得是生事、故欲而不得是生詐、孔注曰、生事、

謂變也念孫案此文本作故忌而不得是生故句欲而不得是生詐注本作生故謂生變也忌而不得是生故者故謂變故也言忌人而不得逞則變故從此而生故注云生故謂生變也今本注文變上脫生字後人誤以故欲而不得連讀遂於上句加事字并改注文之生故爲生事矣不知生故與生詐對文而下句內本無故字也此篇之文皆以一故字統領下文未有連用兩故字者且故與詐爲韻詐古音莊助反說見唐韻正若增入事字而以故字屬下讀則旣失其句而又失其韻矣

以觀人情利有等

天爲古、地爲久、察彼萬物名於始、左名左、右名右、視彼萬物、數爲紀、紀之行也、利而無方、行而無止、以觀人情利有等、維彼大道成而弗改、念孫案此文以久始右紀止等改爲韻、久改二字古竝讀若紀、右字古讀若以、等字古讀若宮商角徵羽之徵、竝見唐韻正、以觀人情利有等二句連讀、孔以二句分屬上下節而各自爲解、失之、

舉其脩

舉其脩則有理、孔注曰、脩長也、謂綱例也、念孫案脩卽條字也、條必有理、故曰舉其條則有理、漢書高惠高后文功臣表、脩侯周亞夫、師古曰、脩讀曰條、是條脩古字

通孔以脩爲綱例義與條亦相近而又訓爲長則與綱例之義不合此注疑經後人竄改也

無咎

武紀篇得之而無逆失之而無咎唯敬念孫案無咎當爲有咎敬則無逆不敬則有咎故曰得之而無逆失之而有咎唯敬今本有作無者涉上文無逆而誤

四棓禁豐一觴　甒迤　參冠一笲　蒲簟席皆素斧獨巾　桃枝獨蒲席皆素布獨巾　元纘綅　象口口瑱　勤焚纓

器服篇脫誤不可讀內有四棓禁豐一觴六字念孫案

棓蓋桮字之誤桮禁豐皆飲酒所用篆文桮棓二字相
似故桮誤爲棓觴蓋觴字之誤觴亦酒器故曰四桮禁
豐一觴
又有無迆二字案迆蓋匜字之誤匜所以盛水故次於
甒下草書迆字與匜相似故匜誤爲迆
又有參冠一等四字案冠非等類蓋涉下文縞冠元冠
而誤玉海七十八引作參笙一竽是也笙竽皆樂器故
竝言之參與三同
又有蒲簟席皆素斧獨巾八字案此當作簟蒲席皆素
獨斧巾獨蓋與櫝通謂簟與蒲席皆以素櫝盛之也上

下文皆言素獨、此素獨連文之證、下句斧巾別是一物、周官幂人曰、凡王巾皆黼、爾雅曰、斧謂之黼、故有斧巾之名、斧巾之閒、不當有獨字、玉海引此無獨字是其證、又下文有桃枝獨蒲席皆素布獨巾十字、案此當作桃枝蒲席皆素獨布巾九字、謂桃枝席見周官司几筵注、蒲席皆以素櫝盛之也、桃枝蒲席之閒、不當有獨字、蓋涉上文桃枝素獨而衍、下句布巾、亦別是一物、周官幂人疏布巾畫布巾是也、布巾之閒、亦不當有獨字、

又有元繢緌三字案元下當有冠字、與下句縞冠素紕文同一例、玉藻亦云、元冠朱組纓、緇布冠繢緌、縞冠素

紕

又有象口口瑱四字玉海作象琪續瑱案琪與璂同說文璂弁飾往往冒玉也從玉綦聲或從基聲作璂周官弁師王之皮弁會五采玉璂釋文璂音其本亦作琪此言象琪蓋謂以象骨爲飾也續瑱未詳

又有勤焚纓三字案勤蓋勒字之誤勒上又脫一字焚纓蓋樊纓之誤周官巾車有樊纓又有龍勒是其證焚本作樊與樊相似而誤

序德

周書序文王告武王以序德之行作文傳念孫案序德

順德也。文傳篇曰：厚德而廣惠，忠信而志愛人，君之行

卽此所謂序德之行也。行讀言行之行。爾雅曰：順，敘也。敘與序同。周

語曰：文章比象，周旋序順。序亦順也。說見經義述聞。

評

武王評周公維道以爲寶，作寶典。引之曰：評字義不可

通，評當爲誶。爾雅：訊，告也。釋文：訊作誶，音粹。寶典篇：武

王告周公曰：有義是謂生寶。故言武王誶周公維道以

爲寶也。隸書卒字或作夲，見漢北軍中候郭仲奇碑。與平相似，故誶

譌作評。

厥後

周室既甯八方會同各以其職來獻欲垂法厥後作王會盧曰王本後作世念孫案作世者古本作後者淺人不曉世字之義而改之也今案晉語非德不及世韋注曰世嗣也秦策澤可以遺世高注曰世後世也是古謂後世為世故曰垂法厥世玉海百五十二及補注本並作世而不云一作後則今本作後者必元以後人改之也

於乎

周道於乎大備趙補是字於於字下念孫案此本作周道於焉大備於焉卽於是也小雅白駒篇於焉逍遙今本焉誤作

乎非脫去是字玉海三十七七十八引此竝作於冐

逸周書弟四